高等职业教育"十三五"规划教材(物流管理专业)

空运综合方案设计

王 艳 编著

·北京·

内容提要

本书基于高等职业教育培养高级应用型人才的需求，在研究和分析国际航空货运代理相关岗位的基础上，选取典型的工作任务和业务环节，设计了七个学习单元。具体到每个项目，先交代项目背景，学生应仔细研究项目的背景和资料，理解该项目背景描述的实际企业工作情境，然后转换到企业相关岗位人员的角色，完成项目任务。学生通过完成项目任务，一方面达到对理论知识的应用，另一方面实现对实践技能的培养。

本书首先从国际航空货运知识认知的模块开始学习，按照国际航空货运代理企业营销、报价、操作、报检、报关、售后的业务链条展开学习内容。具体包括国际航空货运报价、国际航空货运制单、国际航空货物报关报检、国际航空货运出口业务以及国际航空货运进口业务等项目的学习，最后以国际航空出口业务实训和进口业务实训两个项目来检验学生的学习效果。通过本书的学习，对学生将来从事国际航空货运代理企业的销售、操作、客服、报检、报关等岗位以及进出口企业相关岗位将起到一定的指引作用。

图书在版编目（CIP）数据

空运综合方案设计 / 王艳编著. -- 北京 : 中国水利水电出版社, 2019.3
高等职业教育"十三五"规划教材. 物流管理专业
ISBN 978-7-5170-7562-2

Ⅰ. ①空… Ⅱ. ①王… Ⅲ. ①航空运输－货物运输－物流管理－高等职业教育－教材 Ⅳ. ①F560.84

中国版本图书馆CIP数据核字(2019)第056770号

策划编辑：周益丹　　责任编辑：张玉玲　　封面设计：梁　燕

书　名	高等职业教育"十三五"规划教材（物流管理专业） 空运综合方案设计 KONGYUN ZONGHE FANG'AN SHEJI
作　者	王　艳　编著
出版发行	中国水利水电出版社 （北京市海淀区玉渊潭南路1号D座　100038） 网址：www.waterpub.com.cn E-mail：mchannel@263.net（万水） 　　　　sales@waterpub.com.cn 电话：（010）68367658（营销中心）、82562819（万水）
经　售	全国各地新华书店和相关出版物销售网点
排　版	北京万水电子信息有限公司
印　刷	三河航远印刷有限公司
规　格	184mm×260mm　16开本　15.25印张　376千字
版　次	2019年3月第1版　2019年3月第1次印刷
印　数	0001—3000册
定　价	39.00元

凡购买我社图书，如有缺页、倒页、脱页的，本社营销中心负责调换

版权所有·侵权必究

序

职业教育是国民教育体系和人力资源开发的重要组成部分，在培养多样化人才、传承技术技能、促进就业创业、服务经济结构调整和产业转型升级中，发挥着不可替代的重要作用。习近平总书记在十九大报告中指出，要建设知识型、技能型、创新型劳动者大军。孙春兰副总理在出席职业教育有关活动时也强调，要办好新时代职业教育，培养高素质技术技能人才。

《北京职业教育改革发展行动计划（2018－2020年）》明确提出改进人才培养模式，推进"工学结合、校企合作"育人模式改革，广泛开展"有趣、有用、有效"的课堂教学，形成以小班化、模块化、项目式、案例式、混合式教学和探究性、合作性学习为主要特色的人才培养模式。国家和北京市教委的部署为做好职业教育的工作指明了方向，提供了根本遵循。

北京财贸职业学院坚持以立德树人为根本，以服务发展为宗旨，以就业为导向，充分利用地处北京城市副中心、京冀多校区办学的区位优势，主动适应首都经济社会发展的需求，为首都现代服务业发展提供人才支撑和智力服务。学院被首都商界誉为"黄埔军校"和"经理摇篮"。

为更好地服务于我国职业教育的发展，在培养高素质高技能型人才的过程中，学院物流教学团队联合企业合作开发了本系列物流教材。本着以学生为中心，以提升学生沟通、协作、表达、动手等非专业能力为重点，坚持素质教育在课堂，坚持教为学服务的教学理念，创新设计教学内容，不但选取包含经济、环境、法律和伦理等内容，而且内容形式案例化、多元化、综合化，并且给出了教学方法的建议。

本系列教材共8本，包含《仓储作业管理》《公路运输实务》《采购与供应链管理实务》《空运综合方案设计》《仓储规划与运作》《物流管理信息系统》《国际货运代理海运操作实务》《运输作业设计与操作》，具有以下特点：

1. "立德树人"理念贯穿全书

《高等职业教育创新发展行动计划（2015－2018年）》明确提出"加强文化素质教育，坚持知识学习、技能培养与品德修养相统一，培育学生诚实守信、崇尚科学、追求真理的思想观念。"为此，在教材编写的过程中，选取任务时将技能培养与非专业能力结合，与"爱心、诚信、责任、创新"等素养教育相结合，促进职业技能培养与职业精神养成相融合。

2. "工学结合"理念融进工作任务

教材中的工作任务选取以促进学生综合职业能力提升为目标，合理设计教学任务，对接国家职业标准和行业操作标准，着重提升学生专业能力、方法能力及社会能力，促进学生职业生涯的可持续发展。

3. "以学生为中心"理念融入教学过程

课堂是教育的主战场，是培养学生适应终身发展和社会发展需要的必备品格和关键能力的核心环节。本着"以人为本，以学为本"的理念，给出教学方法建议，最大程度地调动学生学习的自主性，实现以学习者为中心，打造"三有"课堂。

本系列教材部分内容基于教育部现代物流学徒制的教学模式，与北京安信捷达物流有限公司合作开发。

本系列教材是物流教学团队学习和研究的成果，因能力有限和对职业教育理解的局限性，其他如典型任务的确定、代表案例的选取等方面仍需要进一步的研究，特别是教材内容如何与"三有"课堂紧密结合更需深入研究，也希望各位专家老师给出中肯的建议。

编写组于北京通州

2018 年 11 月

前　言

近几年，根据中国海关总署的统计，中国国际航空进出口货运量与日俱增，年同期增长率超 10%，明显高于全球平均增长水平。在我国产业转型升级乃至世界范围内产业结构调整的新形势下，新兴产业迅猛发展，并越来越显示其独特的价值。像精密仪器、电子产品、通信设备、计算机、生物医药、新材料、高端服装、生鲜产品等科技含量、自身价值较高或时效要求高的产品，对国际航空货运服务保持着强大及持续增长的市场需求。全球最大的飞机制造商波音公司的最新研究表明，到 2020 年，中国将成为仅次于美国的全球第二大航空货运与客运市场。

航空公司的主要业务为飞机运输，它受人力、物力等诸因素的影响，难以直接面对众多的客户，无法单独处理航前和航后繁杂的服务项目，实践中就需要航空货运代理公司为航空公司出口揽货、组织货源、出具运单、收取运费、进口疏港、报关报检、送货、中转，使航空公司可以集中精力做好自身业务，进一步开拓航空运输业务。

航空货运代理工作是整个航空运输中不可缺少的一环，为货主及航空公司都带来了诸多好处。随着我国对外贸易和跨境电商的迅速发展，航空货运代理公司作为货主和航空公司之间的桥梁和纽带，能够促进航空运输，使供需双方获得一定的好处，因此航空货运代理业取得了蓬勃的发展。实践中，要求航空货运代理对航空运输环节和有关规章制度十分熟悉，并熟悉航空公司、机场、海关、商检、卫检及其他运输部分的情况，了解办理航空货运的各种设施和必备条件。

本书是物流管理以及航空运输类专业的主干课程教材，着重培养学生航空货运代理实践操作能力。该书可作为高等职业教育从事航空货运代理实践操作的入门书籍，也可作为参加航空货运代理相关考试的参考书籍。本书的主要特色如下：

第一，应用性强，强调理论联系实际。本书既全面系统介绍理论知识体系，又注重培养学生航空货运代理实践操作能力。

第二，立足前沿。在本书的编写过程中，与行业的一线机构保持密切的接触和广泛的交流，力求使内容站在操作实践发展的前沿。

第三，内容较全。本书编写过程中参考了目前航空货运代理企业和航空公司相关的内部材料，吸收了当前货运代理相关图书的优点，做到了教材内容全、内容新，能满足教学和实际工作的需要。

由于水平有限，本书若有不当或疏漏之处，敬请读者批评指正。

编　者

2018 年 11 月

目　　录

序
前言

单元一　国际航空货运基础知识 …………… 1
项目一　国际航空货物运输概述 …………… 1
任务1　认识国际航空运输组织 …………… 1
任务2　熟悉航空运输的特点与经营方式 …… 3
任务3　熟悉航空运输飞机的类型和结构 …… 5
任务4　学习常见机型的载货限制 …………… 7
任务5　常见航空集装器 …………………… 10
项目二　航空运输区域划分与世界主要航线 … 15
任务1　熟悉航空运输区域划分 …………… 15
任务2　认识世界主要航空线路和主要
　　　　航空港 …………………………… 19
项目三　航空运输代码 …………………… 22
任务　学习航空运输代码 …………………… 22
单元拓展 …………………………………… 30

单元二　国际航空货运报价 ……………… 32
项目一　国际航空运价的基础知识 ………… 32
任务　学习国际航空运价的基础知识 ……… 32
项目二　国际航空货物运价的计算方法 …… 37
任务1　掌握运价计算中的货物重量 ……… 37
任务2　掌握普通货物运价的核算 ………… 38
任务3　掌握指定商品运价的核算 ………… 43
任务4　掌握等级货物运价与最低运费
　　　　的核算 …………………………… 48
任务5　学习国际航空货运有关的
　　　　其他费用 ………………………… 51
单元小结 …………………………………… 52
单元拓展 …………………………………… 52

单元三　国际航空货运制单 ……………… 59
项目一　国际货物托运书 ………………… 59
任务　认识国际货物托运书 ……………… 59
项目二　国际航空货运单 ………………… 62
任务1　学习航空货运单的基础知识 ……… 63
任务2　学习航空货运单各栏目的填制 …… 72
单元小结 …………………………………… 80
单元拓展 …………………………………… 80

单元四　国际航空货物报关报检 …………… 82
项目一　国际航空货物报检 ……………… 82
任务　学习报检的基础知识 ……………… 82
项目二　国际航空货物报关 ……………… 94
任务1　学习货物报关的基础知识 ………… 94
任务2　学习海关管理的基础知识 ………… 97
任务3　学习报关单位的基础知识 ………… 100
任务4　学习一般进出口货物的报关程序 … 103
任务5　其他海关监管货物的报关程序 …… 106
任务6　海关商品编码归类 ………………… 108
任务7　进出口货物报关单的填制 ………… 113
单元小结 …………………………………… 146
单元拓展 …………………………………… 146

单元五　国际航空货运出口业务 …………… 151
项目一　国际航空货物出口业务 ………… 151
任务1　学习国际航空出口业务 …………… 151
任务2　熟悉航空货运出口的主要工作 …… 160
项目二　特种货物的航空运输 …………… 166
任务　学习特种货物的航空运输 ………… 166
单元小结 …………………………………… 175
单元拓展 …………………………………… 175

单元六　国际航空货运进口业务 …………… 178
项目一　国际航空货运进口业务 ………… 178

任务　学习国际航空货运进口业务流程… 178
　项目二　国际航空货运进口的主要工作……… 187
　　任务 1　国际航空货运进口的主要工作… 187
　　任务 2　国际航空进口交接单货的
　　　　　　相关问题…………………… 192
　单元拓展………………………………… 194
单元七　国际航空货运业务实训………… 197
　项目一　国际航空货运出口业务实训……… 197

　　任务　进行国际航空货运出口业务实训… 197
　项目二　国际航空货运进口业务实训……… 212
　　任务　进行国际航空货运进口业务实训… 212
　项目三　国际航空快递业务实训…………… 221
　　任务　进行国际航空快递业务实训……… 221
参考文献………………………………… 229
附录　教学方法总结…………………… 230

单元一　国际航空货运基础知识

本章导读

通过本单元的学习，学生应能够掌握航空运输的特点以及常见的运营方式，熟悉航空主要集装器、世界主要航线及航空港、航空 IATA 分区，理解并能运用航空运输中的各种主要代码。

知识点

（1）国际航空运输组织。
（2）航空运输的特点与经营方式。
（3）航空运输飞机的类型和结构。
（4）常见的航空集装器。
（5）国际航空区域划分。
（6）世界主要航线及航空港。
（7）航空运输的主要代码。

技能点

（1）具备阅读以及挖掘关键信息的能力。
（2）能通过组内研究、互相协作、运用相关资料解决相关问题。
（3）具有团队合作精神和协调人际关系的能力。

项目一　国际航空货物运输概述

近几年，航空货运市场迅猛发展，整体保持较快的增长趋势。作为国际航空货运代理行业的工作人员，需要了解国际航空运输组织和航空运输的经营方式，熟悉飞机的类型、结构和装载限制，熟记常见航空集装器的类型和型号等方面的知识，以便更好地为客户服务。

任务 1　认识国际航空运输组织

1. 国际民用航空组织

国际民用航空组织（International Civil Aviation Organization，ICAO）的图标如图 1-1 所示，是联合国的一个专门机构，为促进全世界民用航空安全、有序的发展，于 1944 年成立。国际民用航空组织总部设在加拿大蒙特利尔，制订国际空运标准和条例，是 191

图 1-1　ICAO 图标

个缔约国（截止 2011 年）在民航领域中开展合作的媒介。

2004 年在国际民用航空组织的第 35 届大会上，我国当选为一类理事国。蒙特利尔设有中国常驻国际民用航空组织理事会代表处。

2013 年 9 月 28 日，中国在加拿大蒙特利尔召开的国际民用航空组织第 38 届大会上再次当选为一类理事国。这是自 2004 年以来，中国第四次连任一类理事国。当天参加投票选举的国家有 173 个，除中国外，德国、日本、意大利、澳大利亚、俄罗斯、巴西、美国、英国、法国、加拿大也同时继续当选一类理事国。

在中国经济社会持续发展的推动下，中国航空运输业进入了快速发展的新阶段。作为世界第二大航空运输体系，2012 年，中国完成航空运输总周转量 610.32 亿吨公里，旅客运输量 3.19 亿人次，货邮运输量 545.03 万吨。近几年年均增长幅度分别为 12.6%、11.5% 和 7.0%。同时，中国民航在安全记录、提供空中航行服务、机场和机队的拥有量方面也取得了令人瞩目的成绩。2020 年，中国的运输机场总数将达到 260 个，将满足约 7 亿人次旅客运输量的市场需求。

作为国际民用航空组织的创始国之一，中国积极参与该组织的各类活动和项目。2010 年以来，中国向国际民用航空组织的航空保安行动计划、北亚地区运行安全及持续适航合作计划、非洲航空安全全面实施计划项目提供了 82 万美元捐款，并与国际民用航空组织合作，为发展中国家培训了多名航空专业人员。

2. 国际航空运输协会

国际航空运输协会（International Air Transport Association，简称 IATA，图标如图 1-2 所示）是一个由世界各国航空公司所组成的大型国际组织，其前身是 1919 年在海牙成立并在第二次世界大战时解体的国际航空业务协会，总部设在加拿大的蒙特利尔，执行机构设在日内瓦。和监管航空安全和航行规则的国际民用航空组织相比，它更像是一个由承运人（航空公司）组成的国际协调组织，管理在民航运输中出现的诸如票价、危险品运输等问题。

图 1-2　IATA 图标

根据 1978 年国际航空运输特别大会决定，国际航空运输协会的活动主要分为两大类：行业协会活动和运价协调活动。1988 年又增加了行业服务。

为便于工作，协会将全球划分为三个区域，即一区——包括所有北美和南美大陆及与之毗连的岛屿，格陵兰、百慕大、西印度群岛和加勒比海群岛、夏威夷群岛（包括中途岛和帕尔迈拉）；二区——包括欧洲全部（包括俄罗斯联邦在欧洲的部分）和与之毗连的岛屿，冰岛、亚速尔群岛、非洲全部和与之毗连的岛屿、阿森松岛和地处伊朗伊斯兰共和国西部并包括其在内的亚洲部分；三区——包括除二区已包括部分之外的亚洲全部和与之毗连的岛屿，东印度群岛的全部、澳大利亚、新西兰和与之毗连的岛屿、以及除一区所包括之外的所有的太平洋岛屿。

国际航空运输协会制定了一整套完整的标准和措施以便在客票、货运单和其他有关凭证以及对旅客、行李和货物的管理方面建立统一的标准和程序，这也就是所谓的"运输服务"，主要包括旅客、货运和机场服务三个方面，也包括多边联运协议。

学生训练

1. 单选题

（1）在国际航空货运代理业务中，我们通常说的承运人指的是（　　）。

A．发货人　　　　　　　　　　　　B．航空公司
　　C．收货人　　　　　　　　　　　　D．航空货代公司

（2）（　　）是联合国的一个专门机构，1944年为促进全世界民用航空安全、有序的发展而成立。

　　A．ICAO　　　　B．FIATA　　　　C．IATA　　　　D．CATA

（3）（　　）是一个由承运人组成的国际协调组织，管理在民航运输中出现的诸如票价、危险品运输等问题。

　　A．ICAO　　　　B．FIATA　　　　C．IATA　　　　D．CATA

（4）为便于工作，（　　）将全球划分为三个区域，即一区、二区和三区。

　　A．ICAO　　　　B．FIATA　　　　C．IATA　　　　D．CATA

2．判断题

（1）在国际航空货运代理业务中，承运人就是指航空货代公司。（　　）

（2）国际航空货运代理的当事人有发货人、收货人、航空公司和航空货代公司。

（　　）

（3）一般情况下，航空货代可以是货主的代理，也可以是航空公司的代理，但不可以身兼二职。（　　）

（4）国际航空货代公司的传统代理业务包括订舱、租机、制单、代理包装、代刷标记、报关报验及业务咨询等。（　　）

（5）和监管航空安全和航行规则的ICAO相比，IATA更像是一个由航空公司组成的国际协调组织，管理在民航运输中出现的区域划分、运价、危险品运输等很多问题。（　　）

（6）国际航空货运代理是为国际贸易服务的。（　　）

任务2　熟悉航空运输的特点与经营方式

航空运输（Air Transportation）是使用飞机、直升机及其他航空器运送人员、货物、邮件的一种运输方式。

1．航空运输的特点

（1）运送速度快。运送速度快、在途时间短，同时使货物的在途风险降低。因此，许多贵重物品、精密仪器往往会采用航空运输的方式。当今国际市场竞争激烈，航空运输所提供的快速服务也使得供货商可以对国外市场瞬息万变的行情即刻做出反应，迅速推出适销产品占领市场，获得较好的经济效益。

（2）不受地面条件的影响，深入内陆地区。航空运输利用天空这一自然通道，不受地理条件的限制。对于地面条件恶劣、交通不便的内陆地区非常适合，有利于当地资源的出口，促进当地经济的发展。

航空运输使本地与世界相连，对外的辐射面广，而且航空运输相比较公路运输和铁路运输占用土地少，对寸土寸金、地域狭小的地区发展对外交通无疑是十分适合的。

（3）安全、准确。与其他运输方式相比，航空运输的安全性较高，航空公司的运输管理制度也比较完善，货物的破损率较低，如果采用空运集装箱的方式运送货物，则更为安全。

（4）节约包装、保险、利息等费用。由于采用航空运输的方式，货物在途时间短，周转

速度快，企业存货可以相应地减少。一方面有利于资金的回收，减少利息支出；另一方面企业仓储费用也可以降低。同时由于航空货物运输具有安全、准确，货损、货差少，保险费用较低等特点，与其他运输方式相比，航空运输的包装简单、包装成本低等因素都可使企业的隐性成本降低，收益增加。

当然，航空运输也有自己的局限性，主要表现在航空货运的运输费用较其他运输方式更高，不适合低价值货物；航空运载工具，即飞机的舱容有限，对大件货物或大批量货物的运输有一定的限制；飞机飞行安全容易受恶劣气候影响等。但总的来讲，随着新兴技术的广泛应用，产品更趋向薄、轻、短、小、高价值，管理者更重视运输的及时性和可靠性，相信航空货运将会有更大的发展前景。

2. 航空运输的经营方式

航空运输的经营方式主要有班机运输、包机运输和包舱包板运输三种。

（1）班机运输。班机运输（Scheduled Airline）指具有固定开航时间、航线和停靠航站的飞机运输方式。由于班机运输航期固定，有利于客户安排鲜活商品或急需商品的运送，使收货人和发货人能掌握货物起运和到达的时间和地点，有利于商品投入市场，因此最受贸易商的欢迎。特别对季节性商品、市场上急需的商品、鲜活易腐的货物以及贵重商品的运送非常适合。不足之处是班机以运客为主，货舱有限，不能满足数量较大货物的及时出运，而且运价也比包机运输方式要高。

（2）包机运输。包机运输（Chartered Carrier）是指航空公司按照约定的条件和费率，将整架飞机租给一个或若干个包机人，即发货人或航空货运代理公司，从一个或几个航空站装运货物至指定目的地。包机运输适合于大宗货物运输，费率低于班机运输，但运送时间比班机运输的时间要长些。

根据包机人数量的不同，可以把包机运输分为整机包机和部分包机。整机包机是指航空公司按照约定条件，将整架飞机租给一个包机人；部分包机是指若干个包机人联合包租一架飞机。

（3）包舱包板运输。包舱包集装板（箱）是指托运人根据所运输的货物在一定时间内需要独自占用飞机部分或全部货舱、集装箱、集装板，而承运人需要采取专门措施予以保证。包舱包板又分为固定包舱和非固定包舱两种。在实践中，固定包舱是许多有实力的国际航空货运代理公司采用的主要方式，即国际航空货运代理公司与航空公司签订协议，保证每年提供一定数量的货物，航空公司则为其预留固定的舱位，这样国际航空货运代理公司就能够获得较低的协议议价。

3. 航空货物集中托运与直接运输

（1）由于航空货物的运价随着货物计费重量的增加而逐级递减，集中托运商（Consolidator）发运大批量货物便可使用较低的运价。因此，它将多个托运人的货物集中起来作为一票货物交付给承运人，用较低的运价运输货物。货物到达目的站后，分拨代理商（Break Bulk Agent）统一办理海关手续后，再分别将货物交付给不同的收货人。

集中托运商除了可以提供货运销售代理人提供的服务内容外，还可承担其他多项服务：在出口货物时集中托运商负责集中托运货物的组装；将"待运状态"的散装货物交付给承运人或将货物装入集装器后，交付给承运人；在进口货物时办理清关手续，准备再出口的文件，如有中转货物还可以办理国内中转货物的转关监管手续。

贵重物品、活体动物、尸体、骨灰、外交信袋以及危险物品等货物不能以集中托运形式运输，而需要办理直接运输（Direct Cargo）。

（2）航空货物直接运输与集中托运的区别。

1）直接运输是货物由货主或航空货运代理人交付给承运人；货运单由航空货运代理人填开，并列名真正的托运人和收货人；只使用航空公司的货运单。

2）集中托运是货物由集中托运商交付给承运人；货运单由集中托运人填开分运单，承运人填开主运单；货物的收货人、发货人分别为集中托运人和分拨代理人。

集中托运商收取货物后要填开两种运单：

分运单（HWB）——与发货人交接货物的凭证。

主运单（MWB）——也称总运单，与承运人交接货物的凭证，同时又是承运人运输货物的正式文件。

学生训练

1．单选题

（1）具有固定开航时间、航线和停靠航站的飞机运输方式，被称为（　　）。
   A．包机运输　　　　B．班机运输　　　　C．包舱运输　　　　D．包板运输

（2）（　　）适合于大宗货物的运输。
   A．包机运输　　　　B．班机运输　　　　C．包舱运输　　　　D．包板运输

（3）（　　）以运客为主，货舱有限，不能满足数量较大货物的及时出运。
   A．包机运输　　　　B．班机运输　　　　C．包舱运输　　　　D．包板运输

（4）（　　）是指航空公司按照约定的条件和费率，将整架飞机租给一个或若干个包机人。
   A．包机运输　　　　B．班机运输　　　　C．包舱运输　　　　D．包板运输

2．判断题

（1）在常见的运输方式中，航空运输是最安全的方式。（　　）
（2）航空货运不适合运输低价值货物。（　　）
（3）班机运输适合于大宗货物的运输。（　　）
（4）在实际工作中，固定包舱包板运输是许多有实力的国际航空货运代理公司采用的主要方式。（　　）
（5）班机运输的舱位有限，运价也比包机运输方式的要高。（　　）
（6）包舱包板运输可以让国际航空货运代理公司从航空公司拿到较低的协商运价。（　　）

任务3　熟悉航空运输飞机的类型和结构

1．航空运输飞机的类型

航空运输飞机按机身的宽窄可分为窄体飞机（Narrow-body Aircraft）和宽体飞机（Wide-body Aircraft）。窄体飞机的机身宽约3m，旅客座位之间只有一条通道，这类飞机往往只在其下货舱装运散货；宽体飞机的机身较宽，客舱内有两条通道，纵向有三排座椅，机身宽一般在4.7m以上。按飞机用途可分为客机、货机和客货混用机，其中客机只能在下舱（行李舱）载货，货机的主舱和下舱均可载货，客货混用机的主舱后部和下舱均可载货。

2. 飞机的结构和布局

（1）飞机的结构。一架飞机的载运能力取决于它的结构强度，飞机上的地板都是在支撑梁构成的网络上镶嵌地板而形成的。支撑梁结构是由每一根骨架引出的横梁与前后的纵梁交叉在一起组成的，这样，放在地板上的货物的重量就转移到主机身结构上去了，机身结构再把重量转移到机翼上。在地面上，飞机由着陆轮处支撑，飞行中由机翼产生的升力支撑。当传送到机翼上的负荷超过它的上升能力时，这架飞机就是超载飞行，这种情况是极不安全的。因此，飞机不同部位的结构强度，决定了其相应的最大允许载重，配载和装机时都不能超过飞机货舱的最大载重量。

以波音 747 为例，飞机结构如图 1-3 所示。

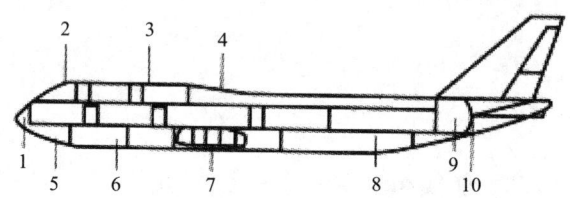

图 1-3　飞机的结构

1-雷达室；2-驾驶舱；3-上层客舱甲板；4-主客舱甲板；5-电子舱；
6-前货舱；7-中翼油箱；8-后货舱；9-盥洗室；10-后方耐压隔壁

（2）飞机的舱位结构。飞机主要分为两种舱位：主舱（Main Deck）和下舱（Lower Deck）。但有些机型，如波音 747，分为三种舱位：上舱（Upper Deck）、主舱和下舱，如图 1-4 所示。

主舱基本上是客舱，当客舱用来装载货物的时候，可以散装货物，或经特殊安排后装在座位上，也可装在集装板上或集装箱里。下舱主要用于装载货物，可以散装货物，或装在集装板上，也可装在集装箱或集装棚里。

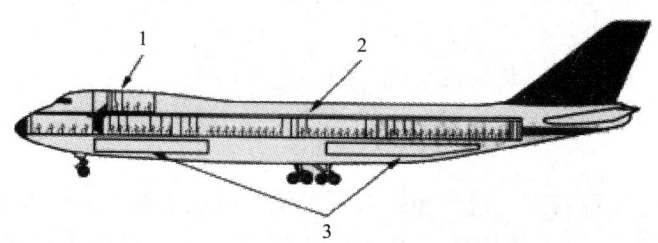

图 1-4　波音 747 的舱位结构

1-上舱；2-主舱；3-下舱

（3）货舱布局。货舱一般位于飞机的下腹部，分前货舱和后货舱。普通飞机下舱的前后货舱通常又可以进一步被分为若干个分货舱（Compartment）。货物是通过前后货舱门被装入货舱的，并且通过一个货舱门可以进入几个分货舱。分货舱一般是用永久性的固体舱壁或可移动的软网隔离而成。用可移动的软网隔开的货舱可以装载超过分货舱容积的货物，但用固定舱壁的则不可以。

（4）防止货物运输中移动的措施。飞行中由于飞机的起飞、降落、倾斜和垂直颠簸都会造成货物向后、向前、侧向和向上的移动，这不仅会危及货物的安全，如坚硬或尖锐的货物可能撞破或刺破舱壁碰到油箱、电器的关键部位、供水设备或其他货物,而且货物的重量还会造成飞机重心的变化,甚至可能使飞机的重心落到安全区以外。因此,有必要将货物固定在机舱内,防止其移动。通常可以采用分货舱用的固定舱壁、隔离软网,还可以采用网、锚链、带子、绳子等工具捆缚货物。

学生训练

1. 单选题

(1) 在窄体客机上运输货物,货物主要放在( )。
  A. 上舱   B. 客舱   C. 主舱   D. 下舱

(2)( )是指机身宽度约为 3m,舱内只有一条通道,一般只能在下舱内装载包装尺寸较小的杂货。
  A. 窄体飞机   B. 宽体飞机   C. 全货机   D. 客货混用机

(3)( )是指机身宽度不小于 4.7m,舱内有两条通道,下舱可装机载集装箱。
  A. 窄体飞机   B. 宽体飞机   C. 全货机   D. 客货混用机

(4) 波音 B757 属于( )。
  A. 窄体飞机   B. 宽体飞机   C. 全货机   D. 客货混用机

2. 判断题

(1) 客机运输货物时,货物主要装在飞机的上舱部位。( )

(2) 窄体飞机的下货舱属非集装货舱,因此窄体飞机绝大部分属散货型飞机。( )

(3) 飞机主要分为两种舱位,主舱和下舱。但有些机型,如波音 747,分为三种舱位,上舱、主舱和下舱。( )

(4) 空客 A380 属于窄体飞机。( )

(5) 由于飞机的起飞、降落等会造成货物向后、向前、侧向和向上的移动,这样会危及货物的安全,因此必须将货物固定在机舱内,防止其移动。( )

(6) 货舱一般位于飞机的下腹部,分前货舱和后货舱。普通飞机下舱的前后货舱通常又可以进一步地被分为若干个分货舱。( )

任务 4 学习常见机型的载货限制

窄体飞机只能装载散货,不能装载集装器,每件货物的重量一般不超过 80kg,体积一般不超过 40mm×60mm×100mm;宽体飞机既可装载散货也可装载集装器,每件货物的重量一般不超过 250kg,体积一般不超过 100mm×100mm×140mm。超过上述重量和体积的货物,应根据航线、机型、始发站和目的站的装卸设备条件,征求有关航空公司的意见后,决定是否可以发运。

1. 载货限制的介绍

(1) 重量限制。由于飞机结构的限制,飞机制造商规定了每一货舱可装载货物的最大重量限额。任何情况下,所装载的货物重量都不可以超过重量限额;否则,飞机的结构很有可能遭到破坏,飞行安全受到威胁。

(2) 容积限制。由于货舱内可利用的空间有限,因此这也成为运输货物的限定条件之一。

轻泡货物已占满了货舱内的所有空间,而未达到重量限额。相反,高密度货物的重量已达到限额而货舱内会有很多的剩余空间无法利用。将轻泡货物和高密度货物混运装载,是比较经济的解决办法。

（3）舱门限制。由于货物只能通过舱门装入货舱内,货物的尺寸必然会受到舱门的限制。为了便于确定货物是否可以装入散舱,飞机制造商提供了散舱舱门尺寸表以供参考。

（4）地板承受力。飞机货舱内每一平方米的地板可承受一定的重量,如果超过它的承受能力,地板和飞机结构有可能遭到破坏。因此,装载货物时应注意不能超过地板承受力的限额。

2. 载货限制数据

各种机型的地面承受力、货舱门尺寸和最大载货量等性能数据见表 1-1。

表 1-1 常见飞机类型和载货性能数据

波音系列机型	类型	地面承受力 /（kg/m²）	货舱门尺寸 /（cm×cm）	最大装载量
777-200	宽体	976	前货舱：170×270	6 块 PIP/P6P 集装板或 18 个 AVE 集装箱
		976	后货舱：175×180	14 个 AVE 集装箱
		732	散货舱：114×97	17.0m³（4082kg）
767-200	宽体	976	前货舱：175×340	3 块 PIP/P6P 集装板
		732	后货舱：175×187	10 个 DPE 箱
		732	散货舱：119×97	12.0m³（2925kg）
767-300	宽体	732	前货舱：175×340	4 块 PIP/P6P 集装板
		732	后货舱：175×187	14 个 DPE 集装箱
		732	散货舱：119×97	12.0m³（2925kg）
757	窄体	732	前货舱：107×107	21.6m³（4672kg）
		732	后货舱：140×112	24.7m³（7393kg）
747-400 COMBI	宽体	1952	主货舱：107×107	7 块 P6P 集装板或 5 块 P6P 集装板加 1 块 20 英尺板
		976	前下货舱：168×264	5 块 PIP/P6P 集装板
		976	后下货舱：168×264	16 个 AVE 集装箱或 4 块 P6P 集装板或 4 块 PIP 集装板加 4 个 AVE 集装箱
		732	散货舱：119×112	12.3m³（4408kg）
747-200 COMBI	宽体	1952	主货舱：305×340	6 块 PIP/P6P 集装板或 4 块 P6P 集装板加 1 块 20 英尺板
		976	前下货舱：168×264	5 块 PIP/P6P 集装板
		976	后下货舱：168×264	14 个 AVE 集装箱或 4 块 P6P 集装板或 4 块 PIP 集装板加 2 个 AVE 集装箱
		732	散货舱：119×112	22.6m³（6749kg）
747-SP	宽体	976	前货舱：173×264	3 块 PIP（可以有 1 块 P6P）集装板
		976	后货舱：173×264	10 个 AVE 集装箱或 3 块 PIP 集装板加 2 个 AVE 集装箱
		976	散货舱：119×112	9.6m³（2948kg）

续表

波音系列机型	类型	地面承受力/（kg/m²）	货舱门尺寸/（cm×cm）	最大装载量
747-200F	宽体	1952	主货舱前门（鼻门）：249×264	29块PIP/P6P集装板或12块20英尺板和4块PIP/P6P集装板
			主货舱侧门：305×340	
		976	前下货舱：168×264	5块PIP/P6P集装板或18个AVE集装箱
		976	后下货舱：168×264	4块PIP/P6P集装板或14个AVE集装箱
		732	散货舱：119×112	22.6m³（可用15.8 m³）（6749kg）
737-200	窄体	732	前货舱：86×121	10.4m³（2269kg）
			后货舱：86×121	14.3m³（3462kg）
737-300	窄体	732	前货舱：88×121	10.4m³（2269kg）
			后货舱：88×121	14.3m³（3462kg）
737-800	窄体	732	前货舱：89×122	19.6m³（3558kg）
			后货舱：84×122	25.4m³（4850kg）

空中客车系列机型	类型	地面承受力/（kg/m²）	货舱门尺寸/（cm×cm）	最大装载量
AB-310	宽体	732	前货舱：169×270	3块PIP/P6P集装板或8个AVE集装箱
			后货舱：181×170	6个AVE集装箱
			散货舱：95×63	8.0m³（2770kg）
A340-30031 3型	宽体	1050	前货舱：169×270	6块PIP/P6P集装板或18个AVE集装箱
			后货舱：169×270	4块PIP/P6P集装板或14个AVE集装箱
A320	窄体	732	前货舱：124×182	3个AKH/PKC箱位（散装）
			后货舱：124×182	4个AKH/PKC箱位（散装）
			散货舱：77×95	5.0m³（1479kg）
A300-600R	宽体	732	前货舱：178×270	4块PIP/P6P集装板或14个AVE集装箱
			后货舱：175×181	10个AVE集装箱
			散货舱：95×95	14.7m³（2770kg）

麦道系列机型	类型	地面承受力/（kg/m²）	货舱门尺寸/（cm×cm）	最大装载量
MD-80 MD-82	窄体	732	前货舱：75×135	13.1m³
		732	后货舱：75×135	9.8m³
		732	散货舱：75×135	12.5m³
MD-11F	宽体	732	主货舱：259×356	26块P6P集装板
			前下货舱：167×264	6块PIP/P6P集装板
			后下货舱：167×264	4块PIP集装板或2个AVE集装箱
			散货舱：91×76	14.4m³（2294kg）

学生训练

1. 单选题

（1）A320飞机载货的地面承受力为732kg/m²，此条件为（　　）。
　　A．重量限制　　　　　　　　　　　B．容积限制
　　C．舱门限制　　　　　　　　　　　D．地板承受力

（2）波音737-200飞机前货舱的最大装载量为10.4 m³，此条件为（　　）。
　　A．重量限制　　　　　　　　　　　B．容积限制
　　C．舱门限制　　　　　　　　　　　D．地板承受力

（3）窄体飞机只能装载货物，不能装载集装器，每件货物的重量一般不超过（　　）。
　　A．100kg　　　　B．80kg　　　　C．50kg　　　　D．120kg

（4）A320飞机的前货舱门和后货舱门的尺寸都是124cm×182cm，此数据是航空运输货物时考虑（　　）参考的。
　　A．重量限制　　　　　　　　　　　B．容积限制
　　C．舱门限制　　　　　　　　　　　D．地板承受力

（5）宽体飞机既可装载散货也可装载集装器，每件货物的重量一般不超过（　　），体积一般不超过100mm×100mm×140mm。
　　A．100kg　　　　B．250kg　　　　C．300kg　　　　D．150kg

2. 判断题

（1）重量、容积、舱门以及地板承受力都是飞机装载货物时的限制条件。（　　）

（2）在航空货物的运输中，轻泡货物和高密度货物尽量不要混装，这样容易利用飞机货舱内有限的空间。（　　）

（3）任何情况下，航空运输中所装载的货物重量都不可以超过重量限制。（　　）

（4）飞机货舱内每一平方米的地板可承受一定的重量，如果超过它的承受能力，地板和飞机结构就有可能遭到破坏。（　　）

（5）在航空运输中，不同的机型对货物有不同的重量限制和体积限制，若超过限制，货物绝对不可以运输。（　　）

任务5　常见航空集装器

集装器（Unit Load Devices，ULD）是宽体飞机必备的装载器具，可看作是飞机结构中可移动的部件。它是提高装卸工作效率和飞机载运率、增加经济效益、提高货物运输质量的重要生产设备。承运人为了更好地处理大体积、大批量的货物运输，往往将货物按一定的流向装入集装器内（集装箱/板）进行整装整卸，这样使装卸更加简便。

1. 集装器的分类

将集装器根据不同的分类标准进行以下的划分。

（1）按照是否已注册划分，飞机的集装器可分为注册的集装器和非注册的集装器。

1）注册的集装器。注册的集装器是由国家有关政府部门授权的专业厂家生产，适宜于飞

机的安全载运，在使用过程中不会对飞机的内部结构造成损伤的集装器。

2）非注册的集装器。非注册的集装器是指未经有关政府部门的许可而生产的，未取得适航证书的集装器。非注册的集装器不能被看作飞机的一部分，因为它与飞机不相匹配。一般而言，非注册的集装器不允许装入飞机的主货舱。这种集装器一般在地面环境中使用。在一些特定机型的货舱中有时也使用非注册的集装器。例如在 B767 飞机上，可以使用 DPE 类的集装器。

（2）按结构特点划分，飞机的集装器可分为部件组合集装器和整体结构集装器。

1）部件组合集装器。

- 飞机集装板加网罩（aircraft pallet and net）：具有标准尺寸的，四边带有卡锁轨或网袋卡锁眼，带有中间夹层的硬铝合金制成的平板，以便货物在板上码放；网套是用来把货物固定在集装板上，网套的固定是靠专门的卡锁装置来限定，集装板的识别代号以字母"P"打头。
- 飞机集装板（Aircraft Pallet）、网罩加非结构性集装棚（Net and Non-structural Igloo）：除了板和网以外，增加一个非结构的拱形盖板（可用轻金属制成）罩在货物和网套之间。

2）整体结构集装器。

- 下舱货物集装器：只能放在宽体客机下部集装货舱内，有全型和半型两种（高度不得超过 163cm）。
- 主舱货物集装器：只能放在货机或客货机的主货舱内（高度在 163cm 以上）。
- 结构性拱形集装器。

（3）按种类划分，飞机的集装器可分为集装板、集装箱和集装棚。

1）集装板。集装板是根据机型要求制造的一块有平整底面的台板。货物在地面被预先放上集装板后，用网罩或集装棚盖住，然后装机，并固定在飞机的货舱地板上。采用集装板可以达到速装速卸的目的。

2）集装箱。飞机集装箱与飞机上的装载和固定系统直接结合而不需要任何附属设备。集装箱的坚固程度足以保证所装货物的安全，防止飞机受到损坏。它的底座与集装板相似，运输集装箱的货舱四壁及顶部不需要特别坚固，这种货舱不适合于散货或非标准集装箱的运输。

- 内结构集装箱。该集装箱 51cm 或 102cm 宽、20cm 高可装在宽体货机的主舱内。此类集装箱为非专用航空集装箱，主要用于空运转入地面运输时使用。
- 主舱集装箱。该集装箱 163cm 高或更高一些，只能装在货机（客货两用机）的主舱。
- 下舱集装箱。该集装箱只能装在宽体飞机下部货舱内，有全型和半型两种类型。机舱内可放入一个全型和两个半型的此类集装箱，高度不得超过 163cm。

3）集装棚。一个非结构的集装棚是由玻璃纤维/金属及其他适合的材料制成的坚硬外壳，集装棚的前面敞开且无底，它的斜面与飞机货舱的轮廓相适应，正好罩住整个集装板。这个外壳与飞机的集装板和网套一起使用，因此称为非结构性集装棚。这个硬壳从结构上与集装板一起形成一个整体，而不需要用网套固定货物，故称为结构性集装棚。

2. 集装器代号的组成

在集装器的面板和集装器的四周，常会看到诸如 PAP5001FM、PAP2233CA 等代号。这些代号是依据集装器的类型、尺寸、外形、与飞机的匹配、是否注册等几方面因素编成的。它由以下几部分组成：

（1）第 1 位字母。第 1 位字母表示集装器的类型。说明如下：
- A：Certified Aircraft Container（注册的飞机集装器）。
- B：Non-certified Aircraft Container（非注册的飞机集装器）。
- F：Non-certified Aircraft Pallet（非注册的飞机集装板）。
- G：Non-certified Aircraft Pallet Net（非注册集装板网套）。
- J：Thermal Non-structured Igloo（保温的非结构集装棚）。
- M：Thermal Non-certified Aircraft Container（保温的非注册的飞机集装箱）。
- N：Certified Aircraft Pallet Net（注册的飞机集装板网套）。
- P：Certified Aircraft Pallet（注册的飞机集装板）。
- R：Thermal Certified Aircraft Container（注册的飞机保温箱）。
- U：Non-structural Igloo（非结构集装棚）。
- H：Horse Stall（马厩）。
- V：Automobile Transport Equipment（汽车运输设备）。
- X、Y、Z：Reserved for Airline Use Only（供航空公司内部使用）。

（2）第 2 位字母。第 2 位字母表示集装器的底板尺寸。说明如下：
- A：88in×125in（224cm×318cm）P1 板。
- B：88in×108in（224cm×274cm）P2 板。
- G：96in×238.5in（244cm×606cm）P7 板。
- M：96in×125in（244cm×318cm）P6 板。
- E：88in×53in（224cm×135cm）。
- K：60.4in×61.5in（153cm×156cm）。
- L：60.4in×125in（153cm×318cm）。

（3）第 3 位字母。第 3 位字母表示集装器的外形或适配性，可查手册 IATA ULD Technical Manual 以获取相关信息。说明如下：
- E：适用于 B747、TC310、DCJ10、Ll011 下货舱无叉眼装置的半型集装箱。
- N：适用于 B747、TC310、DCl0、Ll011 下货舱有叉眼装置的半型集装箱。
- P：适用于 B747COMBI 上舱及 B747、DCl0、Ll011、TC310 下舱的集装板。
- A：适用于 B747F 上舱集装箱。

（4）第 4～7 位数字（4 位或 5 位数字）。第 4～7 位数字表示集装器的序号。

（5）第 8～9 位字母。第 8～9 位字母表示集装器的所有人或注册人，通常是航空公司的二字代码。

3．常见集装器及其关键参考数据

（1）标准集装板（PIP，如图 1-5 所示）。

代码：PAP、PAG、PAJ。

自重（含网）：125kg。

设计载重：6804kg。

底板尺寸：224cm×318cm。

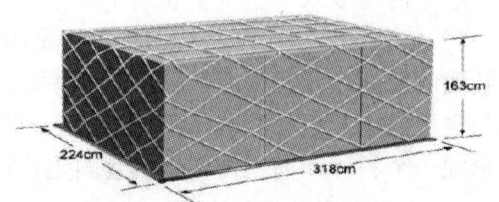

图 1-5　标准集装板

集装板的自重因生产厂家的不同和用材不同而不同，一般在 90～125kg（以下同）；设计载重包括集装器、网套、垫板以及所载货物的重量（以下同）。

适用机型：所有宽体飞机和货机（B737-QC 除外）。

（2）10ft 集装板（P6P，如图 1-6 所示）。

代码：PMC、PQP。

自重（含网）：135kg。

设计载重：6804kg。

底板尺寸：244cm×318cm。

适用机型：同 PIP。

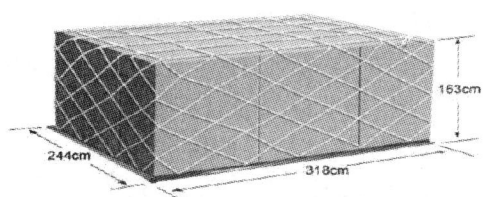

图 1-6　10ft 集装板

（3）20ft 集装板（P6P，如图 1-7 所示）。

代码：PGA、PGE、P7E。

自重（含网）：500kg。

设计载重：13490kg。

底板尺寸：244cm×606cm。

适用机型：B747F、B747COMBI 主货舱。

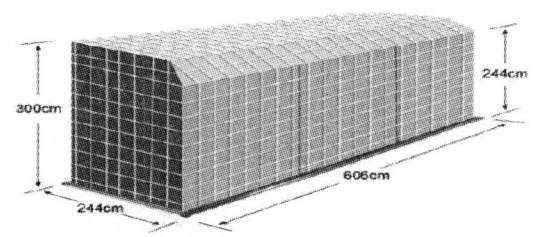

图 1-7　20ft 集装板

（4）LD3 集装箱（如图 1-8 所示）。

代码：AKE/AVE、AVA、AKN。

自重：100kg～125kg。

容积：4m³。

设计载重：1588kg。

底板尺寸：153cm×156cm。

适用机型：所有宽体飞机下货舱。

图 1-8　LD3 集装箱

（5）LD2 集装箱（如图 1-9 所示）。

代码：DPE。

自重：80kg～100kg。

容积：3.4m³。

设计载重：1250kg。

底板尺寸：119cm×153cm。

适用机型：B767-200/300 专用。

（6）LD8 集装箱（如图 1-10 所示）。

代码：ALF。

图 1-9　LD2 集装箱

自重：159kg。
容积：8.9m³。
设计载重：3175kg。
底板尺寸：153cm×318cm。
适用机型：除B767外所有宽体飞机下货舱。

（7）10ft集装箱（如图1-11所示）。
代码：AMA、AQ6、AMG。
自重：255kg（软门）；325kg（硬门）。
容积：17m³。
设计载重：6804kg。
底板尺寸：244cm×318cm。
适用机型：B747F、B747COMBI主货舱。

图1-10　LD8集装箱

（8）LD3冷藏箱（如图1-12所示）。
代码：RKN。
自重：300kg。
容积：2.8m³。
温度范围：-50～100℃。
干冰载量：35kg
干冰使用时间：24h。
底板尺寸：153cm×156cm。
适用机型：所有宽体飞机下货舱。

图1-11　10ft集装箱

图1-12　LD3冷藏箱

学生训练

1．单选题

（1）某航空集装器代号为PAP5001FM，其中第一个字母"P"指的是（　　）。

　　A．注册的飞机集装器　　　　　　　B．非注册的飞机集装器
　　C．注册的飞机集装板　　　　　　　D．注册的飞机集装板网套

（2）航空集装器代号的第二位表示的是集装器的底板尺寸，集装器代号AKE24307CA中的第二个字母"K"表示的尺寸是（　　）。

A．224cm×318cm　　　　　　B．153cm×156cm
C．224cm×274cm　　　　　　D．244cm×606cm

（3）航空集装器代号的第二位表示的是集装器的底板尺寸，集装器代号 PAP5566CA 中的第二个字母"A"表示的尺寸是（　　）。

A．224cm×318cm　　　　　　B．153cm×156cm
C．224cm×274cm　　　　　　D．244cm×606cm

（4）航空集装器代号的最后两位字母表示集装器的所有人或注册人，通常是（　　）的二字代码。

A．货运代理公司　　　　　　B．航空公司
C．机场　　　　　　　　　　D．航空地面服务站

（5）航空集装器代号的第二位表示的是集装器的底板尺寸，集装器代号 ALF10042CA 中的第二个字母"L"表示的尺寸是（　　）。

A．224cm×318cm　　　　　　B．153cm×156cm
C．224cm×274cm　　　　　　D．153cm×318cm

2．判断题

（1）航空集装器是窄体飞机必备的装载器具，可看作是飞机结构中可移动的部件，是提高装卸工作效率和飞机载运率、增加经济效益、提高货物运输质量的重要生产设备。（　　）

（2）非注册集装器也适宜于飞机的安全载运，在使用过程中不会对飞机的内部结构造成损伤。（　　）

（3）集装板是根据机型的要求制造的一块有平整底面的台板，货物在地面被预先放上集装板后，用网罩或集装棚盖住，然后装机，并固定在飞机的货舱地板上。采用集装板可以达到速装速卸的目的。（　　）

（4）飞机集装箱需要附属设备辅助，才能与飞机上的装载和固定系统结合。（　　）

（5）注册的集装器是由国家有关政府部门授权的专业厂家生产，适宜于飞机的安全载运，在使用过程中不会对飞机的内部结构造成损伤。（　　）

项目二　航空运输区域划分与世界主要航线

与其他各种运输方式不同的是，国际航空货物运输中与运费有关的各项规章制度、运费水平等都是由国际航协统一协调、制定的。在充分考虑了世界上不同国家、地区的社会经济、贸易发展水平后，国际航协将全球分成三个区域。

任务 1　熟悉航空运输区域划分

随着全球经济一体化进程的深入，国际贸易日趋频繁，国际间的航空运输业也越加繁忙。为保证国际航空运输的运营安全，以及国际民用航空组织规定的各国航空运输企业在技术规范、航行程序和操作规则上的一致性原则，IATA 将世界划分为三个航空运输业务区，即 Area TC1、Area TC2、Area TC3 三个大区，简称 TC1、TC2、TC3，其下又可以进行次一级的分区，称为次区（Sub-area）。航协区的划分与我们熟悉的世界行政区划分有所不同，它从航空运输

业务的角度考虑，依据的是不同地区的经济、商业及社会条件，以方便各国及地区航空运输企业之间的运输业务的划分与合作。

1. 一区（Area TC1）

（1）范围。TC1 区北起格陵兰岛，南至南极洲，东临 TC2 区，西接 TC3 区。主要包括北美洲、拉丁美洲以及附近的岛屿和海洋。TC1 区与 TC2 区的分界线：北起 0°经线，向南约至 74°处折向西南，穿过格陵兰岛与冰岛之间的丹麦海峡，在北纬 60°处沿西经线 40°至北纬 20°处，再折向东南，到赤道处再沿 20°西经线向南止于南极洲。

TC1 区由两个相连的大陆，南美和北美大陆及附近的岛屿，格陵兰岛、百慕大群岛、西印度群岛、加勒比岛屿以及夏威夷群岛（包括中途岛和巴尔米拉环礁）组成。按自然地理分，以巴拿马运河为界，分为南美洲和北美洲。按政治、经济、地理划分，则以美国和墨西哥边境为界，分为北美洲和拉丁美洲。美洲大陆东临大西洋、西濒太平洋。太平洋阻碍了美洲和其他大洲之间的陆路交通，它与其他各州之间的交通联系只有通过海洋运输和航空运输来实现。

（2）次区介绍。

1）加勒比次区。加勒比次区介于美国（除波多黎各和美属维尔京群岛之外）与巴哈马群岛、百慕大、加勒比群岛、圭亚那、苏里南、法属圭亚那之间的地区；介于加拿大、墨西哥与巴哈马群岛、百慕大、加勒比群岛（含波多黎各和美属维尔京群岛）、圭亚那、苏里南、法属圭亚那之间的地区；由巴哈马群岛、百慕大、加勒比群岛（含波多黎各和美属维尔京群岛）构成的区域；由上述为一端与圭亚那、苏里南、法属圭亚那为另一端之间的区域。

2）墨西哥次区。墨西哥次区介于加拿大、美国（除波多黎各和美属维尔京群岛）与墨西哥之间的地区。

3）远程次区。远程次区介于加拿大、墨西哥、美国与中美洲和南美洲之间的地区；介于巴哈马群岛、百慕大群岛、加勒比群岛、圭亚那、苏里南、法属圭亚那与中美洲和南美洲的地区；介于中美洲和南美洲之间的地区；在中美洲区域内。

4）南美次区。南美次区由以下国家构成：阿根廷、玻利维亚、巴西、智利、哥伦比亚、厄瓜多尔、法属圭亚那、圭亚那、巴拿马、巴拉圭、秘鲁、苏里南、乌拉圭和委内瑞拉。

一区（Area TC1）主要国家及代码见表 1-2。

表 1-2　一区（Area TC1）主要国家及代码

TC1	南美和北美大陆及附近岛屿，格陵兰群岛、百慕大群岛、加勒比海群岛、夏威夷岛
北美	CA（加拿大）；MX（墨西哥）；US（美国）；PM（法属圣皮埃尔和密克隆岛）
中美	BZ（伯利兹）；GT（危地马拉）；CR（哥斯达黎加）；HN（洪都拉斯）；SV(萨尔瓦多)；NI（尼加拉瓜）
加勒比地区	BS（巴哈马）；GY（圭亚那）；BM（百慕大群岛）；SR（苏里南）；GF（法属圭亚那）；加勒比海群岛
	加勒比海群岛（岛国）： AI（安圭拉）；AG（安提瓜和巴布达）；AW（阿鲁巴岛）；BB（巴巴多斯）；KY（英属开曼群岛）；CU（古巴）；DM（多米尼亚）；DO（多米尼亚共和国）；GD（格林纳达）；GP（瓜德罗普岛）；HT（海地）；JM（牙买加）；MO（马考）；MS（英属蒙特塞拉特岛）；AN（荷属安地列斯群岛）；KN（圣基茨-尼维斯）；LC（圣卢西亚）；VC（英属圣文深特岛）；TT（特立尼达和多巴哥）；TC（英属特克斯岛和凯科斯岛）；VG（英属维尔京群岛）

续表

南美	AR（阿根廷）；BO（玻利维亚）；BR（巴西）；CL（智利）；CO（哥伦比亚）；EC（厄瓜多尔）；GF（法属圭亚那）；GY（圭亚那）；PA（巴拿马）；PE（秘鲁）；PY（巴拉圭）；SR（苏里南）；UY（乌拉圭）；VE（委内瑞拉）

2. 二区（Area TC2）

（1）范围。TC2 区北起北冰洋诸岛，南至南极洲，东临 TC3 区，西接 TC1 区。包括欧洲、非洲、中东及附近岛屿。TC2 区与 TC3 区分界线：北起东经线 80°，在北纬 75°处向南弯折，沿乌拉尔山南下，绕经里海西岸、南岸，伊朗北界、东界，再沿东经线 60°向南止于南极洲。

（2）次区介绍。

1）非洲次区。非洲次区含非洲大多数国家及地区，由中非、东非、印度洋岛屿、利比亚、南非以及北非构成，但北部非洲的摩洛哥、阿尔及利亚、突尼斯、埃及和苏丹不包括在内。

2）欧洲次区。欧洲次区包括阿尔巴尼亚、阿尔及利亚、安道尔、亚美尼亚、奥地利、阿塞拜疆、亚速尔群岛、比利时、葡萄牙、罗马尼亚、俄罗斯联邦（乌拉尔山以西）、圣马力诺、斯洛伐克共和国、斯洛文尼亚、西班牙、瑞典、瑞士、突尼斯、土耳其、乌克兰以及英国等欧洲国家。另外，还包括摩洛哥、阿尔及利亚和突尼斯 3 个非洲国家。

3）中东次区。中东次区包括巴林、塞浦路斯、埃及、伊朗、伊拉克、以色列、约旦、科威特、黎巴嫩、阿曼、沙特阿拉伯、苏丹、叙利亚、阿拉伯、阿拉伯联合酋长国以及也门等。

二区（Area TC2）主要国家及代码见表 1-3。

表 1-3 二区（Area TC2）主要国家及代码

TC2	欧洲大陆（包括俄罗斯欧洲部分）和附近岛屿，冰岛，亚速尔群岛，非洲大陆和邻近岛屿，阿森松岛，亚洲西部，包括伊朗
欧洲	AL 阿尔巴尼亚；AD 安道尔；AM 亚美尼亚；AT 奥地利；AZ 阿塞拜疆；BY 白俄罗斯；BE 比利时；BA 波黑；BG 保加利亚；CY 塞浦路斯；CZ 捷克；DE 德国；DK 丹麦；EE 爱沙尼亚；FI 芬兰；FR 法国；GE 格鲁吉亚；GI 直布罗陀；GR 希腊；HU 匈牙利；HR 克罗地亚；IS 冰岛；IE 爱尔兰；IT 意大利；LV 拉脱维亚；LI 列支敦士登；LT 立陶宛；LU 卢森堡；MK 马其顿；MT 马耳他；MD 摩尔多瓦；MC 摩纳哥；MA 摩洛哥；NL 荷兰；NO 挪威；PL 波兰；PT 葡萄牙；RO 罗马尼亚；RU 俄罗斯（乌拉尔山以西）；SM 圣马力诺；SK 斯洛伐克；SI 斯洛文尼亚；ES 西班牙；SE 瑞典；CH 瑞士；TN 突尼斯；TR 土耳其；UA 乌克兰；GB 英国
非洲	中非：MW 马拉维；ZM 赞比亚；ZW 津巴布韦 东非：BI 布隆迪；DJ 吉布提；ER 厄立特里亚；ET 埃塞俄比亚；KE 肯尼亚；RW 卢旺达；SO 索马里；TZ 坦桑尼亚；UG 乌干达 南非：BW 博茨瓦纳；LS 莱索托；MZ 莫桑比克；ZA 南非；NA 纳米比亚；SZ 斯威士兰；LY 利比亚 印度洋岛屿：KM 科摩罗；MG 马达加斯加；MU 马尔代夫；XM 马纳特岛；RE 法属留尼汪岛；SC 塞舌尔 西非：AO 安哥拉；BJ 贝宁；BF 布吉纳法索；CM 喀麦隆；CV 佛得角；CF 中非共和国；TD 乍得；CG 刚果；CI 象牙海岸；CD 刚果（金沙莎）；GQ 赤道几内亚；GA 加蓬；GM 冈比亚；GH 加纳；GN 几内亚；GW 几内亚比绍；LR 利比里亚；ML 马里；MR 毛里塔尼亚；NE 尼日尔；NG 尼日利亚；ST 圣多美和普林西比；SN 塞内加尔；SL 塞拉利昂；TG 多哥
中东	AE 阿拉伯联合酋长国；BH 巴林；EG 埃及；IR 伊朗；IQ 伊拉克；IL 以色列；JO 约旦；KW 科威特；LB 黎巴嫩；OM 阿曼；QA 卡塔尔；SA 沙乌地阿拉伯；SD 苏丹；SY 叙利亚；YE 也门共和国

3. 三区（Area TC3）

（1）范围。TC3 区北起北冰洋，南至南极洲，东临 TC1 区，西接 TC2 区。包括整个亚洲大陆及毗邻岛屿（已包括在二区的部分除外）、整个东印度群岛、澳大利亚、新西兰及毗邻岛屿、太平洋岛屿（已包括在一区的部分除外）。TC3 区与 TC1 区分界线：北起西经线 170°，向南穿过白令海峡后，向西南折至北纬 50°、东经 164°，折经北纬 7°、西经 140°，再折经南纬 20°、西经 120°等处，最后沿西经线 120°向南止于南极洲。

（2）次区介绍。

1）南亚次大陆次区。南亚次大陆次区包括阿富汗、孟加拉国、不丹、印度（包括安达曼群岛）、马尔代夫、尼泊尔、巴基斯坦以及斯里兰卡等南亚国家。

2）东南亚次区。东南亚次区包括文莱达鲁萨兰国、柬埔寨、中华人民共和国、关岛、中国香港、印度尼西亚、哈萨克斯坦、吉尔吉斯斯坦、老挝、马来西亚、马绍尔群岛、密克罗尼西亚（含除帕劳群岛之外的加罗林群岛）、蒙古、缅甸、北马里亚纳群岛（含除关岛之外的马里亚纳群岛）、帕劳、菲律宾、俄罗斯联邦（乌拉尔东部地区）、新加坡、中国台湾、塔吉克斯坦、乌兹别克斯坦以及越南等。

3）西太平洋次区。西太平洋次区包括美属萨摩亚、澳大利亚、库克群岛、斐济群岛、法属波利尼西亚、基里巴斯、瑙鲁、新克里多尼亚、新西兰（含洛亚蒂群岛）、纽埃、巴布亚新几内亚、萨摩亚、所罗门群岛、汤加、图瓦卢、瓦努阿图、瓦利斯和富图纳群岛等。

4）日本、韩国次区。日本、韩国次区包含日本、韩国和朝鲜。

三区（Area TC3）主要国家及代码见表 1-4。

表 1-4　三区（Area TC3）主要国家及代码

TC3	亚洲和邻近岛屿（不包括已属于二区的部分），东印度地区，澳大利亚，新西兰和邻近岛屿，太平洋岛屿（不包括已属于一区的部分）
东南亚	BN 文莱；CN 中华人民共和国；KH 柬埔寨；GU 关岛；HK 中国香港；ID 印度尼西亚；KZ 哈萨克斯坦；KG 吉尔吉斯斯坦；LA 老挝；MM 缅甸；TM 土库曼斯坦；FM 密克罗尼西亚；UZ 乌兹别克斯坦；MO 澳门；MY 马来西亚；MH 马绍尔群岛；FM 密克罗尼西亚；MN 蒙古；BU 缅甸；MP 马里亚纳群岛；PW Palau；PH 菲律宾；XU 俄罗斯（乌拉尔山以东）；SG 新加坡；TW 中国台湾；TJ 塔吉克斯坦；TH 泰国；TM 土库曼；UZ 乌兹别克；VN 越南
南亚次大陆	AF 阿富汗；BD 孟加拉共和国；BT 不丹；IN 印度；MV 马尔代夫；PK 巴基斯坦；NP 尼泊尔
日本韩国	JP 日本；KP 朝鲜；KR 韩国
西南太平洋	AS 美属萨摩亚；AU 澳大利亚；CK 库克群岛；FJ 斐济；PF 法属波利尼西亚；KI 基里巴斯；NR 瑙鲁；NC 新喀里多尼亚；NZ 新西兰；NU 纽埃；PG 巴布亚新几内亚；WS 萨摩亚独立州；SB 所罗门群岛；TO 汤加；TV 图瓦卢；VU 瓦努阿图；WF 瓦利斯岛和富图纳群岛

学生训练

1. 单选题

（1）墨西哥属于（　　）。

　　A．一区（Area TC1）　　　　　　　　B．二区（Area TC2）

　　C．三区（Area TC3）

（2）瑞典属于（　　）。
    A．一区（Area TC1）　　　　　　B．二区（Area TC2）
    C．三区（Area TC3）
（3）尼日利亚属于（　　）。
    A．一区（Area TC1）　　　　　　B．二区（Area TC2）
    C．三区（Area TC3）
（4）马来西亚属于（　　）。
    A．一区（Area TC1）　　　　　　B．二区（Area TC2）
    C．三区（Area TC3）
（5）巴基斯坦属于（　　）。
    A．一区（Area TC1）　　　　　　B．二区（Area TC2）
    C．三区（Area TC3）
（6）航线 LAX－MEX－SCL 属于（　　）。
    A．一区（Area TC1）　　　　　　B．二区（Area TC2）
    C．三区（Area TC3）
（7）航线 SYD－BKK－DEL 属于（　　）。
    A．一区（Area TC1）　　　　　　B．二区（Area TC2）
    C．三区（Area TC3）

2．多选题
（1）航线 BJS－NYC 连接了（　　）和（　　）。
    A．一区（Area TC1）　　　　　　B．二区（Area TC2）
    C．三区（Area TC3）
（2）航线 MOW－TYO 连接了（　　）和（　　）。
    A．一区（Area TC1）　　　　　　B．二区（Area TC2）
    C．三区（Area TC3）
（3）航线 BJS－TYO 连接了（　　）和（　　）。
    A．一区（Area TC1）　　　　　　B．二区（Area TC2）
    C．三区（Area TC3）

任务 2　认识世界主要航空线路和主要航空港

1．主要航空线路
（1）西半球航线（WH）。此航线适用于整个西半球内的航线，即航线一区内的航线。
（2）东半球航线（EH）。此航线适用于整个在东半球内的航程，包括二区内和三区内的航程。
（3）北大西洋航线（AT）。此航线是连接一区北美和二区欧洲的重要国际航线。
（4）南大西洋航线（SA）。此航线在东南亚和南大西洋地区之间飞行，经停中非、南非或印度洋岛国，或者在两地间直飞。
（5）北太平洋航线（PA）。此航线适用于一区和三区间经太平洋的航程，连接亚洲和北美国家。

(6) 南太平洋航线（PN）。此航线连接南美和西南太平洋之间，经停北美，但不经停北中太平洋。

(7) 环球航线（AP）。此航线是跨越太平洋和大西洋的航线，以东向和西向绕地球环行。

(8) 俄罗斯航线（RU）。此航线是俄罗斯的欧洲部分和第三区之间的航线。

2. 世界主要航空港的情况

目前世界上主要的国际航空港共有175个，其中亚洲44个、非洲40个、欧洲41个、拉丁美洲29个、北美洲8个、太平洋岛屿及其他地区13个。

(1) 世界重要航空港口。

1) 北美：华盛顿、纽约、芝加哥、蒙特利尔（加拿大）、亚特兰大（美国东南）、洛杉矶、旧金山和西雅图。

2) 欧洲：伦敦、巴黎、法兰克福、苏黎世、罗马、维也纳、柏林、哥本哈根、华沙、莫斯科、布加勒斯特（罗马尼亚首都）以及雅典（希腊首都）。

3) 非洲：开罗、喀土穆（苏丹首都）、内罗毕（肯尼亚首都）、约翰内斯堡（南非）、布拉柴维尔（东刚果）、拉各斯（尼日利亚）、达喀尔（塞内加尔首都）和阿尔及尔（阿尔及利亚首都）。

4) 亚洲：北京、上海、东京、香港、马尼拉（菲律宾首都）、曼谷（泰国首都）、新加坡、仰光（缅甸首都）、加尔各答（印度）、孟买（印度）、卡拉奇（巴基斯坦）以及贝鲁特（黎巴嫩首都）。

5) 拉美：墨西哥城、加拉加斯（委内瑞拉首都）、里约热内卢（巴西）、布宜诺斯艾利斯（阿根廷首都）、圣地亚哥（智利首都）以及利马（秘鲁首都）。

6) 大洋洲及太平洋岛屿：悉尼、奥克兰（新西兰）、楠迪（斐济）和火努鲁鲁。

(2) 世界十大主要航空港。

1) 美国芝加哥奥黑尔国际机场。这是世界上最大的飞机场，距离芝加哥市27km，总共有6个跑道，并且有高速公路穿梭其中，美国所有的航空公司在这里都有自己的登机口。在这里，平均不到3min就有一班航班起降，这里也是全球第五大航空公司美国联合航空公司的总部所在地之一。

2) 美国亚特兰大哈兹菲德国际机场。它距离亚特兰大市19km，这是世界上登机口最多的机场，共有6个航站楼，拥有将近100个近机位。这里是全球飞机数量最多的航空公司美国达美航空公司的总部所在地。

3) 美国纽约约翰·肯尼迪国际机场。它距纽约市27km，是世界上最繁忙的机场，它由美国达美航空公司、美国西北航空公司、美国航空公司、美国大陆航空公司和美国环球航空公司五大航空公司、英国航空公司及其他国际航空公司的一共7个候机厅组成。各候机厅之间有公路相连，形成一个长达8km的环。它是全球第九大航空公司美国西北航空公司和美国大陆航空公司的总部所在地。

4) 英国伦敦希斯罗国际机场。它距伦敦市中心20km，是整个欧洲空中交通的中心，同时它也是世界第一大航空公司英国航空公司的总部所在地。另外，英国米特兰航空公司，英国不列颠航空公司、英国AIR 2000航空公司的总部也在这里。

5) 日本东京成田国际机场。它距离东京市区68km，是世界上离城市最远的大机场，是整个亚洲的航空枢纽，也是日本航空公司和全日空航空公司的总部所在地。

6）法国巴黎查尔斯·戴高乐国际机场。它距离巴黎市 23km，在设计上是一个创举。它把停机坪安排在一个圆圈内，沿圆的外环建了个庞大的环形候机厅，分为 24 个小厅供不同航空公司使用。而且，它是法国航空公司的总部所在地。

7）美国洛杉矶国际机场。它距离洛杉矶市 20km，是太平洋上的航空枢纽，平均不到 2min 就有一班航班起降的频率使得它成为了世界上第二繁忙的机场。它也是美国联合航空公司的总部所在地之一。另外，全球第 5 大航空公司美国航空公司的总部也坐落在此。

8）德国法兰克福国际机场。它位于德国美因河畔的法兰克福，是德国最大的机场和欧洲第二或第三大机场，是全球各国际航班重要的集散中心。

9）中国香港国际机场。它外貌呈丫型的国际机场客运大楼不但是全球最大的单一机场客运大楼，更是世界上最大的室内公众场所。目前，香港连接全球的航点多达 130 个，航空公司数目达 65 家，2004 年全年升降班次达到 18 万架次。

10）荷兰阿姆斯特丹斯西霍普国际机场。它距离阿姆斯特丹 15km，是世界上距离市中心第二近的大型国际机场，也是荷兰皇家航空公司的所在地。

学生训练

单选题

（1）LAX－RIO 属于（　　）。
　　A．西半球航线　　　　　　　　　B．东半球航线
　　C．北大西洋航线　　　　　　　　D．南大西洋航线

（2）MOW－ST－CAI 属于（　　）。
　　A．西半球航线　　　　　　　　　B．东半球航线
　　C．北大西洋航线　　　　　　　　D．南大西洋航线

（3）PAR－WAS 属于（　　）。
　　A．西半球航线　　　　　　　　　B．东半球航线
　　C．北大西洋航线　　　　　　　　D．南大西洋航线

（4）SAO－HKG 属于（　　）。
　　A．西半球航线　　　　　　　　　B．东半球航线
　　C．北大西洋航线　　　　　　　　D．南大西洋航线

（5）BJS－LAX－MIA 属于（　　）。
　　A．北太平洋航线　　　　　　　　B．南太平洋航线
　　C．俄罗斯航线　　　　　　　　　D．环球航线

（6）SYD－MIA－BUE 属于（　　）。
　　A．北太平洋航线　　　　　　　　B．南太平洋航线
　　C．俄罗斯航线　　　　　　　　　D．环球航线

（7）HKG－TYO－MOW 属于（　　）。
　　A．北太平洋航线　　　　　　　　B．南太平洋航线
　　C．俄罗斯航线　　　　　　　　　D．环球航线

（8）SAO－HKG 属于（　　）。
　　A．西半球航线　　　　　　　　　B．东半球航线

C．北大西洋航线　　　　　　　　D．南大西洋航线

（9）PAR－WAS 属于（　　）。

A．西半球航线　　　　　　　　B．东半球航线

C．北大西洋航线　　　　　　　D．南大西洋航线

（10）SCL－LAX－AKL 属于（　　）。

A．北太平洋航线　　　　　　　B．南太平洋航线

C．俄罗斯航线　　　　　　　　D．环球航线

项目三　航空运输代码

任务　学习航空运输代码

在航空运输中，为了识别和填写的方便，一些名词，如航空公司、国家、城市（或其机场）等经常用代码来代替全称。

1．主要城市（或其机场）及其国家代码

主要城市（或其机场）及其国家代码见表 1-5。

表 1-5　主要城市（或其机场）及其国家代码

城市名	国家/地区二字代码	城市三字码	中文名称及地理位置
ABU DHABI	AE	AUH	阿布扎比，阿拉伯联合酋长国（United Arab Emirates）首都，西亚（中东）
ABUJA	NG	ABV	阿布贾，尼日利亚（Nireria）首都，非洲
ACCRA	GH	ACC	阿布拉，加纳（Ghana）首都，非洲
ADDIS ABABA	ET	ADD	亚的斯亚贝巴，埃塞俄比亚（Ethiopia）首都，非洲
ALGIERS	DZ	ALG	阿尔及尔，阿尔及利亚（Algeria）首都，非洲
ALMATY	KZ	ALA	阿拉木图，哈萨克斯坦（Kazakhstan）首都，西北亚
AMMAN	JO	AMM	安曼，约旦（Jordan）首都，亚洲（中东）
AMSTERDAM	NL	AMS	阿姆斯特丹，荷兰（Netherlands）首都，欧洲
ANKARA	TR	ANK	安卡拉，土耳其（Turkey）首都，西北亚
ANTANANARIVO	MG	TNR	安塔那那利佛，马达加斯加（Madagascar）首都，非洲
ASHGABAD	TM	ASB	阿什哈巴德，土库曼斯坦（Turkmenistan）首都，中亚
ASMARA	ER	ASM	阿斯马拉，厄立特里亚（Eritrea）首都，南美洲
ASUNCION	PY	ASU	亚松森，巴拉圭（Paraguay）首都，南美洲
ATHENS	GR	ATH	雅典，希腊（Greece）首都，欧洲
BAGHDAD	IQ	BGW	巴格达，伊拉克（Iraq）首都，西亚（中东）
BAKU	AZ	BAK	巴库，阿塞拜疆（Azerbaijan）首都，西北亚
BAMAKO	ML	BKO	巴马科，马里（Mali）首都，非洲

续表

城市名	国家/地区二字代码	城市三字码	中文名称及地理位置
BANGKOK	TH	BKK	曼谷,泰国(Thailand)首都,亚洲
BANGUI	CF	BGF	班吉,中非共和国(Central African Republic)首都,非洲
BANJUL	GM	BJL	班珠尔,冈比亚(Gambia)首都,非洲
BEIJING	CN	BJS	北京,中国(China)首都,亚洲
BEIRUT	LB	BEY	贝鲁特,黎巴嫩(Lebanon)首都,西亚(中东)
BELGRADE	YU	BEG	贝尔格莱德,塞尔维亚和黑山(Serbia and Montenegro)首都,欧洲
BELMOPAN	BZ	BCV	贝尔莫潘,伯利兹(Belize)首都,中美洲
BERLIN	DE	BER	柏林,德国(Germany)首都,欧洲
BERNE	CH	BRN	伯尔尼,瑞士(Switzerland)首都,欧洲
BISHKEK	KG	FRU	比什凯克,吉尔吉斯斯坦(Kyrgyzstan)首都,中亚
BISSAU	GW	OXB	比绍,几内亚比绍(Guinea-Bissau)首都,非洲
BOGOTA	CO	BOG	波哥大,哥伦比亚(Colombia)首都,欧洲
BRASILIA	BR	BSB	巴西利亚,巴西(Brazil)首都(联邦区),欧洲
BRATISLAVA	SK	BTS	布拉迪斯拉法,斯洛伐克(Slovakia)首都,欧洲
BRAZZAVILLE	CG	BZV	布拉柴维尔,刚果(布)(Cargo)(Brazzaville)首都(布宜诺斯艾利斯省),欧洲
BRUSSELS	BE	BRU	布鲁塞尔,比利时(Belgium)首都,欧洲
BUCHAREST	HU	BUD	布加勒斯特,罗马尼亚(Romania)首都,欧洲
BUDAPEST	HU	BUD	布达佩斯,匈牙利(Hungary)首都,欧洲
BUENOS AIRES	AR	BUE	布宜诺斯艾利斯,阿根廷(Argentina)首都(布宜诺斯艾利斯省),南美洲
BUJUMBURA	BI	BJM	布琼布拉,布隆迪(Burundi)首都,非洲
BUSAN	KR	PUS	釜山,韩国(Republic of Korea),亚洲
CAIRO	EG	CAI	开罗,埃及(Egypt)首都,非洲
CANBERRA	AU	CBR	堪培拉,澳大利亚(Australia)首都,大洋洲
CARACAS	VE	CCS	加拉加斯,委内瑞拉(Venezuela)首都,南美洲
CAYENNE	GF	CKY	卡宴,法属圭亚那(French Guiyana)首都,南美洲
COLOMBO	LK	CMB	科伦坡,斯里兰卡(Sri Lanka)首都,南亚
CONAKRY	GN	CKY	科纳里克,几内亚(Guinea)首都,非洲
COPENHAGEN	DK	CPH	哥本哈根,丹麦(Denmark)首都,欧洲
DAKAR	SN	DKR	达喀尔,塞内加尔(Senagal)首都,非洲
DAMASCUS	SY	DAM	大马士革,叙利亚(Syria)首都,西亚(中东)
DAR ES SALAAM	TZ	DAR	达累斯萨拉姆,坦桑尼亚(Tanzania)首都,非洲

续表

城市名	国家/地区 二字代码	城市 三字码	中文名称及地理位置
NEW DELHI	IN	DEL	新德里，印度（India）首都，亚洲
DHAKA	BD	DAC	达卡，孟加拉国（Bangladesh）首都，南亚
DILI	TL	DIL	帝力，东帝汶（East Timor）首都，亚洲
DJIBOUTI	DJ	JIB	吉布提，吉布提（Djibouti）首都，非洲
DOHA	QA	DOH	多哈，卡塔尔（Qatar）首都，西亚（中东）
DUBLIN	IE	DUB	都柏林，爱尔兰（Ireland）首都，欧洲
FREE TOWN	SL	FNA	佛里顿，塞拉利昂（Sierra Leone）首都，非洲
GABORONE	BW	GBE	哈博罗内，博茨瓦纳（Bostswana）首都，非洲
GUATEMALA CITY	GT	GUA	危地马拉城，危地马拉（Guatemala）首都，中美洲
HANOI	VN	HAN	河内，越南（Vietnam）首都，亚洲
HARARE	ZW	HRE	哈拉雷，津巴布韦（Zimbabwe）首都，非洲
HAVANA	CU	HAV	哈瓦那，古巴（Cuba）首都，加勒比海地区
HELSINKI	FI	HEL	赫尔辛基，芬兰（Finland）首都，欧洲
KABUL	AF	KBL	喀布尔，阿富汗（Afghanistan）首都，亚洲
KAMPALA	UG	KLA	坎帕拉，乌干达（Uganda）首都，非洲
KATHMANDU	NP	KTM	加德满都，尼泊尔（Nepal）首都，亚洲
KHARTOUM	SD	KRT	喀什穆，苏丹（Sudan）首都，非洲
KIEV	UA	IEV	基辅，乌克兰（Ukraine）首都，欧洲
KIGALI	RW	KGL	基加利，卢旺达（Rwanda）首都，非洲
KINGSTON	JM	KIN	金斯顿，牙买加（Jamaica）首都，加勒比海地区
KISHINEV （CHISINAU）	MD	KIV	基什尼奥夫（基希纳乌），摩尔多瓦（Moldova）首都，欧洲
KUALA LUMPUR	MY	KUL	吉隆坡，马来西亚（Malaysia）首都，亚洲
KUWAIT	KW	KWI	科威特，科威特（Kuwait）首都，西亚（中东）
LIBREVILLE	GA	LBV	利伯维尔，加蓬（Gabon）首都，非洲
LILONGWE	MW	LLW	利隆圭，马拉维（Malawi）首都，非洲
LIMA	PE	LIM	利马，秘鲁（Peru）首都，南美洲
LISBON	PT	LIS	里斯本，葡萄牙（Portugal）首都，欧洲
LOME	TG	LFW	洛美，多哥（Togo）首都，非洲
LUXEMGOURG	LU	LUX	卢森堡，卢森堡（Luxembourg）首都，欧洲
MADRID	ES	MAD	马德里，西班牙（Spain）首都，欧洲
MALABO	GQ	SSG	马拉博，赤道几内亚（Equatorial Guinea）首都，非洲
MANAGUA	NI	MGA	马那瓜，尼加拉瓜（Nicaragua）首都，中美洲
MANILA	PH	MNL	马尼拉，菲律宾（Philippines）首都，亚洲

续表

城市名	国家/地区二字代码	城市三字码	中文名称及地理位置
MASERU	LS	MSU	马塞卢,莱索托(Lesotho)首都,非洲
MEXICO CITY	MX	MEX	墨西哥城,墨西哥(Mexico)首都,中美洲
MINSK	BY	MSQ	明斯克,白俄罗斯(Belarus)首都,欧洲
MOGADISHU	SO	MGQ	摩加迪沙,索马里(Somalia)首都,非洲
MONROVIA	LR	MLW	蒙罗维亚,利比里亚(Liberia)首都,非洲
MONTEVIDEO	UY	MVD	蒙得维的亚,乌拉圭(Uruguay)首都,南美洲
MORONI	KM	YVA	莫罗尼,科摩罗(Comoros)首都,非洲
MOSCOW	RU	MOW	莫斯科,俄罗斯(Russia)首都,欧洲
MUSCAT	OM	MCT	马斯喀特,阿曼(Oman)首都,西亚(中东)
NAIROBI	KE	NBO	内罗比,肯尼亚(Kenya)首都,非洲
DAJAMENA	TD	NDJ	恩贾梅纳,乍得(Chad)首都,非洲
NIAMEY	NE	NIM	尼亚美,尼日尔(Niger)首都,非洲
NICOSIA	CY	NIC	尼科西亚,塞浦路斯(Cyprus)首都,非洲
NOUAKCHOTT	MR	NKC	努瓦克肖特,毛里塔尼亚(Mauritania)首都,非洲
OSLO	NO	OSL	奥斯陆,挪威(Norway)首都,欧洲
OTTAWA	CA	YOW	渥太华,加拿大(Canada)首都,北美洲
OUAGADOUGOU	BF	OUA	瓦加杜古,布基纳法索(Burkina Faso)首都,非洲
PANAMA CITY	PA	PTY	巴拿马城,巴拿马(Panama)首都,中美洲
PARAMARIBO	SR	PBM	帕拉马里博,苏里南(Suriname)首都,南美洲
PARIS	FR	PAR	巴黎,法国(France)首都,欧洲
PHNOM PENH	KH	PNH	金边,柬埔寨(Cambodia)首都,亚洲
PORT AU PRINCE	HT	PAP	太子港,海地(Haiti)首都,加勒比海地区
PORT MORESBY	PG	POM	莫尔斯比港,巴布亚新几内亚(Papua New Guinea)首都,大洋洲
PORT OF SPAIN	TT	POS	西班牙港,特立尼达和多巴哥(Trinidad and Tobago)首都,加勒比海地区
PRAGUE	CZ	PRG	布拉格,捷克(Czech Republic)首都,欧洲
PRAIA	CV	RAI	普拉亚,佛得角(Cape Verde)首都,非洲
PRETORIA	ZA	PRY	比勒陀利亚,南非(South Africa)首都,非洲
PYONG YANG	KP	FNJ	平壤,朝鲜(Democratic People's Republic of Korea)首都,亚洲
QUITO	EC	UIO	基多,厄瓜多尔(Ecuador)首都,南美洲
RABAT	MA	RBA	拉巴特,摩洛哥(Morocco)首都,非洲
REYKJAVIK	IS	REK	雷克雅未克,冰岛(Iceland)首都,欧洲
RIGA	LV	RIX	里加,拉脱维亚(Latvia)首都,欧洲

续表

城市名	国家/地区二字代码	城市三字码	中文名称及地理位置
RIYADH	SA	RUH	利雅得,沙特阿拉伯(Saudi Arabia)首都,西亚(中东)
ROME	IT	ROM	罗马,意大利(Italy)首都,欧洲
SAN JOSE	CR	SJO	圣何塞,哥斯达黎加(Costa Rica)首都,欧洲
SAN SALVADOR	SV	SAL	圣萨尔瓦多,萨尔瓦多(El Salvador)首都,中美洲
SANAA	YE	SAH	萨那,也门(Yemen)首都,西亚(中东)
SANTIAGO	CL	SCL	圣地亚哥,智利(Chile)首都,南美洲
SANTO DOMINGO	DO	SDQ	圣多明各,多米尼加(Dominican Republic)首都,加勒比海地区
SARAJEVO	BA	SJJ	萨拉热窝,波斯尼亚和黑塞哥维那(Bosnia and Herzegovina)首都,欧洲
SEOUL	KR	SEL	首尔,韩国(Korea)首都,亚洲
SINGAPORE	SG	SIN	新加坡,新加坡(Singapore)首都,亚洲
SKOPJE	MK	SKP	斯科普里,马其顿(Macedonia)首都,欧洲
SOFIA	BG	SOF	索菲亚,保加利亚(Bulgaria)首都,欧洲
STOCKHOLM	SE	STO	斯德哥尔摩,瑞典(Sweden)首都,欧洲
SUCRE	BO	SRE	苏克雷,玻利维亚(Bolivia)首都,南美洲
TAILLINN	EE	TLL	塔林,爱沙尼亚(Estonia)首都,欧洲
TASHKENT	UZ	TAS	塔什干,乌兹别克斯坦(Uzbekistan)首都,中亚
TBILISI	GE	TBS	第比利斯,格鲁吉亚(Georgia)首都,西北亚
TEL AVIV YAFO	IL	TLV	特拉维夫,以色列(Israel)首都,亚洲
TIRANA	AL	TIA	地拉那,阿尔巴尼亚(Albania)首都,欧洲
TRIPOLI	LY	TIP	的黎波里,利比亚(Libya)首都,非洲
TUNIS	TN	TUN	突尼斯,突尼斯(Tunisia)首都,非洲
ULAANBAATAR	MN	ULN	乌兰巴托,蒙古(Mongolia)首都,亚洲
VIENNA	AT	VIE	维也纳,奥地利(Austria)首都,欧洲
VILNIUS	LT	VNO	维尔纽斯,立陶宛(Lithuania)首都,欧洲
WARSAW	PL	WAW	华沙,波兰(Poland)首都,欧洲
WASHINGTON	US	WAS	华盛顿,美国(U.S.A)首都,北美洲
WELLINGTON	NZ	WLG	惠灵顿,新西兰(New Zealand)首都,大洋洲
WINDHOEK	NA	WDH	温得和克,纳米比亚(Namibia)首都,非洲
YAMOUSSOUKRO	CI	ASK	亚穆苏克罗,科特迪瓦(Cote D'lvore)首都,非洲
YANGON	MM	RGN	仰光,缅甸(Myanmar)首都,亚洲
YAOUNDE	CM	YAO	雅温得,喀麦隆(Cameroon)首都,非洲
YEREVAN	AM	EVN	埃里温,亚美尼亚(Armenia)首都,西北亚
ZAGREB	HR	ZAG	萨格勒布,克罗地亚(Croatia)首都,欧洲

2. 国内外主要机场代码

国内外主要机场代码见表 1-6。

表 1-6 国内外主要机场代码

三字代码	机场名称	三字代码	机场名称	三字代码	机场名称
CAN	广州白云机场	CTU	成都双流机场	XMN	厦门高崎机场
WMG	昆明巫家坝机场	HKG	香港国际机场	HRB	哈尔滨太平国际机场
XIY	西安咸阳机场	NKG	南京禄口机场	PEK	北京首都国际机场
PVG	上海浦东国际机场	SHA	上海虹桥国际机场	TSN	天津滨海机场
PUS	釜山机场	CDG	巴黎戴高乐机场	NGO	名古屋机场
SIN	新加坡樟宜机场	SFO	旧金山机场	FRA	法兰克福梅茵机场
YTO	多伦多机场	IAD	杜勒斯机场	ICN	首尔仁川机场
JFK	纽约肯尼迪机场	JKT	雅加达机场	YVR	温哥华机场
KUL	吉隆坡机场	KIX	大阪关西机场	LAX	洛杉矶机场
LHR	伦敦希斯罗机场	MOW	莫斯科机场	NRT	东京成田机场

3. 国际主要航空公司代码

IATA 使用的航空公司代码有三种：二字代码（由两个英文字母或一个英文字母与一个阿拉伯数字组成），三字代码（由三个英文字母组成）及三字数字代码（由三个阿拉伯数字组成）。二字代码是公司用的，一般由 IATA 公布；管制单位用三字代码，由 ICAO 公布，在本教材中不予列出；三字数字代码主要用于票证，比如航空运单等单据中。

国际主要航空公司代码见表 1-7。

表 1-7 国际主要航空公司代码

中文名称	英文名称	二字代码	票证代码
国际航空公司			
美国航空公司	American Airlines INC.	AA	001
美国西北航空公司	Northwest Airlines	NW	012
加拿大国际航空公司	Canadian Airlines International	AC	014
美国联合航空公司	United Airlines	UA	016
德国汉莎航空公司	Lufthansa German Airlines	LH	020
美国联邦快递航空公司	Federal Express Corporation /FedEx	FX	023
意大利航空公司	Italia Airlines	AZ	055
法国航空公司	Air France or Hex'Air	AF	057
荷兰皇家航空公司	Klm Royal Dutch Airlines	KL	074
澳洲航空公司	Qantas Airways	QF	081
瑞士航空公司	Swissair	SR	085
以色列航空公司	El Al Israel Airlines Ltd.	LY	114

续表

中文名称	英文名称	二字代码	票证代码
英国航空公司	British Airways	BA	125
日本航空公司	Japan Airlines	JL	131
大韩航空公司	Korean Air	KE	180
全日空公司	All Nippon Airways	NH	205
泰国国际航空公司	Thai Airways International	TG	217
俄罗斯航空公司	Aeroflot Russian	SU	555
新加坡航空公司	Singapore Airlines	SQ	618
维珍航空公司	Virgin Atlantic Airways Limited	VS	932
日本货物航空	Nippon Cargo Airlines	KZ	933
韩亚航空公司	Asiana Airways	OZ	988
港龙航空公司	Dragon Air	KA	043
国泰太平洋航空	Cathay Pacific Airways	CX	160
立荣航空公司	UNI Airways	B7	525
长荣航空公司	EVA Airways Corporation	BR	695
中国国内航空公司			
中国国际航空公司	Air China	CA	999
中国南方航空集团	China Southern Airlines	CZ	784
中国东方航空公司	China Eastern Airlines	MU	781
海南航空公司	Hainan Airlines	HU	880
厦门航空公司	Xiamen Airlines	MF	731
上海航空公司	Shanghai Airlines	FM	774
四川航空公司	Sichuan Airlines	3U	876
深圳航空公司	Shenzhen Airlines	ZH	479
山东航空公司	Shandong Airlines	SC	324
中国货运航空有限公司	China Cargo Airlines LTD	CK	112
中国联合航空公司	China United Airlines	KN	822

4. 航班号

目前国内航空公司使用的航班号采用航空公司的两位英文字母代码加上3~4位航班号的方式（或航班数字序号在前，航空公司代码在后），其中国内航班统一为4位数，国际航班为3位数。

国内航班的编排，是由航空公司代码加4位数字构成，第一位数字代表航空公司的基地所在地区；第二位数字代表航班基地外终点所在地区，其中数字1为华北、2为西北、3为华南、4为西南、5为华东、6为东北、8为厦门、9为新疆；第三、第四位表示航班的序号，单数表示由基地出发向外飞的航班，双数表示飞回基地的回程航班。

以 CA1585 为例，CA 是中国国际航空公司的代码，第一位数字 1 表示华北地区，国航的基地在北京；第二位数字 5 表示华东，烟台属华东地区；后两位 85 为航班序号，末位 5 是单数，表示该航班为去程航班。CA1586 则为国航从烟台飞至北京的回程航班。

再比如 MU5533，上海－烟台航班，MU 为东方航空公司的代码，第一位数字 5 表示华东地区，东航的基地在上海；第二位数字 5 表示华东，烟台属于华东地区；33 为航班序号，单数为去程航班。MU5534 则为东航由烟台飞往上海的回程航班。以前国内航班编号还有规律，现在已经打乱了原规则，唯一保持的是去程为奇数，回程为偶数，比如中国国际航空公司基地在北京，国航北京飞广州的航班号是 CA1301 的话，那么从广州飞回北京时的航班号就是 CA1302；而南方航空公司的基地在广州，南航从广州飞往北京的航班号是 CZ3101 的话，那么回程的航班号就是 CZ3102 了。

国际航班号的编排，是由航空公司代码加 3 位数字组成。第一位数字表示航空公司，后两位为航班序号，与国内航班号相同的是单数为去程，双数为回程。例如 MU508，由东京飞往北京，是中国东方航空公司承运的回程航班。

学生训练

单选题

1．MU 是（　　）的二字代码。
　　A．中国南方航空集团　　　　　　B．中国东方航空公司
　　C．海南航空公司　　　　　　　　D．中国国际航空公司
2．CA 是（　　）的二字代码。
　　A．中国南方航空集团　　　　　　B．中国东方航空公司
　　C．海南航空公司　　　　　　　　D．中国国际航空公司
3．CZ 是（　　）的二字代码。
　　A．中国南方航空集团　　　　　　B．中国东方航空公司
　　C．海南航空公司　　　　　　　　D．中国国际航空公司
4．HU 是（　　）的二字代码。
　　A．中国南方航空集团　　　　　　B．中国东方航空公司
　　C．海南航空公司　　　　　　　　D．中国国际航空公司
5．北京首都国际机场的三字代码是（　　）。
　　A．PEK　　　　　　　　　　　　B．CAN
　　C．PVG　　　　　　　　　　　　D．PUS
6．广州白云机场的三字代码是（　　）。
　　A．PEK　　　　　　　　　　　　B．CAN
　　C．PVG　　　　　　　　　　　　D．PUS
7．上海浦东国际机场的三字代码是（　　）。
　　A．PEK　　　　　　　　　　　　B．CAN
　　　C．PVG　　　　　　　　　　　　D．PUS
8．韩国釜山机场的三字代码是（　　）。
　　A．PEK　　　　　　　　　　　　B．CAN

C．PVG	D．PUS

9．韩国仁川机场的三字代码是（　　）。
　　A．NGO	B．ICN
　　C．YCR	D．LAX

10．日本名古屋机场的三字代码是（　　）。
　　A．NGO	B．ICN
　　C．YCR	D．LAX

11．加拿大温哥华机场的三字代码是（　　）。
　　A．NGO	B．ICN
　　C．YCR	D．LAX

12．美国洛杉矶机场的三字代码是（　　）。
　　A．NGO	B．ICN
　　C．YCR	D．LAX

13．法国城市巴黎的三字代码是（　　）。
　　A．PAR	B．MOW
　　C．SEL	D．SIN

14．俄罗斯城市莫斯科的三字代码是（　　）。
　　A．PAR	B．MOW
　　C．SEL	D．SIN

15．韩国城市首尔的三字代码是（　　）。
　　A．PAR	B．MOW
　　C．SEL	D．SIN

16．新加坡城市的三字代码是（　　）。
　　A．PAR	B．MOW
　　C．SEL	D．SIN

单元拓展

小李在ABC国际物流公司销售部负责空运业务的推广，每次给客户报价都要对比各航空公司的运价表，不仅要为货主选择运价低、时间较快的路线，还要保证自己公司的利润水平，这就要求小李对常用飞机的类型、常用航空集装器、航空分区以及主要航线和航空港等专业知识熟记于心。通过这一单元的学习，小李对航空运输基础知识有了基本的把握，很好地完成了以下任务。

任务1：熟悉常用飞机的类型及载货性能
了解常用飞机的结构和布局，熟悉常用机型的载货限制，请写出飞机载货时都有哪些方面的限制。

任务2：熟悉航空常用集装器
集装器是宽体飞机必备的装载器具，请写出集装器代码AKE4288CA中各字母和数字的具体含义。

任务 3：熟悉主要航空路线和航空港

请分别描述北美、欧洲和亚洲的主要航空港口，并请写出世界十大主要航空港。

任务 4：熟悉 IATA 分区

IATA 将全球划分为三个航空运输业务区，一批货从北京发至纽约，你知道这批货是从第几区运到第几区吗？请具体到次区描述。

任务 5：熟悉常用航空代码

航空运输中，为了工作和单据填写方便，会用到各种常用的代码，你在航空货代相关单据中都接触到了哪些类型的代码？

单元二　国际航空货运报价

本章导读

通过本单元的学习，学生应能够掌握航空货物运价体系和运费结构，认识航空货物运价表，并能够运用运价表进行普通商品运价、指定商品运价和等级货物运价的核算。

知识点

（1）航空货物运价体系和运费结构。
（2）航空货物运价表。
（3）普通商品运价。
（4）指定商品运价。
（5）等级货物运价。

技能点

（1）具备阅读以及识读关键信息的能力。
（2）能通过组内研究、互相协作、运用相关资料解决相关问题。
（3）具备运用运价表核算航空运费的能力。

项目一　国际航空运价的基础知识

货物的航空运费是指将一票货物自始发地机场运输到目的地机场所应收取的航空运输费用。货物的航空运费主要由两个因素组成，即货物适用的运价与货物的计费重量。由于航空运输货物的种类繁多，货物运输的起讫地点所在航空区域不同，每种货物所适用的运价亦不同。

任务　学习国际航空运价的基础知识

1. 航空运价的概念

航空运价（Rates）又称费率，是指承运人运输每一重量单位（或体积）货物收取的费用。它只包括始发机场到目的地机场间的（Airport to Airport）空中运输费用，不包括承运人、代理人或机场收取的其他费用。有关航空运价的原则有：

（1）航空运价指的是从一个机场到另一个机场发生空中地理位置移动的费用，而且只适用于单一方向。
（2）不包括其他额外费用，如提货、报关、交接和仓储费用等。

(3) 运价与运输路线无关，但影响承运人对运输路线的选择。
(4) 运价通常以始发国当地货币公布。
(5) 运价一般以千克或磅为计算单位。
(6) 航空运单中的运价是按运单填开之日所适用的运价。

2. 国际航空货物运价的种类

（1）运价的制定途径。双边协议运价是指根据两国政府签订的通航协定中有关运价条款，由通航的双方航空公司通过磋商，达成协议并报经双方政府、获得批准的运价；多边协议运价是指在某地区内或地区间各有关航空公司通过多边磋商、取得共识，从而制定并报经各有关国家、政府获得批准的运价。

（2）运价的公布形式。

1）公布直达运价。公布直达运价是指承运人直接公布的，从运输始发地机场至目的地机场间的直达运价。包括：普通货物运价（general Cargo Rates，GCR）、指定商品运价（Specific Commodity Rates，SCR）、等级货物运价（Class Rates，CR；Commodity Classification Rates，CCR）和集装箱货物运价（Unitized Consignments Rates，UCR）。

2）非公布直达运价。非公布直达运价是指当始发地机场至目的地机场间没有公布直达运价，承运人可使用两段或几段运价的组合。包括：比例运价（Construction Rates）和分段相加运价（Combination of Sector Rates）。

3. 国际航空货物运价的使用顺序

国际航空货物运价按下列顺序使用。

（1）协议运价。协议运价是指航空公司与托运人签订协议，托运人保证每年向航空公司交运一定数量的货物，而航空公司则向托运人提供一定数量的运价折扣。目前航空公司使用的运价大多是协议运价，但在协议运价中又根据不同的协议方式进行细分，如下所述。

1）长期协议：指航空公司同代理人签订的协议是一年的期限。

2）短期协议：指航空公司同代理人签订的协议是半年或半年以下的期限。

3）包板（舱）：指托运人在一定航线上包用承运人的全部或部分的舱位或集装器来运送货物。

4）死包板（舱）：指托运人在承运人的航线上通过包板（舱）的方式运输时，托运人无论向承运人是否交付货物，都必须付协议上规定的运费。

5）软包板（舱）：指托运人在承运人的航线上通过包板（舱）的方式运输时，托运人在航班起飞前72小时如果没有确定舱位，承运人则可以自由销售舱位，但承运人对代理人的包板（舱）的总量有一个控制。

6）销售量返还：如果代理人在规定期限内完成了一定的货量，航空公司则可以按一定的比例返还运费。

7）销售额返还：如果代理人在规定期限内完成了一定的销售额，航空公司则可以按一定的比例返还运费。

8）自由销售：也称议价货物或是一票一价，除协议货物，都是一票货物一个定价。

（2）国际航协运价。国际航协运价是指 IATA 在 TACT 运价资料上公布的运价。国际货物运价使用 IATA 的运价手册——TACT RATES BOOK，结合并遵守国际货物运输规则——TACT RULES。按照 IATA 货物运价公布的形式划分，国际货物运价可分为公布直达运价和非公布直达运价，具体见表 2-1。

表 2-1　IATA 运价体系

IATA 运价	公布直达运价（Published Through Rates）	普通货物运价（General Cargo Rate）
		指定商品运价（Specific Commodity Rate）
		等级货物运价（Commodity Classification Rate）
	非公布直达运价（Un-Published Through Rates）	集装货物运价（Unit Load Device Rate）
		比例运价（Construction Rate）
		分段相加运价（Combination of Rate and Charges）

国际航协运价是国际航协通过运价手册向全世界公布，主要目的是协调各国的货物运价。但从实际操作来看，各国从竞争角度考虑，很少有航空公司完全遵照国际航协运价，大多都打了一定的折扣，但不能说明这种运价没有实际价值。首先，它把世界上各个城市之间的运价通过手册公布出来，每个航空公司都能找到一种参照运价，所以每个航空公司在制定本公司运价时，都是按照国际航协这个标准运价作为参考的；其次，国际航协对特种货物运价进行了分类，航空公司在运输这种货物时一般都用国际航协制定的标准运价；最后，这种国际航协运价在全世界制定了一种标准运价，国际航空货物运输的价格有了统一的基准，使得这个市场走向规范。

4. 航空货物运价细分

（1）指定商品运价（Specific Commodity Rates，SCR）。指定商品运价通常是承运人根据在某一航线上经常运输某一种类货物的托运人的请求或为促进某地区间某一种类货物的运输，经 IATA 同意所提供的优惠运价。

IATA 公布指定商品运价时将货物划分为以下十组（商品品名编号）。

1）0001—0999：食用动物和植物产品。

2）1000—1999：活动物和非食用动物及植物产品。

3）2000—2999：纺织品、纤维及其制品。

4）3000—3999：金属及其制品，但不包括机械、车辆和电器设备。

5）4000—4999：机械、车辆和电器设备。

6）5000—5999：非金属矿物质及其制品。

7）6000—6999：化工品及相关产品。

8）7000—7999：纸张、芦苇、橡胶和木材制品。

9）8000—8999：科学、精密仪器、器械及配件：

10）9000—9999：其他货物。

其中每一组又细分为十个小组，每个小组再细分。这样几乎所有的商品都有一个对应的组号，公布指定商品运价时只要指出本运费用于哪一组货物就可以了。

承运人制定指定商品运价的初衷主要是使运价更具竞争力，吸引更多客户使用航空货运形式，使航空公司的运力得到更充分的利用。所以指定商品运价比普通货物运价要低，因此，适用指定商品运价的货物除了满足航线和货物种类的要求外，还必须达到承运人所规定的最低运量（如 100kg）。如果货量不足，而托运人又希望适用指定商品运价，那么货物的计费重量就要以所规定的最低运量（100kg）为准，该批货物的运费就是计费重量（在此是最低运量）与所适用的特种货物运价的乘积。

（2）等级货物运价。等级货物运价是指适用于指定地区内部或地区之间的少数货物运输。通常表示为在普通货物运价的基础上增加或减少一定的百分比。

适用等级货物运价的货物通常有：

1）活动物、活动物的集装箱和笼子。

2）贵重物品。

3）报纸、杂志、书籍、商品目录、盲人和聋哑人专用设备和出版物。

4）作为货物托运的行李。

其中1）和2）项通常是在普通货物运价的基础上增加一定的百分比；3）和4）项是在普通货物运价的基础上减少一定的百分比。

（3）普通货物运价。普通货物运价是适用最为广泛的一种运价。当一批货物的运价不能适用指定商品运价，也不属于等级货物运价时，就应该适用于普通货物运价。

通常，各航空公司公布的普通货物运价针对所承运货物数量的不同，规定几个计费重量分界点（Break Points），最常见的是45kg分界点。将货物分为45kg以下的货物（该种运价又被称为标准普通货物运价，即NGCR（Normal General Cargo Rates）或简称N）和45kg以上（含45kg）的货物。另外，根据航线货流量的不同还可以规定100kg、300kg分界点，甚至更多。运价的数额随运输货量的增加而降低，这也是航空运价的显著特点之一。

对大运量货物提供较低的运价，我们很容易发现对一件75kg的货物，按照45kg以上货物的运价计算的运费（9.82×75=736.50）反而高于一件100kg货物所应付的运费（7.14×100=714.00），显然这有些不合理。因此，航空公司又规定对航空运输的货物除了要比较其实际的毛重和体积重量并以高的为计费重量以外，如果适用较高的计费重量分界点计算出的运费更低，则也可适用较高的计费重量分界点的费率，此时货物的计费重量为那个较高的计费重量分界点的最低运量。也就是说，这件75kg的货物也可以适用每千克7.14英镑的费率，但货物的计费重量此时应该是100kg，费额为714英镑。

（4）最低运费（Minimum Charges，简称M）。最低运费又称起码运费，是指航空公司办理一批货物所能接受的最低运费。不论货物的重量或体积大小，在两点之间运输一票货物应收取的最低金额。不同地区有不同的最低运费，这是航空公司在考虑办理即使很小的一批货物也会产生的固定费用后制定的。

如果承运人收取的运费低于最低运费，就不能弥补运送成本。因此，航空公司规定无论所运送的货物适用哪一种航空运价，所计算出来的运费总额都不得低于最低运费。若计算出的数值低于最低运费，则以最低运费计收，另有规定除外。

航空货运中除以上介绍的4种公布的直达运价外，还有一种特殊的运价，即成组货物运价（United Consignment ULD），适用于托盘或集装箱货物。

5. 航空货物运价的代号

（1）普通货物的运价代号（General Cargo Rates，GCR）：

1）N：标准运价，即45kg以下的普通货物运价（Normal Rate）。

2）Q：45kg以上的普通货物运价（Quantity Rate），普通货物运价还公布有"Q45""Q100""Q300"等不同重量等级分界点的运价。"Q45"表示45kg以上（包括45kg）普通货物的运价，以此类推。45kg 以上的不同重量分界点的普通货物运价均用"Q"表示。

（2）等级货物运价的代号（Class Rate or Commodity Classification Rates，CR 或 CCR）：

1）R：低于普通货物运价的等级货物运价的代号，即折扣货物运价（Reduction）。

2）S：高于普通货物运价的等级货物运价的代号（Surcharge）。

（3）指定商品运价的代号为 C（Specific Commodity Rates，SCR）。

（4）最低运费（起码运费）的代号为 M（Minimum Rate）。

学生训练

1．单选题

（1）航空公司的运价类别，以"M"表示（　　）。
 A．最低运价　　　　　　　　　　B．指定商品运价
 C．附加运价　　　　　　　　　　D．附减运价

（2）航空公司的运价，以"N"表示（　　）。
 A．最低运价　　　　　　　　　　B．指定商品运价
 C．45kg 以上普货运价　　　　　　D．45kg 以下普货运价

（3）（　　）是指航空运输中适用于自规定的始发地至规定的目的地运输特定品名货物的运价。
 A．最低运费　　　　　　　　　　B．普通货物运价
 C．等级货物运价　　　　　　　　D．指定商品运价

（4）航空运输指定的商品品名编号中 0001－0999 代表的产品是（　　）。
 A．可食用的动植物产品　　　　　B．活动物及非食用的动植物产品
 C．纺织品、纤维及其制品　　　　D．金属及其制品

（5）（　　）是指在规定的业务区或业务区之间运输特别指定的等级货物的运价。
 A．最低运价　　　　　　　　　　B．普通货物运价
 C．等级货物运价　　　　　　　　D．指定商品运价

（6）根据 IATA 的规定，下列货物中不是等级货物的是（　　）。
 A．活动物　　　　　　　　　　　B．贵重货物
 C．书报、杂志类货物　　　　　　D．非金属材料

2．判断题

（1）普通货物运价是适用最为广泛的一种运价。当一批货物不能适用指定商品运价，也不属于等级货物时，就应该适用于普通货物运价。　　　　　　　　　　　　　（　　）

（2）航空货物的指定商品品名编号在 2000－2999 的编号代表的是化工品及相关产品。
　　　　　　　　　　　　　　　　　　　　　　　　　　　　　　　　　　　（　　）

（3）只要运输始发地至目的地之间有公布的指定商品运价，所运输的货物就一定可以用指定商品运价核算运费。　　　　　　　　　　　　　　　　　　　　　　　（　　）

（4）报纸、杂志、书籍、商品目录、盲人和聋哑人专用设备和出版物通常适用附加或不增不减的运价。　　　　　　　　　　　　　　　　　　　　　　　　　　　（　　）

项目二 国际航空货物运价的计算方法

航空运输的货物种类和运输起讫地点的 IATA 区域使航空货物运价乃至运费计算分门别类。由于飞机载运能力受飞机最大起飞全重和货舱本身体积的限制，因此货物的计费重量需要同时考虑其体积重量和实际重量两个因素。又因为航空货物运价的"递远递减"原则，产生了一系列重量等级运价，而重量等级运价的最低重量也影响着货物运费的计算。由此可见，货物航空运费的计算受多种因素的影响。

任务 1 掌握运价计算中的货物重量

1. 货物的实际重量（Gross Weight）

货物的实际重量，即毛重，是指包括货物包装在内的货物的实际重量。单件货物以 kg 为计量单位时，进位前最小单位为 0.01kg，进位后最小单位为 0.5kg，如 3.45kg→3.5kg，3.56kg→4.0kg。

2. 货物的体积重量（Volume Weight）

轻泡货物（Low Density Cargo）按货物体积重量来计算航空运费。所谓轻泡货物是指货物每 kg 的体积超过 $6000cm^3$ 或每立方米重量低于 166.67kg 的货物。按 $1.0kg=6000cm^3$（$1m^3$=166.67kg）进行换算，体积的最小单位 $1cm^3$ 换算为重量后的单位是 0.5kg。具体计算方法是：

（1）不考虑货物的几何形状，分别量出货物的最长、最宽、最高的长度，应量至厘米后一位小数点，将测得的三边长度的尾数四舍五入进位至整数，单位为厘米。

如：150.2cm×125.5cm×100.6cm→150cm×126cm×101cm

（2）按"最长×最宽×最高"得出货物的体积，如一票货运单上有货物多件，则把多件货物的体积相加就可以得到该票货运单的体积。

如：150cm×126cm×101cm=$1908900cm^3$

（3）计算体积重量，将体积折合成 kg，体积重量在进位前必须保留 3 位小数。

如：$1908900cm^3÷6000cm^3/kg$=318.150kg

（4）将体积重量进位，规则与毛重进位规则相同。即：单位是 kg，以 0.5 为计算单位；不满 0.5 进入 0.5；超过 0.5 进入 1.0。

如：318.150kg→318.5kg

3. 货物的计费重量（Chargeable Weight）

所谓计费重量就是据以计算运费的货物的重量。按"货物计费重量=max(货物实际重量，货物体积重量)"计算。

货物的计费重量最小单位是 0.5kg。当重量不足 0.5kg 时，按 0.5kg 计算；超过 0.5kg 不足 1kg 时，按 1kg 计费（国内货运的货物计费重量一般以 1kg 为单位，不足 1kg 的四舍五入，每张货运单最低为 1kg）。

如果货物是贵重物品，则计费重量的最小单位是 0.1kg。

【例】

（1）货物为一般形状。

1）86.5cm×52.3cm×25.3cm，实际毛重 11.0kg。由于 87cm×52cm×26cm÷$6000cm^3/kg$=19.604kg=20.0kg>11.0kg，因此计费重量为 20.0kg。

2）36.8cm×42.3cm×28.5cm，实际毛重 10.0kg。由于 37cm×42cm×29cm÷6000cm³/kg =7.511kg=8kg<10.0kg，因此计费重量为 10.0kg。

（2）货物为不规则体积，按实际占有空间计算：

一桶货，高 40cm，直径 35cm 实际毛重 6kg。由于 35cm×35cm×40cm÷6000cm³/kg= 8.167kg=8.5kg>6kg，因此计费重量为 8.5kg。

（3）集中托运。

一票货物共两件，其中 A 货物：30kg，65cm×55cm×45cm；B 货物：30kg，78cm×68cm ×58cm。

则（65cm×55cm×45cm+78cm×68cm×58cm）÷6000cm³/kg=78.085kg=78.5kg>30.0kg+ 30.0kg = 60.0kg，所以计费重量为 78.5kg

学生训练

1．单选题

（1）航空货物体积重量的折算标准为每（　　）折合 1kg。

　　A．3000cm³　　　　B．4000cm³　　　　C．5000cm³　　　　D．6000cm³

（2）一票货物的实际毛重为 40.53kg，应进位为（　　）。

　　A．40.55kg　　　　B．40.6kg　　　　C．41.0kg　　　　D．40.0kg

（3）一票货物的体积重量为 9.33kg，应进位为（　　）。

　　A．9.40kg　　　　B．9.50kg　　　　C．9.35kg　　　　D．10.0kg

（4）核算航空运费的货物重量为（　　）。

　　A．实际毛重　　　B．实际净重　　　C．体积重量　　　D．计费重量

（5）以下说法正确的是（　　）。

　　A．货物计费重量=max(货物实际重量,货物体积重量)

　　B．货物计费重量=min(货物实际重量,货物体积重量)

　　C．货物计费重量=货物实际重量

　　D．货物计费重量=货物体积重量

2．判断题

（1）在实践工作中，重货是指货物每 kg 的体积超过 6000cm³ 或每 m³ 重量低于 166.67kg 的货物。　　　　　　　　　　　　　　　　　　　　　　　　　　　　　　　　　　　（　　）

（2）在实践工作中，泡货是指货物每 kg 的体积超过 6000cm³ 或每 m³ 重量低于 166.67kg 的货物。　　　　　　　　　　　　　　　　　　　　　　　　　　　　　　　　　　　（　　）

（3）一票货物的实际毛重为 55.66kg，最后应进位为 56.0kg。　　　　　　　　（　　）

（4）一票货物的体积重量为 5.49kg，最后应进位为 6.0kg。　　　　　　　　　（　　）

（5）货物的实际毛重是核算航空运费的重量依据。　　　　　　　　　　　　（　　）

任务 2　掌握普通货物运价的核算

1．基本概念

普通货物运价（General Cargo Rates，GCR）是适用最为广泛的一种运价。在所运输货物

的始发地与目的地之间所公布的运价中,当一批货物不能适用指定商品运价(或无指定商品运价公布),又不适用于等级货物运价或其他特殊运价,此时该货物适用于普通货物运价。

通常各航空公司公布的普通货物运价针对所承运货物数量的不同,规定了几个计费重量分界点(Break Points)。最常见的是 45kg 分界点,将货物分为 45kg 以下的货物运价和 45kg 以上(含 45kg)的货物运价。前者运价又被称为标准普通货物运价,即 NGCR(Normal General Cargo Rates)或简称 N;后者运价又被称为大宗货运运价,即 QGCR(Quantity more than 45 kg General Cargo Rates)或简称 Q。另外,根据航线货流量的不同还可以规定 100kg、300kg 分界点,甚至更多。运价的数额随运输货量的增加而降低,这也是航空运价的显著特点之一。

航空公司又规定对航空运输的货物除了要比较其实际的毛重和体积重量并以高的为计费重量以外,如果适用较高的计费重量分界点计算出的运费更低,则也可适用较高的计费重量分界点的费率,此时货物的计费重量为那个较高的计费重量分界点的最低运量。

【例】一票货物 75kg,自上海运至纽约,其运价公布如下:

SHA-NYK	M	320.00
CNY	N	9.82
	Q100	7.14

货物航空运费=min(货物计费重量计算的运费,较高重量分界点的起始重量计算的运费)
=min(75×9.82,100×7.14)= min(736.50,714)= CNY 714

2. 查阅公布的运价表

在计算普通货物运价之前,首先应学会查阅国际航协(IATA)公布的运价表,一般运价表包括始发国城市全称、始发站国家的二字代码、始发站城市的三字代码、始发国家当地货币、重量单位、目的站城市、目的国家代码、每 kg 的运价数额以及指定商品品名编号等主要内容,具体如图 2-1 所示。

3. 普通货物运价的计算及货运单相关栏的填写

(1)计算步骤。

1)计算出航空货物的体积(Volume)及体积重量(Volume Weight)。
体积重量的折算,换算标准为每 6000cm³ 折合 1kg。即:

$$体积重量(kg) = \frac{货物体积(cm^3)}{6000cm^3/kg}$$

2)计算货物的总重量(Gross Weight)。
$$总重量=单个商品重量×商品总数$$

3)比较体积重量与总重量,取大者为计费重量(Chargeable Weight)。根据国际航协规定,国际货物的计费重量以 0.5kg 为最小单位,重量尾数不足 0.5kg 的,按 0.5kg 计算;0.5kg 以上不足 1kg 的,按 1kg 计算。

4)根据公布的运价,找出适合计费重量的适用运价(Applicable Rate)。

- 计费重量小于 45kg 时,适用运价为 GCR N 的运价(GCR 为普通货物运价,N 运价表示重量在 45kg 以下的运价)。
- 计费重量大于 45kg 时,适用运价为 GCR Q45、GCR Q100、GCR Q300 等与不同重量等级分界点相对应的运价(航空货运对于 45kg 以上的不同重量分界点的普通货物运价均用"Q"表示)。

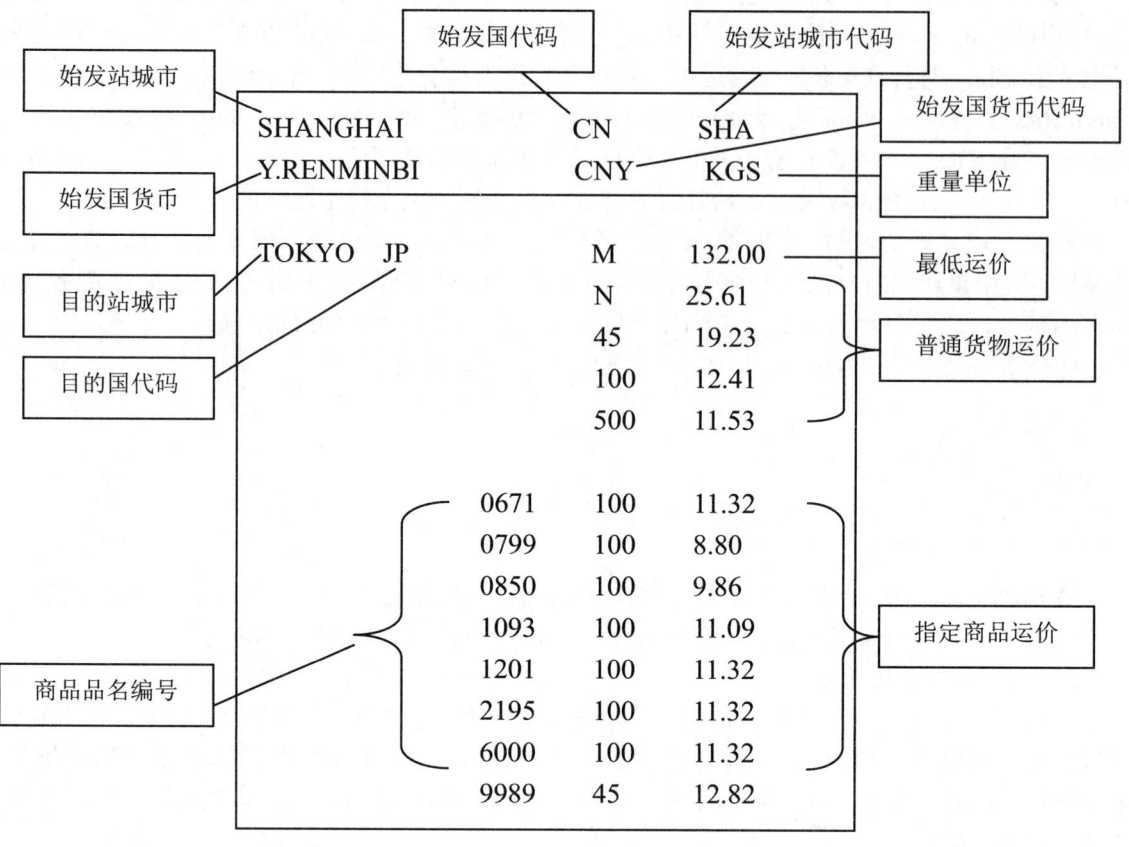

图 2-1　IATA 运价表样式

5)计算航空运费(Weight Charge)。

$$航空运费 = 计费重量 \times 适用运价$$

6)若采用较高重量分界点的较低运价计算出的运费比 5)计算出的航空运费较低时,取低者。

7)比较 6)计算出的航空运费与最低运费 M,取高者。

(2)航空货运单运费计算栏的填制。

1)No. of Pieces RCP:填写货物的数量。

2)Gross Weight:货物的总重量。

3)Kg/Lb:以千克为单位用代号"K",以磅为单位用代号"L"。

4)Rate Class:若计费重量小于 45kg,填写 N;若计费重量大于 45kg,填写 Q;若航空运费为最低运费,则填写 M。

5)Commodity Item No.:普通货物此栏不填。

6)Chargeable Weight:填写计费重量。

7)Rate/Charge:填写适用运价。

8）Total：填写航空运费。

9）Nature and Quantity of Goods（Incl. Dimensions or Volume）：填写商品品名及商品的尺寸。

【例】一票货物由天津运往香港，产品为纺织品，毛重15kg，尺码为2盒（boxes），每盒$(40×40×40)cm^3$。其公布运价如下：

HKD	M	320
	N	13.10
	45	10.50
	100	7.42
	250	4.38

因此，本例题的计算步骤如下：

（1）Volume Weight：$40cm×40cm×40cm×2/6000cm^3/kg=21.5kg$

（2）Applicable Rate：GCR N 13.10

（3）Chargeable Weight：21.5kg

（4）Weight Charge：21.5×13.10=AUD281.65

其运单相关栏的填写方式为：

No. of Pieces RCP	Gross Weight	Kg/Lb	Rate Class/Commodity Item No.	Chargeable Weight	Rate/Charge	Total	Nature and Quantity of Goods (Incl. Dimensions or Volume)
2	15.0	K	N	21.5	13.10	281.65	TEXTILES DIMS：$(40×40×40)cm^3×2$

如果上题的货物数量变为10盒，则计算方法为：

（1）Volume Weight：$40cm×40cm×40cm×10/6000cm^3/kg=107kg$

（2）Applicable Rate：GCR Q 250 4.38

（3）Chargeable Weight：250kg（注：选较高重量分界点的货物起始重量为计费重量）

（4）Weight Charge：250×4.38=AUD1095.00

其运单相关栏的填写方式是：

No. of Pieces RCP	Gross Weight	Kg/Lb	Rate Class/Commodity Item No.	Chargeable Weight	Rate/Charge	Total	Nature and Quantity of Goods（Incl. Dimensions or Volume）
10	200.0	K	Q	250.0	4.38	1090.00	TEXTILES DIMS：$(40×40×40)cm^3×10$

学生训练

1. 单选题

（1）航空货运中对于45kg以上的不同重量分界点的普通货物运价均用（　　）表示。

　　A．S　　　　　　B．C　　　　　　C．Q　　　　　　D．M

（2）航空普通货物运价简称（　　）。

A．GCR　　　　　B．SCR　　　　　C．CCR　　　　　D．NCR

（3）应用最为广泛的一种运价是（　　）。

A．指定商品运价　　　　　　　　B．等级货物运价
C．普通货物运价　　　　　　　　D．最低运费

（4）A 点至 B 点，某种普通货物为 4kg，M 级运费为人民币 37.5 元，而 45kg 以下货物运价即等级运价为人民币 8 元/kg，应收运费为（　　）。

A．32 元　　　　　　　　　　　　B．37.5 元
C．32 元或 37.5 元　　　　　　　D．35 元

（5）当采用指定商品运价、等级货物运价和普通货物运价计算的运费总额均低于所规定的最低运费时，按（　　）计收。

A．指定商品运价　　　　　　　　B．等级货物运价
C．普通货物运价　　　　　　　　D．最低运费

（6）航空运价中"N"表示标准普通货物运价，是指（　　）以下的普通货物运价。

A．45kg　　　　　B．50kg　　　　　C．55kg　　　　　D．60kg

（7）航空货运中，General Cargo Rate 表示的中文含义是（　　）。

A．普通货物运价　　　　　　　　B．指定商品运价
C．等级货物运价　　　　　　　　D．比例运价

2．判断题

（1）在所运输货物的始发地与目的地之间所公布的运价中，当一批货物既不能适用指定商品运价，又不适用于等级货物运价或其他特殊运价，此时该货物就应适用于普通货物运价。
（　　）

（2）航空公司规定无论所运送的货物适用于哪一种航空运价，所计算出来的运费总额就是航空公司收取的运费。（　　）

（3）最低运费是指航空公司办理一批货物所能接受的最低运费，不论货物的重量和体积大小，在两点之间运输一票货物应收取的最低金额。（　　）

3．计算题

（1）第一题。

Routing：Beijing，CHINA（BJS）to Tokyo，JAPAN（TYO）

Commodity：CLOTHES

Gross Weight：1 Pieces，28.4kg

Dimensions：1 Pieces，82cm×48cm×32cm

公布运价如下：

BEIJING	CN	BJS	
Y.RENMINBI	CNY	KGS	
TOKYO	JP	M	200.00
		N	38.67
		45	29.04

完成下述内容。

Volume：

Volume Weight：

Gross Weight：

Applicable Rate：

Chargeable Weight：

Weight Charge：

该票货物的航空运费应为：

No. of Pieces RCP	Gross Weight	Kg/Lb	Rate Class		Chargeable Weight	Rate/ Charge	Total	Nature and Quantity of Goods（Incl. Dimensions or Volume）
			Commodity Item NO.					

（2）第二题。

Routing：Beijing，CHINA（BJS）to SINGGAPORE（SGP）

Commodity：PARTS

Gross Weight：42.6kg

Dimensions：101cm×58cm×32cm

公布运价如下：

BEIJING	CN	BJS	
Y.RENMINBI	CNY	KGS	
SINGGAPORE	SN	M	200.00
		N	30.50
		45	22.49

完成下述内容。

Volume：

Volume Weight：

Gross Weight：

Applicable Rate：

Chargeable Weight：

Weight charge：

该票货物的航空运费应为

No. of Pieces RCP	Gross Weight	Kg/Lb	Rate Class		Chargeable Weight	Rate/ Charge	Total	Nature and Quantity of Goods（Incl. Dimensions or Volume）
			Commodity Item NO.					

任务3　掌握指定商品运价的核算

1. 基本概念

指定商品运价（Specific Commodity Rate，SCR）是指在指定的地点间，由指定的承运人公布的，适用于某种特定商品，低于普通货物运价的运价。

指定商品运价是根据在一段较长的时期内，应经常在一条固定航线上运输某类商品的发货人要求，或是通过市场调查，为促进两地间某种商品运输，向 IATA 提出申请，经同意后制定的特种货物运价。它一般低于普通货物运价，其目的是为了使托运人发现长期、固定地运输大批量航空货物的经济性，促使托运人最大限度地利用承运人提供的运力。

指定商品运价低于相同货物重量要求的普通货物运价。因此，在计算货物航空运费时，应优先考虑指定商品运价。

（1）指定商品品名编号及分类。根据货物的性质、属性以及特点等对货物进行分类，共分为十大组，每一组又分为十个小组。同时，对其分组形式用四位阿拉伯数字进行编号，该编号即为指定商品货物的品名编号。指定商品货物的分组及品名编号如下所述。

1）0001—0999：食用动物和植物产品。
2）1000—1999：活动物和非食用动物及植物产品。
3）2000—2999：纺织品、纤维及其制品。
4）3000—3999：金属及其制品，但不包括机械、车辆和电器设备。
5）4000—4999：机械、车辆和电器设备。
6）5000—5999：非金属矿物质及其制品。
7）6000—6999：化工品及相关产品。
8）7000—7999：纸张、芦苇、橡胶和木材制品。
9）8000—8999：科学、精密仪器、器械及配件：
10）9000—9999：其他货物。

9700—9799 系列是指定商品运价的品名编号。为了减少常规的指定商品品名的分组编号，IATA 还推出了试验性的指定商品运价，该运价用 9700—9799 内的数字编出。主要特点是一个代号包括了指定商品运价中分别属于不同指定商品代号的众多商品品名，如 9735 这个指定商品代号就包括了属于 20 多个指定商品运价代号的指定商品。

其中每一组又细分为十个小组，每个小组再细分，这样几乎所有的商品都有一个对应的组号。公布指定商品运价时只要指出本运费用于哪一组货物就可以了。

承运人制定指定商品运价的初衷主要是使运价更具竞争力，吸引更多客户使用航空货运形式，使航空公司的运力得到更充分的利用。指定商品运价比普通货物运价要低，因此，适用指定商品运价的货物除了满足航线和货物种类的要求外，还必须达到承运人所规定的最低运量（如 100kg）。如果货量不足，而托运人又希望适用指定商品运价，那么货物的计费重量就要以所规定的最低运量（100kg）为准，该批货物的运费就是计费重量（在此是最低运量）与所适用的特种货物运价的乘积。

（2）指定商品运价的使用规则。在使用指定商品运价时，只要所运输的货物满足下述三个条件，则运输始发地和运输目的地就可以直接使用指定商品运价：

1）运输始发地至目的地之间有公布的指定商品运价。
2）托运人所交运的货物，其品名与有关指定商品运价的货物品名相吻合。
3）货物的计费重量满足指定商品运价使用时的最低重量要求。使用指定商品运价计算航空运费的货物，其航空货运单的"Rate Class"一栏，用字母 C 表示。

2. SCR 的计算

当运价中公布指定商品运价时,首先应判断运价中的商品编号是否可用于货物品名(先确定大组,再确定小组,最后确定具体品名编号)。如果可以,货物的计费重量还应符合该指定商品运价的最低重量要求,虽然指定商品运价较普通运价优先使用,但如果用普通运价计算得到的航空运费低于用指定商品运价计算得到的航空运费时,应使用普通货物运价。

【例】Routing:DXB-GLA

Commodity:Textiles

Gross Weight:280kg

Dimensions:5 pieces(100cm×50cm×30cm each)

DUBl		AE	DXB
U,A.E.DIRH		AED	KGS
GLASGOWJGB		M	190.00
		N	31.35
		45	23.65
		100	14.30
	0300	500	9.05
	2199	250	10.45
SCR	2199	500	8.95
	2865	500	9.90
	3015	1000	12.30

(1)Volume Weight:100cm×50cm×30cm×5/6000cm^3/kg=125kg

(2)Applicable Rate:SCR 2199 250 10.45

(3)Chargeable Weight:280kg

(4)Weight Charge:280×10.45=AED2926.00

No. of Pieces RCP	Gross Weight	Kg/Lb	Rate class/ Commodity Item No.	Chargeable Weight	Rate/ Charge	Total	Nature and Quantity of Goods(Incl. Dimensions or Volume)
5	280.0	K	C-2199	280.0	10.45	2926.00	TEXTILES DIMS:(40cm×30cm×20cm)×5

学生训练

1.单选题

(1)航空指定商品运价简称( )。

　　A.GCR　　　　B.SCR　　　　C.CCR　　　　D.NCR

(2)航空运输指定的商品品名编号中,2000-2999代表的产品是( )。

A．可食用的动植物产品　　　　　　B．活动物及非食用的动植物产品
　　C．纺织品、纤维及其制品　　　　　D．金属及其制品
（3）航空运输指定商品品名编号中 0008 代表的产品是（　　）。
　　A．科学仪器　　　　　　　　　　　B．活动物及非食用的动植物产品
　　C．新鲜的水果、蔬菜　　　　　　　D．鱼（可食用的）、海鲜、海产品
（4）航空货物运输中，指定商品代号 0300 指的货物是（　　）。
　　A．鱼和海鲜　　　B．皮革　　　C．水果　　　D．纺织品
（5）航空货物的指定商品品名编号在 1000 和 1999 之间的代表（　　）。
　　A．机器、汽车和电器设备　　　　　B．可食用动植物产品
　　C．活动物和非食用动植物产品　　　D．纺织品、纤维及其制品
（6）航空货物的指定商品品名编号在 4000－4999 之间的编号代表（　　）货物。
　　A．机器、汽车和电器设备　　　　　B．可食用的动植物产品
　　C．活动物及非食用的动植物产品　　D．纺织品、纤维及其制品
（7）航空公司运价以"C"表示（　　）。
　　A．最低运价　　　　　　　　　　　B．指定商品运价
　　C．45kg 以上普货运价　　　　　　 D．45kg 以下普货运价

2．判断题

（1）指定商品运价低于相同货物重量要求的普通货物运价，因此，在计算货物航空运费时，应优先考虑指定商品运价。（　　）

（2）指定商品运价一般高于普通货物运价，其目的是为了使托运人发现长期、固定地运输大批量航空货物的经济性，促使托运人最大限度地利用承运人提供的运力。（　　）

（3）指定商品运价是在指定的地点间，由指定的承运人公布的，适用于某种特定商品，低于普通货物运价的运价。（　　）

3．计算题

（1）第一题。

北京运往大阪 20 箱鲜蘑菇共 360.0kg，每箱的体积（长×宽×高）为 60cm×45cm×25cm，计算航空运费。

公布运价如下：

BEIJING	CN	BJS
Y.RENMINBI	CNY	KGS
OSAKA	JP	M	230.00
		N	37.51
		45	28.13
	0008	300	18.80
	0300	500	20.61
	1093	100	18.43
	2195	500	18.80

完成下述内容。

Volume：

Volume Weight：

Gross Weight：

Applicable Rate：

Chargeable Weight：

Weight Charge：

该票货物的航空运费应为：

No. of Pieces RCP	Gross Weight	Kg/Lb	Rate Class		Chargeable Weight	Rate/Charge	Total	Nature and Quantity of Goods（Incl. Dimensions or Volume）
			Commodity Item NO.					

（2）第二题。

锦程物流公司销售员需要运输一票货物，以下为此票业务的基本信息：

Routing: PEK－TYO

Commodity: Crabs

PC/WT: 15/150.0kg

DIMS: 60cm×40cm×40cm×15

公布运价表如下：

BEIJING	CN		BJS
Y.RENMINBI	CNY		KGS
TOKYO	JP	M	320.00
		N	37.51
		45	28.13
		300	24.35
	0300	100	20.61
	0670	100	18.80
	0799	100	14.62
	0850	100	17.12

完成下述内容。

Volume：

Volume Weight：

Gross Weight：

Applicable Rate：

Chargeable Weight：

Weight Charge：

该票货物的航空运费应为：

No. of Pieces RCP	Gross Weight	Kg/Lb	Rate Class		Rate/Charge	Total	Nature and Quantity of Goods（Incl. Dimensions or Volume）
			Commodity Item NO.	Chargeable Weight			

任务 4　掌握等级货物运价与最低运费的核算

1. 等级货物运价

等级货物运价（Class Cargo Rate，简称 CCR）指适用于指定地区内部或地区之间的少数货物运输。通常表示为在普通货物运价的基础上增加或减少一定的百分比。附加的等级货物运价（Surcharge Class Rates，SCCR）简称 S；附减的等级货物运价（Reduction Class Rates，RCCR），简称 R。

适用等级货物运价的货物通常有：

（1）活动物、活动物的集装箱和笼子。

（2）贵重物品。

（3）尸体和骨灰。

（4）报纸、杂志、书籍、商品目录、盲人和聋哑人专用设备和出版物。

（5）作为货物托运的行李。

其中：

（1）～（3）通常适用附加或不增不减的运价，如 TACT Rules 对活动物运价进行了规定，根据活动物年龄是否大于 72h 以及在各个 IATA 航区之内或之间运送的不同，等级运价的百分比也不同。表中出现"Normal GCR"时表示适用 45kg 以下的普通货物运价；"Normal GCR 的百分比"表示在 45kg 以下的普通货物运价的基础上乘以这个百分比；"appl.GCR"表示适用运价表中普通货物运价。

（4）和（5）通常为附减运价，如作为货物托运的行李，按照 TACT Rules 规定，从或至中国运输的此类货物，若运往或运自 IATA2 区，则适用 50% of the Normal GCR，若运往或运自 IATA1 区则不适用上述折扣，而适用普通货物运价或指定商品运价。

2. 最低运费

（1）基本概念。最低运费是指航空公司办理一批货物所能接受的最低运费。不论货物的重量或体积大小，在两点之间运输一票货物应收取的最低金额，不同地区有不同的最低运费。这是航空公司在考虑办理即使很小的一批货物也会产生的固定费用后制定的。

如果承运人收取的运费低于最低运费，就不能弥补运送成本。因此，航空公司规定无论所运送的货物适用于哪一种航空运价，所计算出来的运费总额都不得低于最低运费。若计算出的数值低于最低运费，则以最低运费计收，另有规定的除外。

航空货运中除以上介绍的四种公布的直达运价外，还有一种特殊的运价，即成组货物运价（United Consignment ULD），适用于托盘或集装箱货物。

（2）最低运费的计算。

【例】一票服装货物从上海航运至巴黎，毛重为 5.0kg，尺码为：40cm×30cm×20cm，其公布运价如下：

SHANGHAI	CN	SHA
Y.RENMINBI	CNY	KGS
PARIS FR	M	320.00
	N	52.81
	45	44.46
	100	40.93

此案例的计算步骤应为：

（1）Volume Weight：40cm×30cm×20cm/6000cm^3/kg=4kg

（2）Applicable Rate：GCR N 52.81

（3）Chargeable Weight：5kg

（4）Weight Charge：5×52.81=CNY264.05

（5）Minimum Charge：the applicable minimum 320.00

此例题的运单相关栏的填写方式为：

No. of Pieces RCP	Gross Weight	Kg/Lb	Rate Class		Chargeable Weight	Rate/Charge	Total	Nature and Quantity of Goods (Incl. Dimensions or Volume)
			Commodity Item NO.					
1	5.0	K	M		5.0	320.00	320.00	TEXTILES DIMS：(40cm×30cm×20cm)×1

学生训练

计算题

1. 锦程物流公司的一位客户需要运输两条小狗，以下为此票业务的基本信息：

Routing：SHA－PAR

Commodity：DOGS

Gross Weight：50.0kg

Dimensions：70cm×50cm×50cm×2boxes

公布运价表如下：（提示：活动物属于附加等级货物运价，附加50%）

SHANGHAI	CN	SHA
Y.RENMINBI	CNY	KGS
PARIS FR	M	320.00
	N	52.81
	45	44.46
	100	40.93

完成下述内容。

Volume：

Volume Weight：

Gross Weight：

Applicable Rate：

Chargeable Weight：

Weight Charge：

该票货物的航空运费应为：

No. of Pieces RCP	Gross Weight	Kg/ Lb	Rate Class		Chargeable Weight	Rate/ Charge	Total	Nature and Quantity of Goods (Incl. Dimensions or Volume)
			Commodity Item NO.					

2．锦程物流公司的一位客户需要运输书籍，以下为此票业务的基本信息：

Routing：SYD－SFO

Commodity：BOOKS

Gross Weight：680.0kg/50boxes

公布运价表如下：（提示：书籍属于附减等级货物运价，附减50%）

SYDNEY AUSTRALIANS SAN FRANCI CA US	AU AUD M N 45 100 300 500	SYD KGS 65.00 14.20 6.85 4.25 3.65 3.45

完成下述内容。

Volume：

Volume Weight：

Gross Weight：

Applicable Rate：

Chargeable Weight：

Weight Charge：

该票货物的航空运费应为：

No. of Pieces RCP	Gross Weight	Kg/ Lb	Rate Class		Chargeable Weight	Rate/ Charge	Total	Nature and Quantity of Goods (Incl. Dimensions or Volume)
			Commodity Item NO.					

任务5 学习国际航空货运有关的其他费用

1. 其他费用的介绍及代号

（1）其他费用的介绍。在国际航空货物运输中，航空运费是指自运输始发地机场至运输目的地机场之间的航空费用。在实际工作中，对于航空公司或其代理人将收运的货物自托运人手中运至收货人手中的整个运输组织过程，除发生航空运费外，还会发生其他费用，比如燃油费、战险费、地面运输费、报关费、报检费、货运单费、运费到付货物手续费以及危险货物处理费等。

（2）其他费用代号见表2-2。

表2-2 其他费用代号

代号	中文名称	代号	中文名称	代号	中文名称
AC	动物容器费	DB	代付款项手续费	SU	地面运输费
AS	集中服务费	IN	保险费	TR	中转费
AW	货运单费	M0	杂费	TX	捐税
CF	代收货款手续费	PU	取货和送货费	UH	集装箱处理费
CH	办理海关手续和处理费	SO	保管费		

如为承运人收取则在费用代号后面加上"C"；如为代理人收取则在费用代号后面加上"A"。在始发站发生的其他费用，只能全部预付或全部到付；在运输途中发生的费用，一般为到付；如在始发站已了解到当地政府和机场官方公布的税收时，也可以预付；在目的站发生的其他费用，只能到付。

2. 其他费用的具体描述和填制要求

（1）燃油费。燃油费是航空公司为了在短期内调整运价与消耗品市场价所收的费用，燃油费填制在航空货运单的 Other Charges 一栏，一般按重量收取，填制代码为 FSC，全称是 Fuel Surcharge。

（2）战险费。战险费是由于战争、类似战争行为的敌对行为、武装冲突以及所引起的捕获、扣留造成货物损失的情况下支付给客户的保险费。战争险属于特殊的附加险，需要单独投保，在填制货运单时需要填在 Amount of Insurance 一栏。一般按照重量收取，填制代码为 WRS。

（3）地面运输费。地面运输费是指承运人在机场与市区之间、同一城市两个机场之间运输货物的费用。地面运输费填制在航空货运单的 Other Charges 一栏，一般按重量收取，填制代码为 SU。

（4）报关费。报关费是在航空运输时向海关申请出口或进口发生的费用。海关只允许具有报关资格的报关单位进行申报。发货人委托货代公司进行报关，同时委托货代公司支付报关费用。因此，报关费由报关行或者货运代理公司向客户收取。一般按照每票收取。出口报关费的填制代码为 ECC，进口报关费的填制代码为 ICC。

（5）报检费。报检费是在办理商品出入境检验检疫业务时发生的费用。报检费用是由具有报检资格的货代公司向客户收取的费用。一般按照每票收取，填制代码为 IDF。

（6）货运单费。货运单费又称为航空货运工本费或制单费，此项费用为填制航空货运单的费用。航空公司或其代理人销售或填制货运单，该费用包括逐项逐笔填制货运单的成本。

货运单费应填制在货运单的 Other Charges 一栏中，用两字代码"AW"表示。按 IATA 规定：由航空公司来销售或填制航空货运单，此项费用归出票航空公司（Issuing Carrier）所有，表示为 AWC；由航空公司的代理人销售或填制货运单，此项费用归销售代理人所有，表示为 AWA。

（7）危险品处理费。在航空货物运输中，对于收运的危险品货物，除按危险品规则收运并收取航空运费外，还应收取危险货物收运手续费，该费用称危险物品处理（操作）费（Charges for Shipments of Dangerous Good-handing），应填制在货运单 Other Charges 栏内，用"RA"表示费用种类。TACT rules 规定，危险品处理费归出票航空公司所有。在货运单中，填制代码为"RAC"。

（8）到付运费手续费。在国际运输货物中，航空运费及声明价值附加费一般采用预付的方式。在有些情况下，采用运费到付。在目的地的收货人，除支付货物的航空运输费及声明价值附加费外，还应支付到付货物的手续费。此项费用由最后一个承运人收取，并归其所有。一般运费到付手续费的收取，采用目的地开据专门发票，也可以使用货运单（此种情况在交付航空公司无专门发票，并将作为发票使用）。在货运单中，填制代码为 FCC。

单元小结

在从事航空运输经营活动过程中，每一个经营者（航空公司）既要维护企业自身的利益，又要保护消费者（货物托运人）的利益，这是企业的生存和发展之本。在组织货物运输的全过程中，销售是一个重要环节，它直接关系到航空运输企业的销售收入，从而影响到企业运输收入的实现。尤其是在组织国际联运货物的销售阶段，正确计算航空货物的运费是企业最终实现运输收入、提高经济效益的重要保证。

单元拓展

一、核算航空运费

1. 货物信息

Routing：BEIJING，CHINA(BJS) to TOKYO，JAPAN(TYO)

Commodity：Sample

Gross Weight：37.4kg

Dimensions：90cm×60cm×42cm

计算该票货物的航空运费并填制航空货运单的运费计算栏。

公布运价如下：

BEIJING Y. RENMINBI		CN CNY		BJS KGS
TOKYO	JP		M	230.00
			N	37.51
			45	28.13

2．货物信息

Routing：SHA—PAR

Commodity：Tools

Gross Weight：280kg

Dimensions：10boxs×40cm×40cm×40cm

计算该票货物的航空运费并填制航空货运单的运费计算栏。

公布运价如下：

SHANGHAI Y．RENMINBI	CN CNY		SHA KGS	
PARIS		FR	M N 45 500 1 000	320.00 68.34 51.29 44.21 41.03

3．货物信息

Routing：BEIJING，CHINA（BJS） to AMSTERDAM，HOLLAND（AMS）

Commodity：TOY

Gross Weight：27.9kg

Dimensions：80cm×51cm×32cm

计算该票货物的航空运费并填制航空货运单的运费计算栏。

公布运价如下：

BEIJING Y．RENMINBI		CN CNY		BJS KGS	
AMSTERDAM		NL		M N 45 300	320.00 50.22 41.53 37.52

4．从北京运往巴黎一件玩具样品，毛重5.3kg，尺寸为41cm×33cm×20cm，计算其航空运费并填制航空货运单的运费计算栏。

公布运价如下：

BEIJING Y．RENMINBI		CN CNY		BJS KGS	
PARIS		FR		M N 45 100	320.00 52.81 44.46 40.93

5. 货物信息

Routing：BEIJING，CHINA（BJS） to OSAKA，JAPAN（OSA）

Commodity：FRESH ORANGES

Gross Weight：EACH 71.5kg，TOTAL 6 PIECES

Dimensions：113cm×40cm×24cm×6

计算航空运费并填制航空货运单的运费计算栏。

公布运价如下：

BEIJING Y. RENMINBI		CN CNY		BJS KGS
OSAKA		JP	M	230.00
			N	37.51
			45	28.13
		0008	300	18.80
		0030	500	20.61
		1093	100	18.43
		2195	500	18.80

6. 货物信息

Routing：BEIJING，CHINA（BJS） to NAGOVA，JAPAN（NGO）

Commodity：FRESH ORANGES

Gross Weight：EACH 65.4kg，TOTAL 4 PIECES

Dimensions：128cm×42cm×36cm×4

计算航空运费并填制航空货运单的运费计算栏。

公布运价如下：

BEIJING Y. RENMINBI		CN CNY		BJS KGS
NAGOVA	JP		M	230.00
			N	37.51
			45	28.13
		0008	300	18.80
		0030	500	20.61
		1093	100	18.43
		2195	500	18.80

二、拓展任务

【项目背景】

小李在 ABC 国际物流公司销售部负责空运业务推广。由于是新手，小李对运费结构和核算方式等业务不熟悉，且航空公司的运价也时常变换，所以他没少犯错误。公司近期开辟了北京到欧洲、美国的几条新航线的代理业务,经理将报价表的制作和客户询价工作交给小李负责。

【项目任务】

任务 1　查询运价

查询本月内从北京运往美国、欧洲主要机场的空运报价,选择有价格优势的航空公司报价,制作本公司的报价表。

【提示】

> 查询到航空公司的报价后,航空货代公司还需综合其他几个方面来制作本公司的最终报价表,具体如下:
> 1. 同行业其他公司的报价。
> 2. 航空公司报价。
> 3. 公司运营成本。
> 4. 货物的季节性需求变化。
> 5. 托运方式的选择。
> 6. 货物的种类。
>
> 以同行业其他公司的报价为标杆,可以比较出本公司与行业平均水平的区别,从而使自己处于有利的竞争优势地位。同时考虑航空公司的报价、公司运营成本、货物的种类、季节需求变化以及托运方式的选择等因素,可以让自己在满足客户要求的前提下尽可能地提高利润水平。
>
> 在影响航空货代公司报价的几个因素里,由于各个因素并不是一成不变的,像航空公司报价、公司运营成本等因素会随着时间而改变,所以货代公司的报价也需要定期进行修改,以达到既定的客户服务水平。

任务 2　计算运费

AA 国际物流公司经过一番努力,与某航空公司达成了协议议价,如表 2-3 至表 2-5 所列。

表 2-3　自 PEK 至一区

直达点	重量等级				
	M/N/Q	100	300	500	1000
JFK	北京始发 TACT 价格	29	28	27	26
ORD		29	28	27	26
LAX		21	20	19	18
PDX		21	20	19	18
SFO		21	20	19	18
YVR		21	20	19	18

注　美洲非直达点价格在直达点价格基础上加收中转费用。

表 2-4　自 PEK 至二区

直达点	重量等级				
	M/N/Q	100	300	500	1000
FRA	北京始发 TACT 价格	21	20	19	18
MUC		22	21	20	19
CPH		21	20	19	18
LON		22	21	20	19
PAR		22	21	20	19
ROM		21	20	19	18
MOW		19	18	17	16
STO		22	21	20	19
MAD		24	23	22	21
VIE		21	20	19	18
MXP		21	20	19	18
DXP		19	18	17	16

注　欧洲非直达点价格在直达点价格基础上加收中转费用。

表 2-5　自 PEK 至三区

直达点	重量等级					
	M/N	45	100	300	500	1000
SEL	北京始发 TACT 价格	14	11	10	9	8
PUS		15	12	11	10	9
SIN		15	14	13	12	11
DEL		18	18	17	17	16
BKK		11	9	8	7	6
KUL		15	15	14	14	13

注　IATA 三区非直达点价格在直达点价格基础上加收中转费用。

（1）航线燃油和战争险附加费。

东南亚分别为：3.0/kg，1.0/kg。

欧洲、美洲分别为：5.5/kg，1.2/kg。

（2）机场操作杂费。

报关费：220.00/票。

报检费：200.00/票。（不含检疫处理收取的费用）

入库费：0.30/kg（MIN10.00）。

（3）使用条件见表 2-6。

表 2-6　使用条件

销售区域	PEK	
有效期	2014 年 3 月 1 日至 2014 年 6 月 1 日	
使用限制	快件、特种货物、危险品均不享受此优惠	
其他费用	燃油费	按照国航现行规定执行
	安全附加费	
	危险品处理费	

业务员接受了货主的一项委托，要运送一票混装货物，客户的委托事项如下：

出口一批货物，从北京到美国纽约。货物包括书籍、手工艺品、新鲜苹果，商品的毛重分别是 80kg、40kg、100kg，体积分别是 75cm×46cm×25cm 共 4 件、60cm×35cm×30cm 共 4 件、90cm×50cm×30cm 共 4 件。

请你对这批集中托运货物进行报价。

【提示】

　　集中托运货物是指使用同一份货运单运输的货物中，包括不同运价、不同运输条件的货物。集中托运货物中不得包括的物品：①TACT Rules3.7.6 中规定的任何贵重货物；②活动物；③尸体、骨灰；④外交信袋；⑤作为货物运送的行李；⑥机动车辆。

　　集中托运货物的申报方式：①申报整批货物的总重量，此时混运的货物被视为一种货物，将其总重量确定为一个计费重量，运价采用适用的普通货物运价；②分别申报每一种类货物的件数、重量、体积及货物品名。不同种类货物适用的运价与其相应的计费重量分别计算运费。如果集中托运货物适用一个外包装将所有货物合并运输，则该包装物的运费按混装货物中运价最高的货物运价计收。

　　集中托运货物的最低运费，按整票货物计收。即无论是分别申报或不分别申报的混运货物，按其运费计算方法计得的运费与起止地点间的最低收费标准比较，取高者。

　　当对集中托运货物进行报价时，先把这票货物作为一个整体计算运费，再按分别申报计算运费，两者比较，取低者。

其他参考资料：

TACT（《航空货运运价手册》）公布运价（如表 2-7 所列）。

表 2-7　TACT 公布运价

BEIJING	CN	BJS	
Y.RENMINBI	CNY	kgs	
NEW YORK	US	M	70
		N	37
		45	32
		300	29
	0008	300	28
	0300	500	23
	1093	200	24
	2195	500	22

单元三　国际航空货运制单

通过本单元的学习，学生应能够熟悉国际航空出口委托流程及相关事宜，能识别并填制航空货物托运书和航空运单，熟悉航空运单的作用和流转。

（1）国际货物托运书。
（2）航空货运单的基础知识。
（3）航空货运单样单。
（4）航空货运单的填制。

技 能 点

（1）具备阅读以及挖掘关键信息的能力。
（2）具备识别航空货运单的能力。
（3）具有填制航空货运单的能力。

项目一　国际货物托运书

航空货运代理公司与出口单位（发货人）就出口货物运输事宜达成意向后，可以向发货人提供所代理的有关航空公司的"国际货物托运书"。对于长期出口或出口货量大的单位，航空货运代理公司一般都与之签订长期的代理协议。

任务　认识国际货物托运书

1. 国际货物托运书的概念

国际货物托运书（SHIPPER'S LETTER OF INSTRUCTION）是托运人用于委托承运人或其代理人填开航空货运单的一种表单。表单上列有填制货运单所需的各项内容，并应印有授权与承运人或其代理人代其在货运单上签字的文字说明。

发货人发货时，首先需填写委托书，并加盖公章，作为货主委托代理承办航空货运出口货物的依据。航空货运代理公司根据委托书的要求办理出口手续，并据以结算费用。

2. 国际货物托运书内容

根据"华沙公约"第 5 条（1）款和（5）款规定，货运单可由托运人填写，也可由承运人或其代理人代为填写。实际上，目前货运单均有承运人或其代理人代为填制。为此，作为填开货运单的依据——托运书，应由托运人自己填写，而且必须在上面签字或盖章。国际货物托运书见表 3-1。

表 3-1 国际货物托运书

SHIPPER'S LETTER OF INSTRUCTION

托运人姓名、地址、电话号码 Shipper's Name, Address &Telephone No.			托运人账号 Shipper's Account Number		航空货运单号码 Air Waybill Number 999---257-45042546	
					安全检查 Safety Inspection	
收货人姓名、地址、电话号码 Consignee's Name, Address & Telephone No.			收运人账号 Consigee's Account Number		是否安妥航班日期吨位　Booked	
					航班/日期 Flight/Date	航班/日期 Flight/Date
					预付 pp　　pp	到付 cc　　cc
					供运输用声明价值 Declared Values for Carriage	供海关用声明价值 Declared Values for Customs
始发站 Airport of　Departure			目的站 Airport of Destination		保险价值 Amount of Insurance	
填开货运单的代理人名称 Issuing Carriers Agent Name and City					另请通知　Also Notify	
储运注意事项及其他 Handling Information and Others						
					随附文件 Document to Accompany Air Waybill	
件数 No. of Packages	毛重（千克） Actual　Gross Weight(KG.)	运价种类 Rate Class	商品代号 Comm. Item No.	计费重量（千克） Chargeable Weight(kg)	费率 Rate/kg	货物品名（包括包装、尺寸或体积） Nature and Quantity of Goods (Incl. Dimensions or Volume)
托运人证实以上所填内容全部属实并愿意遵守承运人的一切运输章程 Shipper certifies that the particulars on the face hereof correct And agrees to the conditions of carriage of carrier					航空运费和其他费用 Weight Charges ant Other Charges	
托运人或其代理人签字、盖章 Signatures of Shipper or his Agent _____					承运人签字 Signatures of Issuing Carrier or his Agent_____ _____	
日期 Date_____					日期 Date_____	

国际货物托运书的内容具体包括：

（1）托运人姓名、地址及电话号码（Shipper's Name，Address & Telephone No.）。填写托运人的全称、城市名称、国名及便于联系的电话、传真号码等。

（2）收货人姓名、地址、电话号码（Consignee's Name，Address & Telephone No.）。填写收货人的全称、街名、城市名称、国名（特别是在不同国家内有相同城市名称时，要填上国名）及便于联系的电话、电子邮箱或传真号码。由于航空托运单不能转让，所以本栏内不得填写"To Order"或"To Order of the Shipper"（按托运人的指示）等字样。

（3）始发站（Airport of Departure）。填始发站机场的全称，可填城市名称。

（4）目的站（Airport of Destination）。填目的地机场的全称，可填城市名称，如果某一城市名称用于一个以上国家时，应加上国名。例如：LONDON UK 伦敦，英国；ALASKA US 阿拉斯加，美国。

（5）供运输用的声明价值（Declared Values for Carriage）。填供运输用的声明价值金额，该价值即为承运人负责赔偿责任的限额。承运人按有关规定向托运人收取声明价值费，但如果所交运的货物毛重每千克不超过 20 美元（或等值货币），无需填写声明价值金额，可在本栏内填入"NVD"（No Value Declared，未声明价值），如本栏空着未填写，承运人或其代理人可视为货物未声明价值。

（6）供海关用的声明价值（Declared Values for Customs）。国际货物通常要受到目的站海关的检查，海关根据此栏所填数额征税。

（7）储运注意事项及其他（Handling Information and Others）。此栏填写在运输和仓储过程中附加的处理要求，例如：

1）另请通知（Also Notify），除填收货人之外，如托运人还希望在货物到达的同时通知他人，请另填写通知人的全称和地址。

2）外包装上的标记。

3）操作要求，如易碎、向上等。

（8）随附文件（Document to Accompany Air Waybill）。填写随附在货运单上运往目的地的文件，应填上所附文件的名称。例如：商业发票（COMMERCIAL INVOICE）；托运人的动物证明（Shipper's Certification for Live Animals）。

（9）件数（No. of Packages）。填该批货物的总件数，并注明其包装方法。例如：100 纸箱（100 Cartons）。如货物没有包装，就注明为散装（Loose）。

（10）毛重（千克）（Gross Weight）。本栏内的重量应由承运人或其代理人在称重后填入，如托运人已填上重量，承运人或其代理人必须进行复核。

（11）运价种类（Rate Class）。填写所适用的运价、协议价、杂费和服务费等。

（12）商品代号（Comm. Item No.）。此栏可空着不填。

（13）计费重量（千克）（Chargeable Weight）。本栏内的计费重量应由承运人或其代理人在量过货物的尺寸后，由承运人或其代理人算出计费重量后填入，如托运人已经填上，承运人或其代理人必须进行复核。

（14）费率（Rate/kg）。本栏可空着不填。

（15）货物品名（包括包装、尺寸或体积）[Nature and Quantity of Goods（Incl. Dimensions or Volume）]。填写货物的品名和数量（包括尺寸或体积）。若一票货物包括多种物品时，托运人应分别申报货物的品名，填写品名不能使用"样品""部件"等比较笼统的名称。货物中的每一项均须分开填写，并尽量填写详细，如"新闻短片（美国制）"等，本栏所填写的内容应与出口报关发票、进出口许可证上所列内容相符。

（16）托运人或其代理人签字、盖章（Signatures of Shipper or his Agent）。托运人或其代理人必须在本栏内签字、盖章。

（17）日期（Date）。填托运人或其代理人交货的日期。

在实际业务中，在接受托运人的委托后，货运代理公司的指定人员要对托运书进行审核。审核的主要内容包括价格和航班日期。目前，审核起降航班的航空公司大部分采取自由销售方式。每家航空公司、每条航线、每个航班甚至每个目的港均有优惠运价，这种运价会因货源、淡旺季经常调整，而且各航空公司之间的优惠价也不尽相同，所以有时候更换航班，运价也随之变更。托运书的价格审核就是判断其价格是否能被接受，预订航班是否可行。最后，审核人员必须在托运书上签名和注明日期以示确认。

学生训练

1. 单选题

（1）不论主运单还是分运单，填制航空货运单的主要依据是（   ）提供的国际货物托运书。

  A. 航空公司　　　　　　　　　　B. 航空货运代理公司
  C. 收货人　　　　　　　　　　　D. 发货人

（2）在核算航空运输货物运费时，货物的实际重量，以（   ）的重量为准。

  A. 航空公司　　　　　　　　　　B. 航空货运代理公司
  C. 收货人　　　　　　　　　　　D. 发货人

（3）（   ）是托运人用于委托承运人或其代理人填开航空货运单的一种表单，表单上列有填制货运单所需的各项内容。

  A. 航空货运单　　　　　　　　　B. 国际货物托运书
  C. 航空货运主单　　　　　　　　D. 航空货运分单

（4）国际货物托运书是托运人用于委托承运人或其代理人填开航空货运单的一种表单，表单上列有填制（   ）所需的各项内容。

  A. 航空货运单　　　　　　　　　B. 国际货物托运书
  C. 航空货运主单　　　　　　　　D. 航空货运分单

2. 判断题

（1）在航空运输中，承运人可根据需要改变运输方式或更换飞机，不需要事先通知货主或代理人。（   ）

（2）国际货物托运书是托运人用于委托承运人或其代理人填开航空货运单的一种表单。（   ）

（3）国际货物托运书的英文简称是 SIL。（   ）

（4）国际货物托运书，应由托运人自己填写，而且必须在上面签字或盖章。（   ）

（5）在实际业务中，在接受托运人的委托后，货运代理公司的指定人员对托运书进行审核。审核的主要内容包括价格和航班日期。（   ）

（6）国际货物托运书的重量栏应由承运人或其代理人在称重后填入，如托运人已填上重量，承运人或其代理人也无须进行复核。（   ）

项目二　国际航空货运单

国际航空货运单是发货人与航空承运人之间缔结的运输合同，它不仅证明航空运输合同的存在，而且航空货运单本身就是发货人与航空运输承运人之间缔结的货物运输合同，在货物到达目的地交付给运单上所记载的收货人后便失效。

任务1 学习航空货运单的基础知识

1. 航空货运单的概念

航空货运单是由托运人或者以托运人名义填制的，托运人和承运人之间在承运人的航线上运输货物所订立的运输契约。它是航空货运中的一种重要单据，但不代表货物所有权，是不可以议付的单据。

航空货运单既可用于单一种类的货物运输，也可用于不同种类货物的集合运输；既可用于单程货物运输，也可用于联程货物运输。航空货运单不可转让，属于航空货运单所属的空运企业。

2. 航空货运单的性质

（1）承运合同：航空货运单是发货人与承运人之间的运输合同，并在双方共同签署后产生效力。

（2）货物收据：航空货运单是承运人签发的已接收货物的证明，除非另外注明，它也是承运人收到货物并在良好条件下装运的证明。

（3）运费账单：航空货运单上分别记载着收货人应负担的费用和属于代理的费用，是承运人据以核收运费的账单。

（4）报关单证：航空货运单是必备的报关单之一，也是海关最后检查放行的基本单证。

（5）保险证书：如果承运人承办保险，航空货运单页可用来做保险书。

（6）内部业务的依据：航空货运单是承运人内部业务的依据。

3. 航空货运单的作用

（1）航空货运单是发货人与航空承运人之间缔结的运输合同，必须由双方或双方当事人共同签署后方能生效。与海运提货单不同，航空货运单不仅证明航空运输合同的存在，而且航空货运单本身就是发货人与航空运输承运人之间缔结的货物运输合同,在货物到达目的地交付给运单上所记载的收货人后失效。

（2）航空货运单是承运人或其代理人签发的收到货物的证明即货物收据。在发货人将货物交给承运人或其代理人后，承运人或其代理人就会将航空货运单中的"发货人联"交给发货人，作为已经接收货物的证明。在承运人没有另外注明的情况下，航空货运单即是承运人收到货物并在良好条件下装运的证明。

（3）航空货运单是承运人交付货物和收货人核收货物的依据。航空货运单的正本一式三份，每份都印有背面条款。第一份为蓝色，交发货人保存，是承运人或其代理人接受货物的依据；第二份为绿色，由承运人保存，作为内部记账凭证；最后一份为粉红色，随货同行，在货物到达目的地交付给收货人时作为核收货物的依据。此外，航空货运单还有多于六份的副本，其中黄色副本是提货收据，由收货人在提货时签字后留存到达站备查，其余的副本均为白色，分别给代理人、第一、第二、第三承运人和目的港有关业务使用。

（4）航空货运单的正本可作为承运人的记账凭证，是承运人据以核收费用运费的账单。航空货运单分别记载着收货人所负担的费用和代理费用，并详细地列明费用的种类和金额，因此可作为运费账单和发票。

（5）航空货运单是货物出口时的报关单证之一，也是货物到达目的地机场进行进口报关时海关履行检查时的基本依据。

（6）航空货运单是承运人承办保险或发货人要求承运人代办保险时的保险证书。办完保险的航空货运单称为红色航空货运单。

4. 航空货运单的构成

我国航空货运单由一式十二联组成，包括三联正本（正本的背面印有运输条款）、六联副本和三联额外副本。航空货运单各联的构成见表3-2。

表3-2 航空货运单的构成

序号	名称及分发对象	颜色
A	Original 3（正本3，给托运人）	浅蓝色
B	Copy 9（副本9，给代理）	白色
C	Original 1（正本1，交给航空公司）	浅绿色
D	Original 2（正本2，给收货人）	粉红色
E	Copy 4（副本4，提取货物收据）	浅黄色
F	Copy 5（副本5，给目的地机场）	白色
G	Copy 6（副本6，给第三承运人）	白色
H	Copy 7（副本7，给第二承运人）	白色
I	Copy 8（副本8，给第一承运人）	白色
J	Extra Copy（额外副本，供承运人使用）	白色
K	Extra Copy（额外副本，供承运人使用）	白色
L	Extra Copy（额外副本，供承运人使用）	白色

5. 航空货运单的分类

（1）航空主运单（Master Air Waybill，MAWB）也被称为主运单。航空主运单是由航空运输公司签发的航空货运单。它是航空公司和航空货运代理公司之间订立的运输合同，是航空运输公司据以办理货物运输和交付的依据。每一批航空运输的货物都有自己相对应的航空主运单。

（2）航空分运单（House Air Waybill，HAWB）。航空分运单又称"小运单"，是航空货运代理公司在办理集中托运业务时签发的航空货运单。在集中托运的情况下，航空货运代理公司集中托运物资为一件。代理公司为方便工作，就另发给委托人自己签发的分运单，即航空分运单。

航空主运单是航空运输公司与航空货运代理公司之间签订的货物运输合同，合同双方为集中托运人和航空运输公司；而航空分运单是航空货运代理公司与托运人之间签订的货物运输合同，合同双方分别为货主和航空货运代理公司。货主与航空运输公司没有直接的契约关系。在起运地由航空货运代理公司将货物交付航空运输公司，在目的地再由航空货运代理公司或其代理从航空运输公司处提取货物，然后转交给收货人。但航空分运单具有与航空主运单相同的法律效力，只是由航空货运代理公司承担货物的全程运输责任，其关系如图3-1所示。

6. 航空货运单样本

在实际工作中，公司制单人员需根据所接收的国际货物托运书仔细无误地填写航空货运单。

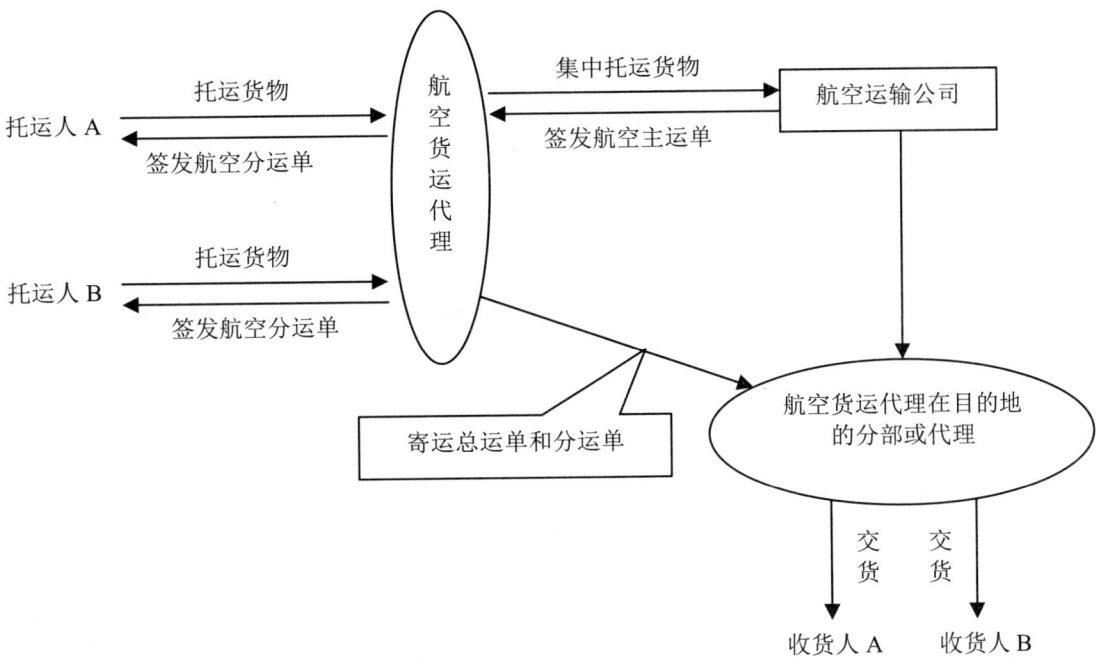

图 3-1 航空主运单与分运单的关系

（1）航空货运单样本。航空货运单样本见表 3-3。

表 3-3 航空货运单样本

1			
Shipper's Name and Address 2	Shipper's Account Number 3		
Consignee's Name and Address 4	Consignee's Account Number 5	Copies 1, 2 and 3 of this Air Waybill are originals and have the same validity. It is agreed that the goods described herein are accepted for carriage in apparent good order And condition (except as noted) and SUBJECT TO THE CONDITIONS OF CONTRACT ON THE REVERSE HEREOF. ALL GOODS MAY BE CARRIED BY AND OTHER MEANS INCLUDING ROAD OR ANY OTHER CARRIER UNLESS SPECIFIC CONTRARY INSTRUCTIONS ARE GIVEN HEREON BY THE SHIPPER. THE SHIPPER'S ATTENTION IS DRAWN TO THE NOTICE CONCERNING CARRIER'S LIMITATION OF LIABILITY. Shipper may increase such limitation of liability by declaring a higher value for carriage and paying a supplemental charge if required.	
Issuing Carrier's Agent Name and City 6		Accounting Information 10 15B	
Agent's IATA Code 7	Account No. 8		
Airport of Departure (Addr. of First Carrier) and Requested Routing 9			

To	By First Carrier Routing and Destination	to	by	to	by	Currency	CHGS Code	WT/VAL		Other		Declared Value for Carriage	Declared Value for Customs
								PPD	COLL	PPD	COLL		
11A	11B	11C	11D	11E	11F	12	13	14A	14B	15A	15B	16	17

续表

Airport of Destination	Flight/Date For carrier Use Only Flight/Date		Amount of Insurance	INSURANCE - If Carrier offers insurance, and such insurance is requested in accordance with the conditions thereof, indicate amount to be insured in figures in box marked "Amount of Insurance."
18	19A	19B	20	20B

Handing Information 21
20A
(For USA only) These commodities licensed by U.S. for ultimate destination ....Diversion contrary to U.S. law is prohibited

No of Pieces RCP	Gross Weight	Kg/Lb	Rate Class		Chargeable Weight	Rate Charge		Total	Nature and Quantity of Goods (Incl. Dimensions or Volume)
			Commodity Item No.						
22A	22B	22C	22D	22E	22F	22G		22H	22I
22J	22K		22L					22M	

Prepaid	Weight Charge	Other Charges
24A	24B	
Valuation Charge		
25A	25B	23
Tax		
26A	26B	
Total other Charges Due Agent		Shipper certifies that the particulars on the face hereof are correct and that insofar as any part of the condition for carriage by air according to the applicable Dangerous Goods Regulations.
27A	27B	
Total other Charges Due Carrier		
28A	28B	31
29A	29B	
		Signature of Shipper or his Agent
Total Prepaid	Total Collect	
30A	30B	32A 32B 32C
Currency Conversion Rates	CC Charges in Dest. Currency	
33A	33B	Executed on (date) at(place) Signature of Issuing Carrier or its Agent
For Carrier's Use only at Destination 33	Charges at Destination	Total Collect Charges
	33C	33D	1

（2）航空货运单重点项目说明。航空货运单一般由承运人根据托运人填写并签字的托运书填制。在没有相反证据的情况下，应当视为代托运人填写。托运人对货运单内容的正确性负责，承担法律后果。填写说明见表3-4。

表3-4 国际航空主运单重点项目填写说明

样本中序号	项目	说明
1	航空货运单号（Master Airway Bill）	此号码为运单编号
2	托运人名称和地址（Shipper's Name and Address）	详细填写托运人全名，地址应详细填写国家、城市、门牌号码及电话号码
3	托运人账号（Shipper's Account Number）	有必要时填写
4	收货人名称和地址（Consignee's Name and Address）	详细填写收货人全名，地址应详细填写国家、城市、门牌号码及电话号码。此栏不得出现"The Other"字样

续表

样本中序号	项目	说明
5	收货人账号（Consignee's Account Number）	有必要时填写
9	始发站（第一承运人地址）和所要求的线路 [Airport of Departure（Address of First Carrier）and Requested Routing]	填写始发站城市的英文全称
11B	路线和目的站（Routing and Destination）	由民航填写经由的航空路线
12	货币（Currency）	填写运单上所用货币代码
14A、14B、15A、15B	运费/声明价值费（WT/VAL）、其他费用（Other）。选择预付或到付，并在选择付费方式栏内做"×"记号	预付费用包括预付的运费总额、声明价值附加费、税金、代理人需要产生的其他费用、承运人需要产生的其他费用。到付费用包括到付运费总额、声明价值附加费、税金、分别属于代理人与承运人需要产生的其他到付费用。其他费用主要包括容器费（包括集装箱箱费）、中转费、地面运输费、保管费预制单费等
16	托运人向承运人声明的货物价值（Declared Value for Carriage）	填写托运人在运输货物时声明货物的价值总数。如托运人不需办理声明价值，则填写"NVD"
17	托运人向目的站海关声明的货物价值（Declared Value for Customs）	填写托运人向海关申报的货物价值。托运人未声明价值时，必须填写"NCV"
18	目的站（Airport of Destination）	填写目的站城市的英文全称，必要时注明机场和国家名称
19A	航班/日期（Flight/Date）	填写已订妥的航班日期
20	保险金额（Amount of Insurance）	托运人委托航空公司代办保险时填写
21	处理事项（Handing Information）	本栏填写下列内容：货物上的唛头标记、号码和包装等；通知人的名称、地址、电话号码；货物在途中需要注意的事项；其他需要说明的特殊事项；运往美国商品的规定
22A	件数/运价组成点（No. of pieces/RCP）	各种货物运价不同时，要分别填写，总件数另行填写
22B	毛重（Gross Weight）	质量单位为"千克"，分别填写时，另行填写总质量
22D	运价类别（Rate Class）	用 M、N、Q、C、R 或 S 分别代表最低运费、45kg 以下普通货物运价、指定商品运价、附减运价（低于 45kg 以下普通货物运价的等级运价）、附加运价（高于 45kg 以上普通货物运价的等级运价）
22E	品名编号（Commodity Item Number）	指定商品运价则填写其商品编号；按 45kg 以下普通货物运价的百分比收费的，则分别填写具体比例
22I	货物品名及体积（Number and Quantity of Goods）	货物体积按长、宽、高的顺序，以厘米为单位填写最大的长、宽、高度

续表

样本中序号	项目	说明
31	托运人或其代理人签字（Signature of Shipper or its Agent）	表示托运人同意承运人的装运条款
32A	运单签发日期[Executed on (Date)]	日期应为飞行日期，如货运单在飞行日期前签发，则应以飞行日期为货物装运期
32C	承运人或其代理人签字（Signature of Issuing Carrier or its Agent）	有此签字，航空货运单才能生效

学生训练

1. 单选题

（1）我国国际航空货运单，航空货运代理人持有（　　）。

　　A．正本 3　　　　　B．副本 6　　　　　C．副本 9　　　　　D．正本 1

（2）货运单 Not Negotiable 的意义是（　　）。

　　A．航空业务权不可转让　　　　　B．AWB 是不可转让的文件

　　C．AWB 上航程不可改变　　　　　D．AWB 不可以在运输始发国以外销售

（3）我国国际航空货运单的正本 3 是给（　　）的。

　　A．托运人　　　　　　　　　　　B．出票航空公司

　　C．收货人　　　　　　　　　　　D．目的地机场

（4）航空主运单是由（　　）签发的航空运单。

　　A．航空公司　　　　　　　　　　B．航空货运代理公司

　　C．航空地面服务站　　　　　　　D．托运人

（5）航空分运单是由（　　）签发的航空运单。

　　A．航空公司　　　　　　　　　　B．航空货运代理公司

　　C．航空地面服务站　　　　　　　D．托运人

2. 判断题

（1）航空货运单是由托运人或者以托运人的名义填制，是托运人和承运人之间在承运人的航线上运输货物所订立的运输契约。（　　）

（2）航空货运单一般可分为可转让的航空货运单和不可转让的航空货运单。（　　）

（3）由于货运单所填内容不准确、不完全，致使承运人或其他人遭受损失，托运人负有责任。（　　）

（4）航空货运单不符合规定或航空货运单遗失，不影响运输合同的存在或者有效。（　　）

（5）航空运单中，承运人收取的其他费用用"C"表示，代理人收取的其他费用用"A"表示。（　　）

3. 航空运单填制

锦程国际物流公司空运部客服小王根据客户发来的业务基础资料，协助客户填制国际货物托运书，客户认可货物托运书后，小王制作航空运单。以下为客户提供的基础资料。

CONTRACT				
NO.CPO 1007854				
DATE:2017.05.06				
PARTY A(THE BUYER):LONDON EXHIBITION CO.,LTD,LONDON,GB				
PARTY B(THE SELLER):BEIJING LUCY HANDICRAFT CO.,LTD,BEIJING,CHINA				
1.An agreement is reached on this date between Party A and Party B on the products according to the provisions of this contract. CURRENCY:USD				
no	Item no.	Quantity	Unit Price	Amount
1	HCDT1	5	2188.00	10940
2	HCGT1	7	438.00	3066
3	HCGT2	28	438.00	12264
4	HCGT3	8	487.00	3896
		TOTAL:		30166
2.COUNTRY OF ORIGIN & MANUFACTURE:CHINA				
3.PACKING:IN PALLETS				
4.TERMS OF PAYMENT:T/T				
5.INSURANCE:TO BE EFFECTED BY THE SELLER				
6.TIME OF SHIPMENT:IN OCTOBER				
7.PORT OF SHIPMENT:BEIJING				
8.PORT OF DESTINATION:LONDON				
9.REMARKS:				

北京露丝工艺品有限公司

BEIJING LUCY HANDICRAFT CO.,LTD

SOLD TO	发票 INVOICE	INVOICE No.	INV130394	
LONDON EXHIBITION CO.,LTD,LONDON,GB		LOT No.		
		PAYMENT	BY T/T	
		PRICE TERM	CIF LONDON	
DATE	Oct.3，2017	SHIPPING MARKS			
SHIP TO	LONDON				
SHIP VIA	BY AIR				
no	Item no.	Quantity	Unit Price	Amount
1	HCDT1	5	2188.00	10940
2	HCGT1	7	438.00	3066
3	HCGT2	28	438.00	12264
4	HCGT3	8	487.00	3896
			TOTAL AMOUNT	USD30166.00
TOTAL AMOUNT IN WORDS	SAY US DOLLARS THIRTY THOUSAND ONE HUNDRED AND SIXTY SIX ONLY			

北京露丝工艺品有限公司
BEIJING LUCY HANDICRAFT CO.,LTD
PACKING LIST

DATE:Oct.3,2017
INVOICE No.:INVI130394

NO.	ITEM NO.	QUANTITY	WEIGHT	VOLUME
1	HCDT1	5	178.5KGS	1CBM
2	HCGT1	7	252KGS	1.4CBM
3	HCGT2	28	980KGS	5.6CBM
4	HCGT3	8	304.5KGS	1.19CBM
NO. OF PALLETS		8		
TOTAL VOLUME		9.19CBM		
TOTAL WEIGHT		1715KGS		

（1）根据以上资料填制国际货物托运书。

航空货物委托书

托运人姓名、地址、电话号码 Shipper's Name, Address & Telephone No.	托运人账号 Shipper's Account Number	航空货运单号码 Air Waybill Number
		安全检查 Safety Inspection
收货人姓名、地址、电话号码 Consignee's Name, Address & Telephone No.	收货人账号 Consignee's Account Number	是否定妥航班日期吨位 Booked
		航班/日期 Flight/Date 航班/日期 Flight/Date
		预付 PP 到付 CC
		供运输用声明价值 Declared Value for Carriage 供海关用声明价值 Declared Value for Customs
始 发 站 Airport of Departure	目 的 站 Airport of Destination	保险价值 Amount of Insurance
填开货运单的代理人名称 Issuing Carrier's Agent Name		另请通知 Also Notify
储运注意事项及其他 Handling Information and Others		
		随付文件 Document to Accompany Air Waybill

件数 No. Of Pcs 运价点 RCP	毛重（千克）Gross Weight (kg)	运价种类 Rate Class	商品代号 Comm. Item No.	计费重量（千克）Chargeable Weight (kg)	费率 Rate/kg	货物品名（包括包装、尺寸或体积）Nature and Quantity of Goods (Incl. Packaging.Dimensions or Volume)

托运人证实以上所填内容全部属实并愿意遵守承运人的一切运输章程。 The shipper certifies that the particulars on the face hereof are correct and the conditions of carriage of the carrier. 托运人或其代理人签字、盖章 Signature of Shipper or His Agent	航空运费和其他费用　Weight Charge and Other Charges
	承运人签字 Signature of Issuing Carrier or Its Agent_____ 日期 Data_____

（2）根据以上资料，用英文填制航空货运单。

Shipper's Name and Address		Shipper's Account Number										
Consignee's Name and Address		Consignee's Account Number			Copies 1, 2 and 3 of this Air Waybill are originals and have the same validity. It is agreed that the goods described herein are accepted for carriage in apparent good order And condition (except as noted) and SUBJECT TO THE CONDITIONS OF CONTRACT ON THE REVERSE HEREOF. ALL GOODS MAY BE CARRIED BY AND OTHER MEANS INCLUDING ROAD OR ANY OTHER CARRIER UNLESS SPECIFIC CONTRARY INSTRUCTIONS ARE GIVEN HEREON BY THE SHIPPER. THE SHIPPER'S ATTENTION IS DRAWN TO THE NOTICE CONCERNING CARRIER'S LIMITATION OF LIABILITY. Shipper may increase such limitation of liability by declaring a higher value for carriage and paying a supplemental charge if required.							
Issuing Carrier's Agent Name and City					Accounting Information							
Agent's IATA Code		Account No.										
Airport of Departure (Addr. of First Carrier) and Requested Routing												
To	By First Carrier Routing and Destination	to	by	to	by	Currency	CHGS Code	WT/VAL		Other		Declared Value for Carriage	Declared Value for Customs
								PPD	COLL	PPD	COLL		
Airport of Destination		Flight/Date　For carrier Use Only Flight/Date			Amount of Insurance		INSURANCE - If Carrier offers insurance, and such insurance is requested in accordance with the conditions thereof, indicate amount to be insured in figures in box marked "Amount of Insurance."					
Handing Information												
(For USA only) These commodities licensed by U.S. for ultimate destination ……………………………Diversion contrary to U.S. law is prohibited												

续表

No. of Pieces RCP	Gross Weight	Kg/Lb	Rate Class		Chargeable Weight	Rate Charge	Total	Nature and Quantity of Goods (Incl. Dimensions or Volume)
				Commodity Item No.				

Prepaid	Weight Charge	Other Charges
Valuation Charge		
Tax		
Total other Charges Due Agent		Shipper certifies that the particulars on the face hereof are correct and that insofar as any part of the consignment contains dangerous goods, such part is properly described by name and is in proper condition for carriage by air according to the applicable Dangerous Goods Regulations.
Total other Charges Due Carrier		
		.... Signature of Shipper or his Agent
Total Prepaid	Total Collect	
Currency Conversion Rates	CC Charges in Dest. Currency	
		Executed on (date) at(place) Signature of Issuing Carrier or its Agent
For Carrier's Use only at Destination	Charges at Destination	Total Collect Charges

任务2 学习航空货运单各栏目的填制

不论主运单还是分运单，填制航空货运单的主要依据是发货人提供的国际货物托运书。货运单一般用大写英文填写，托运书上的各项内容都应体现在航空货运单上。

对于已事先订舱的货物和运费到付的货物，运单上还需注明已订妥的航班号和航班日期。对于运输过程中需要特殊对待的货物（如需冷藏、保持干燥），应在货运单"HANGDLING INFORMATION"一栏中注明。

按体积重量计算运费的货物，在货运单上货物品名一栏中需注明体积、尺寸。托运人提供的货物合同号和信用证号码等如有必要应在货运单上注明。货运单因打字错误或者其他原因需要改正时，应在更改处加盖本公司的修改章。

货物的实际重量，以航空公司的重量为准。重量单位一般以千克来表示。运价类别一般用M、N、Q、C、R、S来表示：

M 代表最低重量。

N 代表45kg以下普通货物运价。

Q 代表45kg以上普通货物运价。

C 代表指定商品运价。

R 代表附加运价。

S 代表附减运价。

1. 收发货人信息

（1）托运人栏（Shipper）。

1）托运人姓名和地址（Shipper's Name and Address）：

填制托运人姓名、地址、国家以及托运人的电话、传真、电传号码。

2）托运人账号（Shipper's Account Number）：

此栏不需要填写，除非承运人需要。

（2）收货人栏（Consignee）。

1）收货人姓名和地址（Consignee's Name and Address）：

填制收货人姓名、地址、国家以及收货人的电话、传真、电传号码。

2）收货人账号（Shipper's Account Number）：

此栏仅供承运人使用，一般不需要填写，除非最后的承运人需要。

2. 代理人信息

（1）填开货运单的承运人的代理人名称和城市栏（Issuing Carrier's Agent Name and City）。

1）填制向承运人收取佣金的国际航协代理人的名称和所在机场或城市。

2）根据货物代理机构管理规则，该佣金必须支付给目的站国家的一个国际航协代理人，该国际航协代理人的名称和所在机场或城市必须填入本栏。填入"收取佣金代理人"（Commissionable Agent）字样。

（2）国际航协代号（Agent's IATA Code）。

1）代理人在非货账结算区（Non-CASS Area），打印国际航协 7 位数字代号。

2）代理人在货账结算区（CASS Areas），填写国际航协 7 位数字代号，后面是 3 位 CASS 地址代号，和一个冠以 10 位的 7 位数字代号检验位。

一些航空公司为便于内部系统管理，要求其代理人在此处填制其想要的代码。

3. 账号（Account No.）

本栏一般不需填写，除非承运人需要。

4. 运输路线（Routing）

（1）始发站机场（Address of First Carrier and Requested Routing）。第一承运人地址和所要求的运输路线。此栏填制始发站机场或所在城市的全称。

（2）运输路线和目的站（Routing and Destination）。填制目的站机场或第一个转运点的 IATA 三字代号（当该城市有多个机场，不知道机场名称时，可用城市代号）。由第一承运人（By First Carrier）填制第一承运人的名称（全称或 IATA 两字代号皆可）。

（3）目的站机场（Airport of Destination）。填制最后承运人的目的地机场全称（当该城市有多个机场，或不知道机场名称时，可用城市全称）。

（4）航班/日期（Flight/Date）——仅供承运人用。本栏一般不需填写，除非参加运输各有关承运人需要。

5. 财务说明（Accounting Information）

此栏填制有关财务说明事项。

付款方式：现金支票或其他方式。

用 MCO（Miscellaneous Charges Order）付款，只能用于作为货物运输的行李的运输，此栏应填制 MCO 号码，换取服务金额，以及旅客客票号码、航班、日期及航程。

注：代理人不能接受托运人使用 MCO 作为付款方式。

货物到达目的站无法交付收货人而需退运的，应将原始货运单号码填入新货运单的本栏内。

6. 货币（Currency）

填制始发国的 ISO 的货币代号。

除目的站，"国家收费栏"内的款项货运单上所列明的金额均按上述货币支付。

7. 货币代号仅用于承运人（CHARGES CODES ── FOR CARRIER USE ONLY）

本栏一般不填写。

8. 运费（Charges）

必须全部预付（PPD）WT/NAL 或全部到付（COLL），填入"×"符号表示选中。

9. 供运输用声明价值（Declared Value for Carriage）

填制托运人向货物运输声明的价值金额。如果托运人没有声明价值，此栏必须填写"NVD"字样。

10. 供海关用声明价值（Declared Value for Customs）

填制货物及通关时所需的商业价值金额。如果货物没有商业价值，此栏必须填写"NCV"字样。

11. 保险的金额（Amount of Insurance）

如果承运人向托运人提供代办货物保险业务，此栏填写托运人货物投保的金额；如果承运人不提供此项服务或托运人不要求投保时，此栏内必须填写"×××"符号。

12. 储运处理注意事项（Handling Information）

填制货物上的唛头标记、号码和包装等，以及货物在途中需要注意的事项和其他需要说明的特殊事项。

13. 货物运价细目（Consignment Rating Details）

一票货物如含有两种或两种以上不同运价类别计费的货物应分别填写，每填写一项另起一行。如果含有危险品，则该危险货物应列在第一项。

（1）件数/运价组合点（No. of Pieces Rcp）。该栏填写货物的件数。如果使用非公布直达运价计算运费时，在件数的下面还应填写运价组合点城市的 IATA 三字代号。

（2）毛重（Gross Weight）。填制适用于运价的货物实际毛重（以千克为单位可保留至小数后一位）。

（3）重量单位（Kg/Lb）。以千克为单位用代号"K"，以磅为单位用代号"L"。

（4）运价等级（Rate Class）。根据需要填写以下代号：M、N、Q、C、R、S 等。

（5）商品品名编号（Commodity Item No.）。当使用指定商品运价时，此栏填写指定商品品名代号（填写位置应与运价代号 C 保持水平）。当使用等级货物运价时，此栏填写附加或附减运价的百分比；如果是集装货物，填写集装货物运价等级。

（6）计费重量（Chargeable Weight）。此栏填写与运价相应的货物计费重量。

（7）运价/运费（Rate/Charge）。此栏填写所使用的运价数值。

（8）总计（Total）。此栏填写计费重量与适用运价相乘的运费金额，或是最低运费、集装货物基本运费。

（9）货物品名和数量（Nature and Quantity of Goods）。本栏应按要求填写，尽可能地清楚、简明，以便涉及组织该批货物运输的所有工作人员能够一目了然。应填写的包括货物的品名、货物的产地国、货物的体积等信息。当一票货物中含有危险货物时，应分列填写，危险货物应列在第一项。进行动物运输时，本栏内容应根据 IATA 活动物运输规定填写。对于集合货物，本栏应填写"Consolidation as Per Attached List"。

（10）该栏下方对应各自列分别填写总件数、总毛重以及各组货物运费之和。

14. 其他费用（Other Charges）

本栏填写始发站运输中发生的其他费用，按全部预付或全部到付。作为到付的其他费用，应视为"代垫付款"，托运人应按代垫付款规定支付手续费。否则，对其他运费应办理到付业务。承运人收取的其他费用用"C"表示，代理人收取的其他费用用"A"表示。

15. 预付（Prepaid）

（1）预付运费（Weight Charge）。填写货物计费重量计得的货物运费。

（2）预付声明价值附加费[Valuation Charge（Prepaid）]。如果托运人对货物运输声明价值的话，此栏填写根据公式：(声明价值–实际毛重×最高赔偿额)×0.5%，即得到声明价值附加费金额。此项费用与货物运费一起必须全部预付或全部到付。

（3）预付税款（Prepaid Tax）。填写适用的税款。此项费用与货物运费以及声明的价值附加费一起必须全部预付或全部到付。

（4）预付的其他费用总额（Total Other Prepaid Charges）。此栏根据其他费用填写。

1）预付由代理人收取的其他费用（Total Prepaid Charges Due Agent），填写由代理人收取的其他费用总额。

2）预付由承运人收取的其他费用（Total Prepaid Charges Due Carrier），填写由承运人收取的其他费用总额。

（5）无名称阴影栏目。这样的栏目不需填写，除非承运人需要。

（6）预付总计（Total Prepaid）。填写各栏有关预付款之和。

16. 到付（Collect）

各栏填写要求与预付时相同。

17. 托运人证明栏（Shipper's Certification Box）

填写托运人名称，并令其在本栏内签字或盖章。

18. 承运人填写栏（Carrier's Execution Box）

（1）填开日期（Executed on Date）。按日、月、年的顺序填写货运单的填开日期。

（2）填开地点（At Place）。填写机场或城市的全称或缩写。

（3）填开货运单的承运人或其代理人签字（Signature of Issuing Carrier of Its Agent）。填写开货运单的承运人或其代理人在本栏内签字。

19. 仅供承运人在目的站使用（For Carrier's Use only at Destination）

本栏不需填写。

20. 用目的地国家货币付款（仅供承运人使用）

（1）货币兑换比价（Currency Conversion Rate）。填写目的站国家货币代号，后面是兑换比率。

（2）用目的站国家货币付费（Charges in Destination Currency，CC）。将到付总额使用货币换算比率折算成目的站国家货币的金额，填写在本栏内。

（3）在目的站的费用（Charges at Destination）。最后承运人将目的站发生的费用金额包括利息等（自然增长的）填写在本栏。

（4）到付费用总额（Total Collect Charges）。填写费用金额之和。

学生训练

1. 单选题

（1）若托运人未向目的站海关声明货物价值，则航空运单中"Declared Value for Customs"一栏填制（　　）。

　A．NVD　　　　　B．NCV　　　　　C．NUL　　　　　D．XXX

（2）如果承运人不提供此项服务或托运人不要求投保时，航空运单中"Amount of Insurance"一栏填制（　　）。

　A．NVD　　　　　B．NCV　　　　　C．NUL　　　　　D．XXX

（3）如果托运人没有声明价值，则航空运单中"Declared Value for Carriage"一栏填制（　　）。

　A．NVD　　　　　B．NCV　　　　　C．NUL　　　　　D．XXX

（4）航空货运单中"总计（Total）"一栏，填制（　　）与适用运价相乘的运费金额。

　A．体积重量　　　　　　　　　　B．实际毛重

　C．计费重量　　　　　　　　　　D．实际净重

（5）航空货运单中"货币代号"一栏，如果需要填写，仅用于（　　）填制。

　A．货运代理　　　B．收货人　　　C．发货人　　　D．承运人

2. 判断题

（1）任何 IATA 成员都不允许印制可以转让的航空货运单，货运单上的"不可转让"字样不可被删去或篡改。（　　）

（2）航空货运单既可用于单一种类的货物运输，也可用于不同种类货物的集合运输；既可用于单程货物运输，也可用于联程货物运输。（　　）

（3）按体积重量计算运费的货物，在货运单上货物品名一栏中需注明体积、尺寸。（　　）

（4）货物的实际重量，以国际航空货代公司的重量为准。（　　）

（5）航空货运单的"重量单位（Kg/Lb）"一栏，以千克为单位用代号"L"，以磅为单位用代号"K"。（　　）

3. 通过客户提供的航空运单样单，进一步学习航空货运单的主要栏目，完成以下问题。

国际航空货运制单 单元三

Shipper's name and Address	Shipper's Account Number 045686	Not Negotiable **Air Waybill** 中国东方航空公司 Issued by CHINA EASTERN AIRLINES
SHANGHAI TIANYE TOOLS MANUFACTURE CO.,LTD 3188,GANXIANG TOWN,JINSHAN DISTRICT SHANGHAI,CHINA		2250 HONGQIAO ROAD SHANGHAI CHINA
Consignee's Name and Address	Consignee's Account Number SO099	Copies 1,2 and 3 this Air Waybill are originals and have the same validity. It is agreed that goods described herein are accepted in apparent good order and condition(except as noted)for carriage SUBJECT TO THE CONDITIONS OF CONTRACT ON THE REVERSE HEREOF ALL GOODS MAY BE CARRIED BY ANY OTHER MEANS INCLUDING ROAD OR AND CARRIER UNLESS SPCIFIC CONTRARY INSCTRCTIONS ARE GIVEN HEREIN BY THE SHIPPER,AND SHIPPER AGREES THAT THE SHIPMENT MAY BE CARRIED DEEMS APPROPRIATE THE SHIPPER'S ATTENTION IS DRAWN TO THE NOTICE CONCERNING CARRIER'S LIMITATION OF LIABILITY Shipper may increase such limitation of liability by declaring a higher value for carriage and paying a supplemental charge of required.
PT.HYCO LANGGENG 300 VIRA SEMARANG INDONESIA		
Issuing Carrier's Agent Name and City FUKANGWA EX3 (030-24) SEMARANG EXPRESS CO.,LTD.		Account Information FREIGHT PREPAID
Agents IATA Code 08321550	Account No.	D=34（20CBM）

Airport of Departure (Add. Of First Carrier)and Requested Routing											
TO	By First Carrier	Routing and Destination	To	By	TO	By	Currency USD	Chgs Code	WT/VAL PPD / COLL	Order PPD / COLL	Declared Val for Carrier	Declared val for Customs
Airport of Destination SHANGHAI	MU0514/02	Required Flight/Date					Amount of Insurance		If shipper requests insurance in accordance with the condition thereof indicate amount to be insured in figures in box marked "Amount of Insurance"		

Handing Information
AS PER REF NO.XY050401

No. of Place RCP	Gross Weight	kg lb	Rate Class Commodity Item No.	Chargeable Weight	Rate Charge	Total	Nature and Quantity of Goods (Incl Dimensions or Volume)
1400	3200	K	S	3200	1.50	2400.00	TOOLS 20CBM

Prepaid	Weight Charge	Collect	Other Charge
	Valuation Charge		AWB FEE:200.00
	Tax		
	Total other Charge Due Agent 200.00		Shipper certifies that particular's on the face hereof are correct and agree THE CONDITIONS ON REVERSE HEREOF:
	Total Charge Due Carrier		PUDONG ARIPORT 高丽 Signature Shipper or his Agent
Total Prepaid 2200.00		Total Collect	Carrier certifies that the goods described hereon are accepted for carriage subject to THE CONDITION OF CONTRACT ON THE REVERSE HEREOF .The goods then being in apparent good order and condition except as noted hereon. MAY01,2005 SHANGHAI,CHINA Executed (date) at (place) Signature of issuing Carrier
Currency Conversion Rate		CC Charges in Dest Currency	
For Carriers Use only at Destination	Charge at Destination	Total Collect Charge	789-3905 0933

- 进出口情况。
- 始发机场和运输路线、目的地。
- 航班和日期。
- 运费支付情况。
- 有无声明价值。
- 件数。
- 运价等级。

- 计费重量。
- 适用运价。
- 承运人。

4. 根据国际货物托运书填写航空货运单。

（1）客户已经填好的国际货物托运书如下所示。

国际货物托运书（SHIPPERS LETTER OF INSTRUCTION）

托运人姓名及地址 SHIPPER'S NAME AND ADDRESS	托运人账号 SHIPPER'S ACCOUNT NUMBER	供承运人用 FOR CARRIAGE USE ONLY	
CHINA LIGHT HOUSEWARE CO.,LTD,BEIJING P.R.CHINA TEL:86(010)64596666 FAX:86(010)64598888		班期/日期 FLIGHT/DAY CA921/30 JUL,2002	航班/日期 FLIGHT/DAY
收货人姓名及地址 CONSIGNEE'S NAME AND ADDRESS	收货人账号 CONSIGNEE'S ACCOUNT NUMBER	已预留吨位 BOOKED	
NEW YORK LIGHT HOUSEWARE IMPORTERS,NEW YORK,U.S.A TEL:78789999		运费 CHARGES 　　　　CHARGES PREPAID	
代理人的名称和城市 ISSUING CARRIER'S AGENT NAME AND CITY KUNDAAIR FRIGHT CO.,LTD		ALSO NOTIFY	
始发站 AIRPORT OF DEPARTURE CAPITAL INTERNATIONAL AIRPORT			
到达站 AIRPORT OF DESTINATION JOHN KENNEDY AIRPORT(JFK)			
托运人声明价值 SHIPPER'S DECLARED VALUE	保险金额 AMOUNT OF INSURANCE ×××	所附文件 DOCUMENT TO ACCOMPANY AIR WAYBILL 1 COMMERCIAL INVOICE	
供运输用 FOR CARRIAGE NVD	供海关用 FOR CUSTOMS NCV		
处理情况(包括包装方式、货物标志及号码) HANDING INFORMATION (INGL METHOD OF PACKING IDENTIFYING AND NUMBERS) KEEP UPSIDE			

件数 NO.OF PACKAGES	实际毛重 ACTUAL GROSS WEIGHT(KG.)	运价种类 RATE CLASS	收费重量 CHARGEABLE WEIGHT	费率 RATE/CHARGE	货物品名及数量(包括体积或尺寸) NATUER AND QUANTITY OF GOODS (INCL.DIMENSION OF VOLUME)
4	58.3		58.3	18.00	DIMS： (80×30×25)CM×4

（2）请填制以下航空货运单。

Shipper's Name and Address		Shipper's Account Number			
			Copies 1, 2 and 3 of this Air Waybill are originals and have the same validity.		
Consignee's Name and Address		Consignee's Account Number		It is agreed that the goods described herein are accepted for carriage in apparent good order	
			And condition (except as noted) and SUBJECT TO THE CONDITIONS OF CONTRACT ON		
			THE REVERSE HEREOF. ALL GOODS MAY BE CARRIED BY AND OTHER MEANS		
			INCLUDING ROAD OR ANY OTHER CARRIER UNLESS SPECIFIC CONTRARY		
			INSTRUCTIONS ARE GIVEN HEREON BY THE SHIPPER. THE SHIPPER'S ATTENTION		
			IS DRAWN TO THE NOTICE CONCERNING CARRIER'S LIMITATION OF LIABILITY.		
			Shipper may increase such limitation of liability by declaring a higher value for carriage		
			and paying a supplemental charge if required.		
Issuing Carrier's Agent Name and City			Accounting Information		
Agent's IATA Code		Account No.			
Airport of Departure (Addr. of First Carrier) and Requested Routing					

To	By First Carrier Routing and Destination	to	by	to	by	Currency	CHGS Code	WT/VAL PPD COLL	Other PPD COLL	Declared Value for Carriage	Declared Value for Customs
Airport of Destination		Flight/Date For carrier Use Only Flight/Date				Amount of Insurance		INSURANCE - If Carrier offers insurance, and such insurance is requested in accordance with the conditions thereof, indicate amount to be insured in figures in box marked "Amount of Insurance."			

Handing Information

(For USA only) These commodities licensed by U.S. for ultimate destination ……………………Diversion contrary to U.S. law is prohibited

No of Pieces RCP	Gross Weight	Kg Lb	Rate Class Commodity Item No.	Chargeable Weight	Rate Charge	Total	Nature and Quantity of Goods (Incl. Dimensions or Volume)

Prepaid	Weight Charge	Other Charges	
	Valuation Charge		
	Tax		

续表

Total other Charges Due Agent		Shipper certifies that the particulars on the face hereof are correct and that insofar as any part of the consignment contains dangerous goods, such part is properly described by name and is in proper condition for carriage by air according to the applicable Dangerous Goods Regulations.
Total other Charges Due Carrier		
		.... Signature of Shipper or his Agent
Total Prepaid	Total Collect	
Currency Conversion Rates	CC Charges in Dest. Currency	
		.... Executed on (date)　　at(place)　　Signature of Issuing Carrier or its Agent
For Carrier's Use only at Destination	Charges at Destination	Total Collect Charges

单元小结

航空货运单是托运人和承运人之间在承运人的航线上运输货物所订立的运输契约。航空货运单是托运人、发货人或其代理人询问货物运输情况的重要依据，也是承运人在各个环节组织运输，如订舱、配载、查询货物时必不可少的依据。

单元拓展

ABC 国际物流公司空运部接到客户发来的国际货物托运书，空运部操作员小王在审核托运书无误后签字盖章，标志着空运代理委托关系的确立。随后小王根据国际货物托运书要求进行订舱、制单和货物交接等工作。

任务1　审单与预订舱

小王对客户交来的随附单据进行审核，审核无误后将托运书和各自随附单据配上主运单和分运单。此单业务应随附的单据都有哪些？

【提示】

货运代理人汇总所接受的委托和客户的预报，并输入计算机，计算出各航线的件数、重量、体积，按照客户的要求和货物的重、泡情况，根据各航空公司不同机型对不同板箱的重量和高度要求，制订预配舱方案，并对每票货配上运单号。

代理人根据所指定的预配舱方案，按航班、日期打印出主运单号、件数、重量、体积，向航空公司预订舱。需要注意，此时货物可能还没有入库，预报和实际的件数、重量、体积等都会有差别，这些留待配舱时再作调整。

在空运出口货物时，需要选择合适的机型，这样可以保证货物安全、快速地到达目的地。在选择合适的机型时，要从重量限制、容积限制、舱门限制、飞机货舱的地板承受力来选择合适的机型，否则可能造成货物装载不成功、无法运出等情况。

任务 2 交接货物

客户货物运到 ABC 公司位于空港附近的仓库后，工作人员对货物进行了称重和量尺寸，发现货物实际毛重为 95kg，原托运书填写为 90kg，包装箱尺寸与托运书一致，工作人员立即向空运部操作员小王进行了反馈，小王应如何处理？

任务 3 填制航空货运单

公司制单部小刘需根据所接收的国际货物托运书（如下表）仔细无误地填写航空货运单（见表 3-3）。

国际货物托运书
SHIPPER'S LETTER OF INSTRUCTION

托运人姓名、地址、电话号码 Shipper's Name, Address &Telephone No. ABC COMPANY ADD:8 FLOOR JINGCHAO BUILDING,CHAOYANG DISTRICT,BEIJING,CHINA TEL:86-10-65004585		托运人账号 Shipper's Account Number		航空货运单号码 Air Waybill Number 999---257-45042546	
				安全检查 Safety Inspection	
收货人姓名、地址、电话号码 Consignee's Name, Address & Telephone No. TYR Equipment co., LTD. ADD:204 Avenue of the Americas New York, New York, 10024,USA TEL:1-212-756-0012 FAX: 1-212-756-0016		收运人账号 Consigee's Account Number		是否安妥航班日期吨位 Booked	
				航班/日期 Flight/Date	航班/日期 Flight/Date
				预付 pp	pp	到付 cc	cc
				供运输用声明价值 Declared Values for Carriage	供海关用声明价值 Declared Values for Customs
				NVD	USD 8000.00
始发站 Airport of Departure	PEK	目的站 Airport of Destination	NYC	保险价值 Amount of Insurance	
填开货运单的代理人名称 Issuing Carriers Agent Name and City				另请通知 Also Notify	
储运注意事项及其他 Handling Information and Others						
						随附文件 Document to Accompany Air Waybill	
件数 No. of Packages	毛重（千克） Actual Gross Weight(kg.)	运价种类 Rate Class	商品代号 Comm. Item No.	计费重量（千克） Chargeable Weight(kg)	费率 Rate/kg	货物品名（包括包装、尺寸或体积） Nature and Quantity of Goods (Incl. Dimensions or Volume)	
3	90					Packing Machinery 50cm×45 cm×60 cm×2 50cm×40 cm×35 cm	
托运人证实以上所填内容全部属实并愿意遵守承运人的一切运输章程 Shipper certifies that the particulars on the face hereof correct And agrees to the conditions of carriage of carrier						航空运费和其他费用 Weight Charges ant Other Charges	
托运人或其代理人签字、盖章 Signatures of Shipper or his Agent_____ 日期 Date_____						承运人签字 Signatures of Issuing Carrier or his Agent_____ 日期 Date_____	

单元四　国际航空货物报关报检

本章导读

通过本单元的学习，学生应能够掌握货物报关报检的基础知识，区分不同监管类别货物报关报检要求的不同，能根据资料填制进出口货物报检单和报关单。

知识点

（1）货物报检的基础知识。
（2）进出口货物报检单的填制。
（3）货物报关的基础知识。
（4）不同监管货物的报关程序。
（5）进出口货物报关单的填制。

技能点

（1）具备阅读以及识读关键信息的能力。
（2）能通过组内研究、互相协作、运用相关资料解决相关问题。
（3）具备填制进出口货物报检单和报关单的能力。

项目一　国际航空货物报检

进出口商品报检是指进出口商品的收发货人或其代理人，根据《中华人民共和国商品检验法》等有关法律、法规，对法定检验的进出口商品，在规定的时间和地点办理进出口商品报检的全过程。

任务　学习报检的基础知识

1. 报检的概念和内容

（1）出入境检验检疫的定义。出入境检验检疫是指检验检疫部门和检验检疫机构依照法律、行政法规和国际惯例等的要求，对出入境货物、交通运输工具、人员等进行检验检疫、认证及签发官方检验检疫证明等监督管理工作。

（2）检验检疫的报检。进出口商品报检是指进出口商品的收发货人或其代理人，根据《中华人民共和国商品检验法》等有关法律、法规，对法定检验的进出口商品，在检验检疫机构规定的时限和地点，向检验检疫机构办理申请检验、配合检验、付费、取得商检单等手续的全过程。报检依据：

1）《中华人民共和国进出口商品检验法实施条例》。

2）《中华人民共和国进出境动植物检疫法及实施条例》。

3）《中华人民共和国国境卫生检疫法及实施细则》。

4）《中华人民共和国食品卫生法》。

5）其他与出入境检验检疫相关的法规。

（3）检验检疫机构的基本任务。

1）进出口商品法定检验。"法定检验"是强制性检验，根据《中华人民共和国商品检验法》及其相关实施条例和行政法规的规定，由国际质量监督与检验检疫总局（以下简称商检机构）联合海关总署制定、调整必须实施检验的进出口商品目录（以下简称法检目录）并公布实施，凡列入法检目录内的进出口商品，必须经过商检机构或其指定机构的检验，即"先报检后报关"。规定的进口商品未经检验的，不准销售、使用；规定的出口商品未经检验合格的，不准出口。

根据对外贸易的需要，商检机构可以按照国家规定对列入目录的出口商品进行出厂前的质量监督管理和检验。商检机构对于未列入法检目录的商品实施抽查检验。

2）卫生检疫。卫生检疫是指为了预防传染病等卫生健康要求，对入境、出境的人员，交通工具，运输设备以及可能传播检疫传染病的行李、货物、邮包等物品进行检验和采取防疫措施。如对可能携带传染源的集装箱、货物采取消毒、灭虫等卫生处理。

3）动植物检疫。动植物检疫是指对进出境的动植物、动植物产品和其他检疫物，装载动植物、动植物产品和其他检疫物的装载容器、包装物，以及来自动植物疫区的运输工具实施检疫和采取防疫措施。

4）货物装载和残损鉴定。商检机构还可根据进出口方的申请对商品进行残损鉴定、监装监卸等，并出具相关的鉴定单，为进出口方进行索赔提供证明。

5）进出口商品运输包装检验。对于列入法检目录和其他强制性检验的进出口商品的运输包装，如桶、箱等，需由包装生产企业向商检机构申请进行包装性能检验，性能检验不合格的不得用于盛装此类进出口商品。对于出口的危险货物的包装容器，还需由出口方向商检机构申请包装使用鉴定，由商检机构鉴定包装合格并签发《出境危险货物运输包装使用鉴定结果单》后方能顺利通关。

6）进口废物原料、旧机电产品检验。进口废物原料、旧机电产品实施"装运前检验、到货后复检"的制度，防止境外有害废物向我国转运。

除上述各项工作内容外，商检机构还有进出口商品许可、认证管理；一般原产地证签证管理；外商投资财产鉴定等工作内容。

2. **出境货物报检单的填制规范**

出境货物报检单样单见表 4-1。

表 4-1 出境货物报检单

中华人民共和国出入境检验检疫
出境货物报检单

报检单位（加盖公章）：					*编 号		
报检单位登记号：		联系人：		电话：	报检日期：	年 月 日	

发货人	（中文）
	（外文）

收货人	（中文）
	（外文）

货物名称（中外文）	HS 编码	产地	数量/重量	货物总值	包装种类及数量

运输工具名称、号码		贸易方式		货物存放地点	
合同号		信用证号		用途	
发货日期		输往国家（地区）		许可证/审批号	
起运地		到达口岸		生产单位注册号	
集装箱规格、数量及号码					

合同、信用证订立的检验检疫条款或特殊要求	标 记 及 号 码	随附单据（划"✓"或补填）	
		□合同	□包装性能结果单
		□信用证	□许可/审批文件
		□发票	□
		□换证凭单	□
		□装箱单	□

需要证书名称（划"✓"或补填）			*检验检疫费	
□品质证书 __正__副	□植物检疫证书 __正__副	总金额		
□重量证书 __正__副	□熏蒸/消毒证书 __正__副	（人民币元）		
□数量证书 __正__副	□出境货物换证凭单 __正__副	计费人		
□兽医卫生证书 __正__副 □				
□健康证书 __正__副 □		收费人		
□卫生证书 __正__副 □				
□动物卫生证书 __正__副 □				

续表

报检人郑重声明：	领 取 证 单	
1. 本人被授权报检。 2. 上列填写内容正确属实，货物无伪造或冒用他人的厂名、标志、认证标志，并承担货物质量责任。 签名：_____	日期	年　　月　　日
	签名	

注　有"*"号栏由出入境检验检疫机关填写。　　　　　　　　◆国家出入境检验检疫局制

(2010.1.1)

（1）发货人/收货人：指该批货物的贸易关系人，发货人按合同/信用证的卖方填写，收货人按合同/信用证的买方填写。对于无合同/信用证的，可按发票的买/卖方填写。若检验检疫证书对发货人/收货人有特殊要求的，应在备注栏声明。

（2）货物名称：按所申报的货物填写，货物名称的填写必须完整、规范，并与随附单据一致，对工业制成品如机械、电子、轻工、食品罐头等还应填写货物的型号、规格。

（3）HS 编码：根据所申报的货物，按照《商品分类及编码协调制度》的分类填写。HS 编码涉及报检、计收费、检验检疫、报关等环节，因此必须准确无误。

（4）产地：按货物的原产地填写。

（5）数量/重量：按所申报货物的数/重量填写，填写时应注意计量单位。

（6）货物总值：按所申报货物的货值填写，货值必须与合同或发票一致，填写时应注意币种。

（7）包装种类及数量：填写货物外包装的种类和数量。

（8）运输工具名称、号码：填写运输工具的类型、名称及号码，如船舶填写船名、航次，飞机填写航班号等。

（9）贸易方式：按具体的贸易方式填写。

（10）货物存放地点：填写货物存放地点，如XX仓库、XX码头等。

（11）合同号：填写外贸合同（订单）编号。

（12）信用证号：填写信用证号。

（13）用途：填写货物的用途，如食用、种用、饲用等。

（14）发货日期：填写货物的出运日期。

（15）输往国家（地区）：填写货物的最终销售国家（地区）。

（16）许可证/审批号：申报涉及需许可/审批的货物应填写相应的许可证/审批号。如："出口产品质量许可证""出口生产企业卫生登记注册证""出口食品标签审核证书""出口化装品标签审核证书""出口电池产品备案书""出口商品型式试验确认书"及其他证书的编号。

（17）起运地：填写货物的报关出运口岸，对本地货物需运往其他口岸报关出境的，应注意申请签发《出境货物换证凭单》。出境活动物的启运地应填写起始运输地点。

（18）到达口岸：填写货物运抵的境外口岸。

（19）生产单位注册号：所申报的货物涉及许可/审批食品卫生注册登记的，应填写该批

货物生产单位的检验检疫登记备案号。

（20）集装箱规格、数量及号码：按实际情况填写。

（21）合同、信用证订立的检验检疫条款或特殊要求：合同/信用证对检验检疫有相关要求的或输入国家（地区）对检验检疫有特殊要求的，以及其他报检时需特别说明的，应在此栏注明。此栏兼做备注栏使用。

（22）标记及号码：即货物的唛头，按合同、发票、装箱单所列的货物唛头填写，对散装、裸装货物或无唛头货物应填写"N/M"。

（23）随附单据：按随附单据类型填写。

（24）需要证书名称：按所需的检验检疫证单名称填写。检验检疫证书一般为一正二副，若对证书的正、副本数或证书的语种有特殊要求的，请在备注栏声明。

3. 入境货物报检单的填制规范

入境货物报检单样单见表4-2。

表4-2 入境货物报检单

中华人民共和国出入境检验检疫

入境货物报检单

报检单位（加盖公章）：				*编 号	
报检单位登记号：	联系人：	电话：		报检日期： 年 月 日	
发货人	（中文）				
	（外文）				
收货人	（中文）				
	（外文）				
货物名称（中外文）	HS 编码	产地	数量/重量	货物总值	包装种类及数量
运输工具名称及号码		贸易方式		货物存放地点	
合同号		信用证号		用途	
到货日期					
起运地					
集装箱规格、数量及号码					
合同、信用证订立的检验检疫条款或特殊要求	标 记 及 号 码		随附单据（划"✓"或补填）		
			□合同	□	
			□信用证	□	
			□发票	□	
			□装箱单	□	
需要证书名称（划"✓"或补填）			*检验检疫费		

续表

□品质证书　　　　　__正__副	□植物检疫证书	总金额	
□重量证书　　　　　__正__副	□	（人民币元）	
□兽医卫生证书　　　__正__副	□　　　　　__正__副	计费人	
□健康证书　　　　　__正__副	□	收费人	
□卫生证书　　　　　__正__副	□		
□动物卫生证书　　　__正__副	□		
报检人郑重声明： 1. 本人被授权报检。 2. 上列填写内容正确属实，货物无伪造或冒用他人的厂名、标志、认证标志，并承担货物质量责任。 签名：＿＿＿＿＿＿＿＿＿		领　取　证　单	
		日期	年　　日　　月
		签名	

注：有"*"号栏由出入境检验检疫机关填写。　　　　　　◆国家出入境检验检疫局制

(2010.1.1)

（1）发货人/收货人：是指该批货物的贸易关系人，发货人按合同/信用证的卖方填写，收货人按合同/信用证的买方填写。对于无合同/信用证的，可按发票的买/卖方填写。若检验检疫证书对发货人/收货人有特殊要求的，应在备注栏声明。

（2）货物名称：按所申报的货物填写，货物名称的填写必须完整、规范，并与随附单据一致，对工业制成品如机械、电子、轻工、食品罐头等还应填写货物的型号、规格。

（3）HS 编码：根据所申报的货物，按照《商品分类及编码协调制度》的分类填写，HS 编码涉及报检、计收费、检验检疫、报关等环节，因此必须准确无误。

（4）产地：按货物的原产地填写。

（5）数量/重量：按所申报货物的数量/重量填写，填写时应注意计量单位。

（6）货物总值：按所申报货物的货值填写，货值必须与合同或发票一致，填写时应注意币种。

（7）包装种类及数量：填写货物外包装的种类和数量。

（8）运输工具名称及号码：填写运输工具的类型、名称及号码，如船舶填写船名、航次，飞机填写航班号等。

（9）贸易方式：按具体的贸易方式填写。

（10）货物存放地点：填写货物存放地点，如 XX 仓库、XX 码头等。

（11）合同号：填写外贸合同（订单）编号。

（12）信用证号：填写信用证号。

（13）用途：填写货物的用途，如食用、种用、饲用等。

（14）到货日期：填写货物的到达日期。

（15）起运地：填写货物起运国家或地区的名称。

（16）集装箱规格、数量及号码：按实际情况填写。

（17）合同、信用证订立的检验检疫条款或特殊要求：合同/信用证对检验检疫有相关要求的或输入国家（地区）对检验检疫有特殊要求的，以及其他报检时需特别说明的，应在此栏

注明，此栏兼做备注栏使用。

（18）标记及号码：即货物的唛头，按合同、发票、装箱单所列的货物唛头填写，对散装、裸装货物或无唛头货物应填写"N/M"。

（19）随附单据：按随附单据类型填写。

（20）需要证书名称：按所需的检验检疫证单名称填写，检验检疫证书一般为一正二副，若对证书的正、副本数或证书的语种有特殊要求的，请在备注栏声明。

学生训练

1. 单选题

（1）报检入境动物时，除提供合同、发票、装箱单等贸易单证外，还应按要求提供（　　）。
  A．入境动植物检疫许可证　　　　B．输出国（或地区）官方出具的检疫证书
  C．产地证书　　　　　　　　　　D．ABC

（2）以下货物出口时，须由口岸检验检疫机构实施检验检疫的是（　　）。
  A．活牛　　　　　　　　　　　　B．家用电器
  C．冻鸡肉　　　　　　　　　　　D．烟花爆竹

（3）《入境货物报检单》的"报检日期"一栏应填写（　　）。
  A．出境货物检验检疫完毕的日期　B．检验检疫机构实际受理报检的日期
  C．出境货物的发货日期　　　　　D．报检单的填制日期

（4）《出境货物报检单》中的"起运地"一栏应填写（　　）。
  A．出口国始发地　　　　　　　　B．货物生产地
  C．进口国目的地　　　　　　　　D．出境口岸

（5）某批进口货物，经海运由大连进入我国境内，《入境货物报检单》的"运输工具名称号码"一栏应填写（　　）。
  A．船的名称或号码　　　　　　　B．飞机的航班号
  C．船的名称与号码　　　　　　　D．汽车的车牌号

2. 判断题

（1）在填制《入境货物报检单》时，如果合同、发票中所列的币种不是美元，申请人可以将货值换算成美元，也可以直接填制合同、发票中所列的货值和币种。（　　）

（2）同一合同、同一商业发票、不同提运单可以填写一份报检单。（　　）

（3）如果同一货运单中既有动物产品，又有植物产品，需按动物类和植物类分开报检。（　　）

（4）《出境货物报检单》中的"包装种类及数量"一栏应填写货物实际运输包装的种类及数量，如是木质包装还应注明材质及尺寸。（　　）

（5）《出境货物报检单》中的"发货日期"一栏应填写货物的装货日期。（　　）

3. 填制报检单

（1）根据合同、信用证及下述提供的资料，填写《出境货物报检单》。

2015年8月12日，北京大路贸易公司填写《出境货物报检单》，随附合同、信用证、发票、箱单等申请报检，要求签发出境货物换证凭单与品质证书。出口商品为GOLF CAPS（高尔夫球帽），共1800打，20打装一箱，存放于工厂仓库。商品海关编码为59019091，用一个

20 尺集装箱装运。

<h1 style="text-align:center">售 货 确 认 书</h1>
SALES CONFIRMATION

卖方（Sellers）：	Contract No.: 03TG28711
BEIJING DALU TRADE CO.,LTD	Date: JULY,22,2015
ROOM 1001,JIALI CENTER BLDG., CHAOYANG DIST, BEIJING	Signed at: BEIJING

买方（Buyers）：
EAST AGENT COMPANY
3-72,OHTAMACHI,NAKA-KU,YOKOHAMA,JAPAN231

This Sales Contract is made by and between the Sellers and Buyers, whereby the sellers agree to sell and the buyers agree to buy the under-mentioned goods according to the terms and conditions stipulated below:

品名及规格 NAME OF COMMODITY & SPECIFICATION	单价 UNIT PRICE	数量 QUAN	金额及术语 AMOUNT & PRICE TERMS
H6-59940BS GOLF CAPS	CIF AKITA USD 8.10	1800DOZS	CIF AKITA USD 14580.00
10% more or less both in amount and quantity allowed		TOTAL	USD 14580.00

Packing:	CARTON
Delivery :	From BEIJING to AKITA
Shipping Marks:	V.H LAS PLAMS C/NO.
Time of Shipment:	Within __30__ days after receipt of L/C. allowing transshipment and partial shipment.
Terms of Payment:	By 100% Irrevocable Letter of Credit on favor of the Sellers to be available. By sight draft to be opened and to reach China before____JULY 30, 2015____ and to remain valid for negotiation in China until the 15th days after the foresaid Time of Shipment. L/C must mention this contract number L/C advised by BANK OF CHINA BEIJING BRANCH. TLX: 44U4K NJBC, CN. ALL banking Charges outside China (the mainland of China) are for account of the Drawee.
Insurance:	To be effected by Sellers for 110% of full invoice value covering ___F.P.A__ up to __AKITA__ To be effected by the Buyers.
Arbitration	All disputes arising from the execution of or in connection with this contract shall be settled amicable by negotiation. In case of settlement can be reached through negotiation the case shall then be submitted to China International Economic & Trade Arbitration Commission. In Nanjing for arbitration in act with its sure of procedures. The arbitral award is final and binding upon both parties for setting the Dispute. The fee, for arbitration shall be borne by the losing party unless otherwise awarded.
THE SELLER:	THE BUYER:

ISSUE OF DOCUMENTARY CREDIT

ISSUING BANK	METITABANKLED., JAPAN
DOC. CREDIT NUMBER	LTR0505457
DATE OF ISSUE	150727
EXPIRY	DATE 150908 PLACE NANJING, CHINA
APPLICANT	EAST AGENT COMPANY
	3-72,OHTAMACHI,NAKA-KU,YOKOHAMA,JAPAN231
BENEFICIARY	BEIJING DALU TRADE CO.,LTD
	ROOM 1001,JIALI CENTER BLDG., CHAOYANG DIST, BEIJING
AMOUNT	CURRENCY USD AMOUNT 14580.00
POS. /NEG. TOL. (%)	5/5
AVAILABLE WITH/BY	ANY BANK IN ADVISING COUNTRY
	NO NEGOTIATION
DRAFT AT…	DRAFTS AT SIGHT FOR FULL INVOICE VALUE
PARTIAL SHIPMENTS	ALLOWED
TRANSSHIPMENT	ALLOWED
LOADING IN CHARGE	BEIJING
FOR TRANSPORT TO	AKITA
SHIPMENT PERIOD	AT THE LATEST AUG 30,2015
DESCRIPT. OF GOODS	1800 DOZS OF H6-59940BS GOLF CAPS,USD 8.10 PER DOZ AS PER SALES CONTRACT 15TG28711 DD 22,7,15 CIF AKITA
DOCUMENTS REQUIRED	*COMMERCIAL INVOICE 1 SIGNED ORIGINAL AND 5 COPIES
	*PACKING LIST IN 2 COPIES
	*FULL SET OF CLEAN ON BOARD,MARKED"FREIGHT PREPAID"AND NOTIFY APPLICANT (AS INDICATE ABOVE)
	*GSP CERTIFICATE OF ORIGIN FORM A, CERTIFYING GOODS OF ORIGIN IN CHINA, ISSUED BY COMPETENT AUTHORITIES
	*INSURANCE POLICY/CERTIFICATE COVERING F.P.A. OF PICC. INCLUDING WARWHOUSE TO WAREHOUSE CLAUSE UP TO FINAL DESTINATION AT AKITA, FOR AT LEAST 110 PCT OF CIF-VALUE.
	*SHIPPING ADVICES MUST BE SENT TO APPLICANT WITH 2 DAYS AFTER SHIPMENT ADVISING NUMBERE OF PACKAGES, GROSS & NET WEIGHT, VESSEL NAME,BILL OF LADING NO. AND DATE, CONTRACT NO., VALUE.
PRESENTATION PERIOD	21 DAYS AFTER ISSUANCE DATE OF SHIPPING DOCUMENT
CONFIRMATION	WITHOUT
INSTRUCTIONS	THE NEGOTIATION BANK MUST FORWARD THE DRAFTS AND ALL DOCUMENTS BY REGISTERED AIRMAIL.DIRECT TO US IN TWO CONSECUTIVE LOTS, UPON RECEIPT OF THE DRAFTS AND DOCUMENTS IN ORDER, WE WILL REMIT THE PROCEEDS AS INSTRUCTED BY THE NEGOTIATING BANK.

中华人民共和国出入境检验检疫
出境货物报检单

报检单位（加盖公章）：						*编号	
报检单位登记号：		联系人：		电话：		报检日期：	年 月 日

发货人	（中文）
	（外文）

收货人	（中文）
	（外文）

货物名称（中外文）	HS 编码	产地	数/重量	货物总值	包装种类及数量

运输工具名称、号码		贸易方式		货物存放地点	
合同号		信用证号		用途	
发货日期		输往国家（地区）		许可证/审批号	
启运地		到达口岸		生产单位注册号	
集装箱规格、数量及号码					

合同、信用证订立的检验疫条款或特殊要求	标 记 及 号 码	随附单据（划"✓"或补填）	
单据齐全；在信用证上的装船日期之前装船；		□合同	□包装性能结果单
		□信用证	□许可/审批文件
		□发票	□
		□换证凭单	□
		□装箱单	□
		□厂检单	□

需要证单名称（划"✓"或补填）			*检验检疫费	
□品质证书 __正__副	□植物检疫证书 __正__副	总金额（人民币元）	
□重量证书 __正__副	□熏蒸/消毒证书 __正__副		
□数量证书 __正__副	□出境货物换证凭单 __正__副	计费人	
□兽医卫生证书 __正__副	□	收费人	
□健康证书 __正__副	□		
□卫生证书 __正__副	□		
□动物卫生证书 __正__副	□		

报检人郑重声明：	领 取 证 单	
1. 本人被授权报检。	日期	年 月 日
2. 上列填写内容正确属实，货物无伪造或冒用他人的厂名、标志、认证标志，并承担货物质量责任。 签名：_____	签名	

注 有"*"号栏由出入境检验检疫机关填写。　　　　　◆国家出入境检验检疫局制

(2010.1.1)

（2）根据合同及下述提供的资料，填写《入境货物报检单》。

2015年3月15日，广东国际进出口贸易公司（单位登记号：5124785269，联系人：李平）收到提单号为SOCO92588的进口货物到货通知，计划3月20日卸货。公司于3月19日填制《入境货物报检单》，随附合同、发票箱单及提单向检验机关申请检验。进口商品为AIR CONDITIONER（BREAK BRAND，BREAK牌空调），海关编码为84151021，用于外贸自营内销。本次运输的船名航次为Volendam Voy. 0932，用三个40尺集装箱装运，现存放于广州市第二码头。《入境货物报检单》和合同见下。

CONTRACT

卖方（Sellers）：　　　　　　　　　　　　　　Contract No.:　　AB44001

A.B.C. TRADING CO. LTD.　　　　　　　　　　Date：　　　　　FEB.12,2015

P.O.BOX8935,NEW TERMINAL,LATA.VISTA,OTTAWA,CANADA　　Signed at:　　GUANGZHOU

买方（Buyers）：

GUANGDONG FOREIGN TRADE IMP.AND EXP. GRANDTON

267 TIANHE ROAD GUANGZHOU, CHINA

TEL: 86-20-31872589

兹经买卖双方同意按下列条款成交：

The undersigned sellers and buyers have agreed to close the following transactions according to the terms and conditions stipulated below:

货号 Art. No.	品名及规格 Description	数量 Quantity	单价 Unit Price	金额 AMOUNT
ART NO. P97811 ART NO. P97801	AIR CONDITIONER(BREAK BRAND) KF-23GW KF-25GW	500PCS 500PCS 1000PCS	@USD 1000.00 @USD 1000.00	FOBC2 TORONTO USD 500000.00 USD 500000.00 USD 1000000.00

数量及总值均得有　　／　　%的增减，由卖方决定。

With　／　% more or less both in amount an quantity allowed at the seller's option.

总值

Total Value: USD 1000000.00(U. S. Dollars ONE MILLION ONLY)

包装

Packing: 1 PC IN ONE CARTON

装运期

Time of Shipment: APR. 30,2008

装运口岸和目的地

Loading port & Destination: FROM TORONTO TO GUANGZHOU

保险由卖方按发票全部金额110%投保至　　　　为止的　　　　险。

Insurance: To be effected by sellers for 110% of full invoice value covering   up to   only.

付款条件：买方须于 2015 年 3 月 10 日前将不可撤销的，即期信用证开到卖方，议付有效期延至上列装运期后 15 天在加拿大到期，该信用证中必须注明允许分运及装运。

Terms of payment:

By Irrevocable, and Divisible Letter of Credit to be available by sight draft to reach the sellers before MAR.10,2015 and to remain valid for negotiation in Canada until the 15th day after the foresaid Time of Shipment. The L/C must specify that transshipment and partial shipments are allowed.

装船标记

Shipment Mark:A.B.C./GUANGZHOU/NOSI-1000/MADE IN CANADA

开立信用证时请注明我成交确认书号码。

When opening L/C, please mention our contract number.

备注

Remarks: THE CREDIT IS SUBJECT TO《UCP600》

THE SELLER: THE BUYER:

中华人民共和国出入境检验检疫

入境货物报检单

报检单位（加盖公章）：   *编　号

报检单位登记号：   联系人：   电话：   报检日期：   年   月   日

发货人	（中文）					
	（外文）					
收货人	（中文）					
	（外文）					
货物名称（中外文）		HS 编码	产地	数/重量	货物总值	包装种类及数量
运输工具名称号码			贸易方式		货物存放地点	
合同号			信用证号		用途	
发货日期			输往国家（地区）		许可证/审批号	
启运地			到达口岸		生产单位注册号	
集装箱规格、数量及号码						
合同、信用证订立的检验疫条款或特殊要求		标记及号码		随附单据（划"✓"或补填）		
单据齐全；在信用证上的装船日期之前装船；				□合同 □信用证 □发票 □换证凭单 □装箱单 □厂检单	□包装性能结果单 □许可/审批文件 □ □ □ □	

续表

需要证单名称（划"✓"或补填）			*检验检疫费	
□品质证书 __正__副	□植物检疫证书	__正__副	总金额	
□重量证书 __正__副	□熏蒸/消毒证书	__正__副	（人民币元）	
□数量证书 __正__副	□出境货物换证凭单	__正__副	计费人	
□兽医卫生证书 __正__副	□			
□健康证书 __正__副	□		收费人	
□卫生证书 __正__副				
□动物卫生证书 __正__副	□			

报检人郑重声明：	领 取 证 单	
1. 本人被授权报检。	日期	年 日 月
2. 上列填写内容正确属实，货物无伪造或冒用他人的厂名、标志、认证标志，并承担货物质量责任。 签名：_____	签名	

注　有"*"号栏由出入境检验检疫机关填写。　　　　　　　　　　◆国家出入境检验检疫局制

项目二　国际航空货物报关

进出口商品报关是指货物在进出境时，由进出境货物的收、发货人或其代理人，按照海关规定，提交应交验的单证，办理货物进出境手续的全过程。

任务1　学习货物报关的基础知识

1. 报关含义

报关是指进出口货物收发货人、进出境运输工具负责人、进出境物品的所有人或者他们的代理人向海关办理货物、物品或运输工具进出境手续及相关海关事务的过程。

其中，进出境运输工具负责人、进出口货物收发货人、进出境物品的所有人或者他们的代理人是报关行为的承担者，是报关的主体，也就是报关人。这里所称的报关人包括法人和其他组织，比如进出口企业、报关企业。进出口货物的报关人也称报关单位。报关的对象是进出境运输工具、货物和物品。报关的内容是办理运输工具、货物和物品的进出境手续及相关海关事务。

2. 报关的分类

（1）按照报关的对象，分为运输工具报关、货物报关和物品报关。

（2）按照报关的目的，分进境报关和出境报关。

（3）按照报关的行为性质，分为自理报关和代理报关。

3. 报关的基本内容

（1）进出境运输工具报关的基本内容：申报运输工具的名称及进出境时间，运输工具载运的人员、货物、物品的情况，及所携带货币的情况。

（2）进出境货物报关的基本内容：申报、配合查验、缴纳税费、提取或装运货物。

（3）进出境行李物品的报关：我国海关采用"红绿通道"制度。绿色通道适用于携带物品在数量和价值上均不超过免税额，且无国家限制和禁止进出境物品的旅客；红色通道适用于携带有上述绿色通道适用物品以外的其他物品的旅客。对于选择红色通道的旅客，必须填写"进出境旅客行李物品申报单"。进出境邮递物品和其他物品以"报税单"或"绿色标签"向海关报关。

4. 报关单位与报关活动相关人

（1）报关单位。报关单位是指在海关注册登记或经海关批准，向海关办理进出口货物报关纳税等海关事务的境内法人或其他组织。报关企业指经进出口货物收发货人的委托，帮助其代理报关的企业。《中华人民共和国海关法》规定："进出口货物收发货人、报关企业办理报关手续，必须依法经海关注册登记。报关人员必须依法取得报关资格。未依法经海关注册登记的企业和未依法取得报关从业资格的人员，不得从事报关业务"，以法律的形式明确了对向海关办理进出口货物报关纳税手续的企业实行注册登记管理制度。因此，完成海关报关注册登记手续，取得报关资格是报关单位的主要特征之一。也就是说，只有当有关的法人或组织取得了海关赋予的报关权后，才能成为报关单位，方能从事有关的报关活动。另外，作为报关单位还必须是"境内法人或组织"，能独立承担相应的经济和法律责任，这是报关单位的另一个特征。报关单位包括进出口货物收发货人和报关企业。进出口货物收发货人指在我国境内从事对外贸易经营活动的企业、组织和个人。

（2）报关活动相关人。报关活动相关人主要指的是经营海关监管货物仓储业务的企业、保税货物的加工企业、转关运输货物的境内承运人等。这些企业、单位虽然不具有报关资格，但与报关活动密切相关，承担着相应的海关义务和法律责任。根据《中华人民共和国海关法》的规定，海关准予从事有关业务的企业，如果违反《中华人民共和国海关法》有关规定，由海关责令改正，可以给予警告、暂停其从事有关业务，直至撤销注册。报关活动相关人在从事与报关相关的活动中，违反《中华人民共和国海关法》和有关法律、法规的，要承担相应的行政、刑事法律责任。

5. 自理报关和代理报关

（1）自理报关。进出口货物收发人自行办理报关业务的称为自理报关。根据我国海关目前的规定，进出口货物收发货人必须依法向海关注册登记后方能办理报关业务。

自理报关企业可进行网上录入、申报、查询、打印报关单，以及在网上查询海关回执等操作。

（2）代理报关。代理报关又分为直接代理报关和间接代理报关两种。直接代理报关是以委托人的名义报关，代理人代理行为的法律后果直接作用于被代理人；间接代理报关是以报关企业自身的名义报关，报关企业承担其代理行为的法律后果。

我国报关企业大都采用直接代理报关。间接代理报关只适用于经营快件货物的国际货物运输代理企业。

受理委托报关的单位：

1）专门从事报关服务的企业，即专业报关企业。

2）从事对外贸易仓储、国际运输工具、国际运输工具服务及代理等业务，兼营报关服务业务的企业，即代理报关企业。

受理委托报关的单位代理办理的报关手续，包括：报关单录入时的备案数据下载协议、报关单审核委托书、报关单申报委托书或报关单审核申报和申报确认委托书，并向海关出具委托单位的报关委托书。

报关单录入、申报系统提供进出口单位通过网上填写申报委托书或者备案数据下载协议，委托有权代理报关业务的单位代其办理某项报关业务，如：报关单录入、报关单审核、报关单申报或报关单审核和申报。有权进行代理报关业务的单位可在网上接受并确认委托单位的报关委托申请，并在备案数据下载协议和报关委托书的授权范围内代委托单位网上办理相应的报关业务。

（3）自理、专业和代理报关企业的区别。

1）自理报关单位是经外贸管理部门批准，有进出口经营权的企业。自理报送单位可以对外签约，并只能向海关办理本身所签约项下的进出口货物的报关手续，不能代办其他单位签约的货物报关手续。

2）代理报关企业是具有有关部门批准的对外贸易仓储运输、国际运输工具服务及代理等业务经营权，兼营报关服务业务的企业。代理报关企业是历史沿袭而成的，如外运、外代公司等。它只能代理该企业所承揽的货物的报关业务。

3）专业报关企业没有进出口经营权，也没有国际运输代理权，它是专门从事接受出口货物经营单位和运输工具负责人以及他们的代理人的委托，办理报送手续的企业。它符合海关鼓励的报关专业化、社会化发展的方向。

学生训练

1．单选题

（1）报关单位是指已完成（　　）手续，取得办理进出口货物报关资格的报关企业和进出口货物收发货人。

　　A．工商注册登记　　　　　　　　B．税务登记
　　C．企业主管部门批准　　　　　　D．海关注册登记

（2）进出口货物收发货人、进出境运输工具负责人、进出境物品的所有人是（　　）。

　　A．报关的主体　　　　　　　　　B．报关的对象
　　C．报关的企业　　　　　　　　　D．报关的过程

（3）我国报关企业大都采用（　　）。

　　A．间接代理报关　　　　　　　　B．自理报关
　　C．直接代理报关　　　　　　　　D．代理报关

（4）进出口货物收发人自行办理报关业务称为（　　）。

　　A．间接代理报关　　　　　　　　B．自理报关
　　C．直接代理报关　　　　　　　　D．代理报关

（5）（　　）是报关业务中主要学习的报关对象。

A．运输工具　　　　B．快件　　　　C．物品　　　　D．货物

2．判断题

（1）进出口货物收发货人、进出境运输工具负责人、进出境物品的所有人是报关的对象。
（　　）

（2）报关企业和进出口货物收发货人须经海关注册登记许可后方可向海关办理报关单位注册登记手续。（　　）

（3）进出口货物收发人自行办理报关业务称为自理报关。（　　）

（4）直接代理报关是以报关企业自身的名义报关，报关企业承担其代理行为的法律后果。
（　　）

（5）报关活动相关人主要指的是经营海关监管货物仓储业务的企业、保税货物的加工企业、转关运输货物的境内承运人等。这些企业、单位虽然不具有报关资格，但与报关活动密切相关，承担着相应的海关义务和法律责任。（　　）

任务2　学习海关管理的基础知识

《中华人民共和国海关法》规定："中华人民共和国海关是国际的进出关境监督管理机关。海关依照本法和其他有关法律、行政法规，监管进出境的运输工具、货物、行李物品、邮递物品和其他物品，征收关税和其他税、费，查缉走私，并编制海关统计和办理其他海关业务。"

1．海关的性质

（1）海关是国家行政机关。海关是国家的行政机关之一，是国务院的直属机构，从属于国家行政管理体制。海关代表国家依法独立行使行政管理权。

（2）海关是国家进出境监督管理机关。海关履行国家行政制度的监督职能，是国家宏观管理的一个重要组成部分。海关依照有关法律、行政法规并通过法律赋予的权力，制定具体的行政规章和行政措施，对特定领域的活动开展监督管理，以保证其按国家的法律规范进行。海关实施监督管理的范围是进出关境及与之有关的活动，监督管理的对象是所有进出关境的运输工具、货物和物品。

关境是世界各国海关通用的概念，指适用于同一海关法或实行同一关税制度的领域。

我国海关所指的关境范围是除享有单独关境地位的地区以外的中华人民共和国全部领域，包括领陆、领空和领土完整海，是立体的空间。香港、澳门、台湾、澎湖、金门、马祖为我国的单独关税地区，各自行单独的海关制度。我国关境小于国境。

（3）海关的监督管理是国家行政执法活动。海关通过法律赋予的权力，对特定范围内的社会经济活动进行监督管理，并对违法行为依法实施行政处罚，以保证这些经济活动按照国家的法律规范进行。因此，海关的监督管理是保证国家有关法律、法规实施的行政执法活动。海关执法的依据是《中华人民共和国海关法》和其他有关法律、行政法规。各省（自治区、直辖市）人民代表大会和人民政府不得制定海关法律规范，地方法规、地方规章也不是海关执法的依据。

2. 海关的任务

《中华人民共和国海关法》第二条规定："海关依照本法和其他有关法律、行政法规，监管进出境的运输工具、货物、行李物品、邮递物品和其他物品（以下简称进出境运输工具、货物、物品），征收关税和其他税费，查缉走私，并编制海关统计和办理其他海关业务。"这实际上表明了海关的四项基本任务：监管、征税、查缉走私以及编制海关统计。它们是统一的有机联系的整体。

（1）监管是海关的四项基本任务和基础所在，海关的其他任务都是在监管工作的基础上进行的。通过对进出境运输工具、货物、物品的合法进出的监管，达到保证一切进出境活动符合国家政策和法律的规范，维护国家主权和利益的目的。

（2）征税是执行对外贸易管理制度的重要辅助手段。海关执行国家的关税政策，运用经济杠杆，发挥关税的财政作用、调节作用和保护作用。其所需的单证、数据、资料等是在海关监管的基础上获取的。

（3）查缉走私是监管和征税两项基本任务的延伸。出现逃避监管和偷漏关税的行为时，必须开展打击走私犯罪活动，确保前两项工作的有效进行。

（4）海关统计是在海关监管、征税工作的基础上完成的，它为国家宏观经济调控提供了准确、及时的信息，又对监管、征税等业务环节的工作质量起到检验把关的作用。

海关的四项基本任务是一个统一的有机联系的整体。除了这四项基本任务以外，近几年来国家通过有关法律、行政法规赋予了海关一些新的职责，比如知识产权海关保护、海关对反倾销及反补贴的调查等，这些新的职责也是海关的任务。

3. 我国海关的法律体系

海关管理的法律体系是国家的全部现行法律规范按不同部门、层次所组成的有机整体。采取国家最高权力机关、国务院和海关总署三级立法的体制，在结构上形成了以国家最高权力机关制定的《中华人民共和国海关法》为母法，以国务院审定的有关单行条例和海关总署单独制定或会同国家其他行政机关共同制定的实施细则和单行管理办法为补充的独立、完整、严密的三级海关法律体系，即包括《中华人民共和国海关法》、行政法规、海关规章及其他规范性文件。

4. 我国海关的管理体制与机构

（1）我国海关的领导体制。《中华人民共和国海关法》规定，"国务院设立海关总署，统一管理全国海关""海关依法独立行使职权,向海关总署负责""海关的隶属关系不受行政区划的限制"。于是海关集中统一的垂直领导的体制以法律形式确立下来。

（2）海关的设关原则。《中华人民共和国海关法》以法律形式规定了海关的设关原则："国家在对外开放的口岸和海关监管业务集中的地点设立海关。海关的隶属关系，不受行政区划的限制。"

（3）海关的组织机构。

1）海关总署。海关总署是国务院的直属机构，在国务院领导下统一管理全国海关机构、人员编制、经费物资和各项海关业务，是海关系统的最高领导部门。

海关总署的基本任务是在国务院的领导下，领导和组织全国海关正确贯彻实施《中华人民共和国海关法》和国家的有关政策、法规，积极发挥依法行政、为国把关的职能，服务、促进和保护社会主义现代化建设。海关总署的主要职责包括研究拟订工作方针、政策、法律、法规和发展规划等12项内容。

2）直属机关。直属机关是指直接由海关总署领导，负责管理一定区域范围内海关业务的海关。目前直属海关共有41个，除香港、澳门、台湾地区外，分布在全国的省、直辖市、自治区。直属海关就本关区内的海关事务独立行使职权，向海关总署负责。直属海关承担着在关区内组织开展海关各项业务和关区集中审单作业，全面有效地贯彻执行海关各项政策、法律、法规、管理制度和作业规范的重要职责，在海关三级业务职能管理中发挥着承上启下的作用。其主要职责包括对关区通关作业实施运行管理等9项内容。

3）隶属海关。隶属海关是指由直属海关领导，负责办理具体海关业务的海关，是海关进出境监督管理职能的基本执行单位，一般都设在口岸和海关业务集中的地点。隶属海关根据海关业务情况设立若干业务科室，其人员从十几人到二三百人不等。其主要职责是开展接单审核、征收税费、验估、查验和放行等通关业务共9项内容。

4）海关缉私警察机构。海关缉私警察机构是专司打击走私犯罪活动的警察队伍。1998年，根据党中央、国务院的决定，由海关总署、公安部联合组建走私犯罪侦查局，设在海关总署。走私犯罪侦察局既是海关总署的一个内设局，又是公安部的一个序列局，实行海关总署和公安部双重领导、以海关领导为主的体制。

学生训练

1．单选题

（1）以下（　　）属于直属海关。
　　A．亦庄开发区海关　　　　　　B．中关村海关
　　C．首都机场海关　　　　　　　D．北京海关

（2）进出口货物收发货人、进出境运输工具负责人、进出境物品的所有人是（　　）。
　　A．报关的主体　　B．报关的对象　　C．报关的企业　　D．报关的过程

（3）海关的四大任务是（　　）。
　　A．监管、征税、反倾销、统计　　　B．监管、征税、反补贴、统计
　　C．监管、征税、缉私、统计　　　　D．监管、征税、反倾销、反补贴

（4）中华人民共和国海关是国际的进出（　　）监督管理机关。
　　A．国境　　　　B．关境　　　　C．边境　　　　D．独立贸易区

2．判断题

（1）报关和通关是一样的。　　　　　　　　　　　　　　　　　　　　（　　）

（2）国家在对外开放的口岸和海关监管业务集中的地点设立海关。海关的隶属关系，受行政区划的限制。　　　　　　　　　　　　　　　　　　　　　　　　（　　）

（3）国务院设立海关总署，统一管理全国海关。　　　　　　　　　　　（　　）

（4）海关的四项基本任务是一个统一的有机联系的整体。　　　　　　（　）

（5）走私犯罪侦察局既是海关总署的一个内设局，又是公安部的一个序列局，实行海关总署和公安部双重领导、以海关领导为主的体制。　　　　　　　　　　　　（　）

（6）我国关境大于国境。　　　　　　　　　　　　　　　　　　　　（　）

任务3　学习报关单位的基础知识

1. 报关单位的概念

报关单位是指依法在海关注册登记的进出口货物收发货人和报关企业。因此，依法向海关注册登记是法人、其他组织或者个人成为报关单位的法定要求。

2. 报关单位的类型

《中华人民共和国海关法》将报关单位划分为两种类型，即进出口货物收发货人和报关企业。

（1）进出口货物收发货人。进出口货物收发货人是指依法直接进口或者出口货物的中华人民共和国境内的法人、其他组织或者个人。

一般而言，进出口货物收发货人指的是依法向国务院对外贸易主管部门或者其委托的机构办理备案登记的对外贸易经营者。进出口货物收发货人经海关注册登记，取得报关资格后，只能为本单位进出口货物报关，叫自理报关。

（2）报关企业。报关企业是指按照规定经海关准予注册登记，接受进出口货物收发货人的委托，以进出口货物收发货人的名义或者以自己的名义，向海关办理代理报关业务，从事报关服务的境内企业法人。

目前，我国从事报关服务的报关企业主要有两类：一类是经营国际货物运输代理等业务，兼营进出口货物代理报关业务的国际货物运输代理公司等；另一类是主营代理报关业务的报关公司或报关行。

3. 报关单位的注册登记

根据《中华人民共和国海关法》规定，进出口货物，除另有规定的外，可以由进出口货物收发货人自行办理报关纳税手续，也可以由进出口货物收发货人委托海关准予注册登记的报关企业报关纳税手续。进出口货物收发货人、报关企业办理报关手续，必须依法经海关注册登记。因此，向海关注册登记是进出口收发货人、报关企业向海关报关的前提条件。

（1）报关注册登记制度的概念。报关注册登记制度是指进出口货物收发货人、报关企业依法向海关提交规定的注册登记申请材料，经注册地海关依法对申请注册登记材料进行审核，准予其办理报关业务的管理制度。

考虑到进出口货物收发货人和报关企业两类报关单位的不同性质，海关对其规定了不同的报关注册登记条件。对于报关企业，海关要求其必须具备规定的设立条件并取得海关报关注册登记许可。对于进出口货物收发货人则实行备案制，其办理报关注册登记的手续和条件比报关企业简单。凡是依照《中华人民共和国对外贸易法》经向对外贸易主管部门备案登记，有权从事对外贸易经营活动的境内法人、其他组织和个人（个体工商户）均可直接向海关办理注册登记。

海关对未取得对外贸易经营者备案登记表，但依照国家有关规定需要从事非贸易性进出口活动的有关单位，允许其向进出口口岸地或者海关监管业务集中地海关办理临时注册登记手续。临时注册登记有效期最长为7日，法律、行政法规、海关规章另有规定的除外。

（2）进出口货物收发货人注册登记。进出口货物收发货人应当按照规定到所在地海关办理报关单位注册登记手续。

进出口货物收发货人申请办理注册登记，应当提交的文件材料包括：企业法人营业执照副本复印件（个人独资、合伙企业或者个体工商户提交营业执照）；对外贸易经营者登记备案表复印件（法律、行政法规或者商务部规定不需要备案登记的除外）；企业章程复印件（非企业法人免提交）；税务登记证书副本复印件；银行开户证明复印件；组织机构代码证书副本复印件；报关单位情况登记表、报关单位管理人员情况登记表；其他与注册登记有关的文件材料。

注册地海关依法对申请注册登记材料是否齐全、是否符合法定形式进行核对。申请材料齐全、符合法定形式的申请人由注册地海关核发"中华人民共和国海关进出口货物收发货人报关注册登记证书"（以下简称收发货人登记证书）。进出口收发货人凭收发货人登记证书办理报关业务。

（3）报关企业注册登记。报关企业作为提供报关服务的企业应该要有一定的经营规模、相当数量的报关企业人员和有经验的管理人员，并具备健全的组织机构和财务管理制度，同时应对报关服务市场有一定的了解。为此，海关对报关企业规定了具体的设立条件。报关企业注册登记应依法获得报关企业注册登记许可。

4. 报关单位的报关行为规则

（1）进出口货物收发货人的报关行为规则。进出口货物收发货人在海关办理注册登记后，可以在中华人民共和国关境内的各个口岸或者海关监管业务集中的地点办理本单位的报关业务，但不能代理其他单位报关。进出口货物收发货人自行办理报关业务时，应当通过本单位所属的报关员向海关办理。

进出口货物收发货人可以委托海关准予注册登记的报关企业，由报关企业所属的报关员代为办理报关业务，但不得委托未取得注册登记许可、未在海关办理注册登记的单位或者个人办理报关业务。

进出口货物收发货人办理报关业务时，向海关递交的纸质进出口货物报关单必须加盖本单位在海关备案的报关专用章。

进出口货物收发货人应对其所属报关员的报关行为承担相应的法律责任。

（2）报关企业的报关行为规则。报关企业可以在依法取得注册登记许可的直属海关关区内各口岸或者海关监管业务集中的地点从事报关服务。报关企业如需要在注册登记许可区域以外的地点从事报关服务的，应当依法设立分支机构，并且向拟注册登记地海关申请报关企业分支机构注册登记许可。报关企业对其分支机构的行为承担法律责任。

报关企业接受进出口货物收发货人的委托，办理报关手续时，应当承担对委托人所提供情况的真实性、完整性进行合理审查的义务。

报关企业应对其所属报关员的报关行为承担相应的法律责任。

学生训练

1. 单选题

（1）按照海关规定，报关企业除必须具有固定的服务场所、提供服务的必要设备和拥有一定数量的报关从业人员外，还必须具有一定数额的注册资金，其注册资金应不低于人民币（　　）。

  A．20 万元　　　　B．50 万元　　　　C．150 万元　　　　D．200 万元

（2）下列企业、单位中不属于报关单位的是（　　）。

  A．经海关批准在海关临时注册登记的境内某大学

  B．在海关注册登记的经营进出境快件业务的某快递公司

  C．在海关注册登记的某外商投资企业

  D．在海关注册登记的经营转关运输货物境内运输业务的某承运人

（3）报关企业及其跨关区分支机构注册登记许可期限均为（　　）。

  A．2 年　　　　　　B．3 年　　　　　　C．1 年　　　　　　D．5 年

（4）下列关于报关企业和进出口货物收发货人报关范围的表述，正确的是（　　）。

  A．两者均可在关境内各海关报关

  B．两者均只能在注册地海关辖区内各海关报关

  C．报关企业可以在关境内各海关报关，进出口货物收发货人只能在注册地海关辖区内各海关报关

  D．报关企业只能在注册地海关辖区内各海关报关，进出口货物收发货人可以在关境内各海关报关

（5）下列表述正确的是（　　）。

  A．设立报关企业注册资金不低于 100 万元

  B．海关作出报关企业注册登记许可决定，就是完成了报关企业注册登记手续

  C．运输企业有了营业执照要申请成为报关企业可直接办理海关注册登记手续

  D．申请受理后，报关企业注册登记许可最慢 40 天可以完成

2. 判断题

（1）进出口货物收发货人在海关办理注册登记后，可以在中华人民共和国关境内的各个口岸后或者海关监管业务集中的地点办理本单位的报关业务，也可以代理其他单位报关。（　　）

（2）进出口货物收发货人应对其所属报关员的报关行为承担相应的法律责任。（　　）

（3）报关企业和进出口货物收发货人须经海关注册登记许可后方可向海关办理报关单位注册登记手续。（　　）

（4）报关企业如需要在注册登记许可区域外（即另一直属海关关区）从事报关服务的，应当依法设立分支机构，并且向拟注册登记地海关递交报关企业分支机构注册登记许可申请。（　　）

（5）根据海关规定，报关企业登记证书有效期限为三年，收发货人登记证书有效期限为两年。   （ ）

任务 4　学习一般进出口货物的报关程序

1. 含义

一般进出口货物是一般进口货物和一般出口货物的合称，是指在进出境环节缴纳了应征的进出口税费并办结了所有必要的海关手续，海关放行后不再进行监管，可以直接进入生产和消费领域流通的进出口货物。

这里所称的一般进出口货物并不完全等同于一般贸易货物。一般贸易是指国际贸易中的一种交易方式。在我国的对外贸易中，一般贸易是指中国境内有进出口经营权的企业单边进口或单边出口的贸易，按一般贸易交易方式进出口的货物即为一般贸易货物。一般进出口货物，是指按照海关一般进出口监管制度监管的进出口货物。两者之间有很大区别。一般贸易货物在进口时可以按一般进出口监管制度办理海关手续，这时它就是一般进出口货物；也可以享受特定减免税优惠，按特定减免税监管制度办理海关手续，这时它就是特定减免税货物；还可以经海关批准保税，按保税监管制度办理海关手续，这时它就是保税货物。

2. 特征

一般进出口货物有以下特征：

（1）进出境时缴纳进出口税费。一般进出口货物的收发货人应当按照《中华人民共和国海关法》和其他有关法律、行政法规的规定，在货物进出境时向海关缴纳应当缴纳的税费。

（2）进出口时提交相关的许可证件。货物进出口受国家法律、行政法规管制的，进出口货物收发货人或其代理人应当向海关提交相关的进出口许可证件。

（3）海关放行即办结了海关手续。海关征收了全额的税费，审核了相关的进出口许可证件，并对货物进行实际查验（或做出不予查验的决定）以后，按规定签章放行。这时，进出口货物收发货人或其代理人才能办理提取进口货物或者装运出口货物的手续。

对一般进出口货物来说，海关放行就意味着海关手续已经全部办结，海关不再监管，可以直接进入生产和消费领域流通。

3. 一般进出口货物报关的基本报关程序

一般进出口货物报关程序没有前期阶段和后续阶段，只有进出口阶段，由四个环节构成，即进出口申报、配合查验、缴纳税费、提取或装运货物。对于一般进出口货物的代理报关企业而言，报关程序如图 4-1 所示。

（1）提出申报。进出口申报是指进口货物的收货人、出口货物的发货人或其代理人在我国海关法律规定的期限内，按照海关规定的形式，向海关报关进出口货物的情况，提请海关按其申报的内容放行进出口货物的环节。

除进出口货物报关单外，现场申报需提交的报关单证可分为基本单证、特殊单证和预备单证三类。

1）基本单证是指与进出口货物直接相关的商业和货运单证，包括发票、装箱单、装货凭证或提货凭证（如海运提单、航空运单以及多式联运单等）、出口收汇核销单或进口付汇核销单、海关签发的减免税证明等，代理报关的情况下必须提交代理报关委托书。

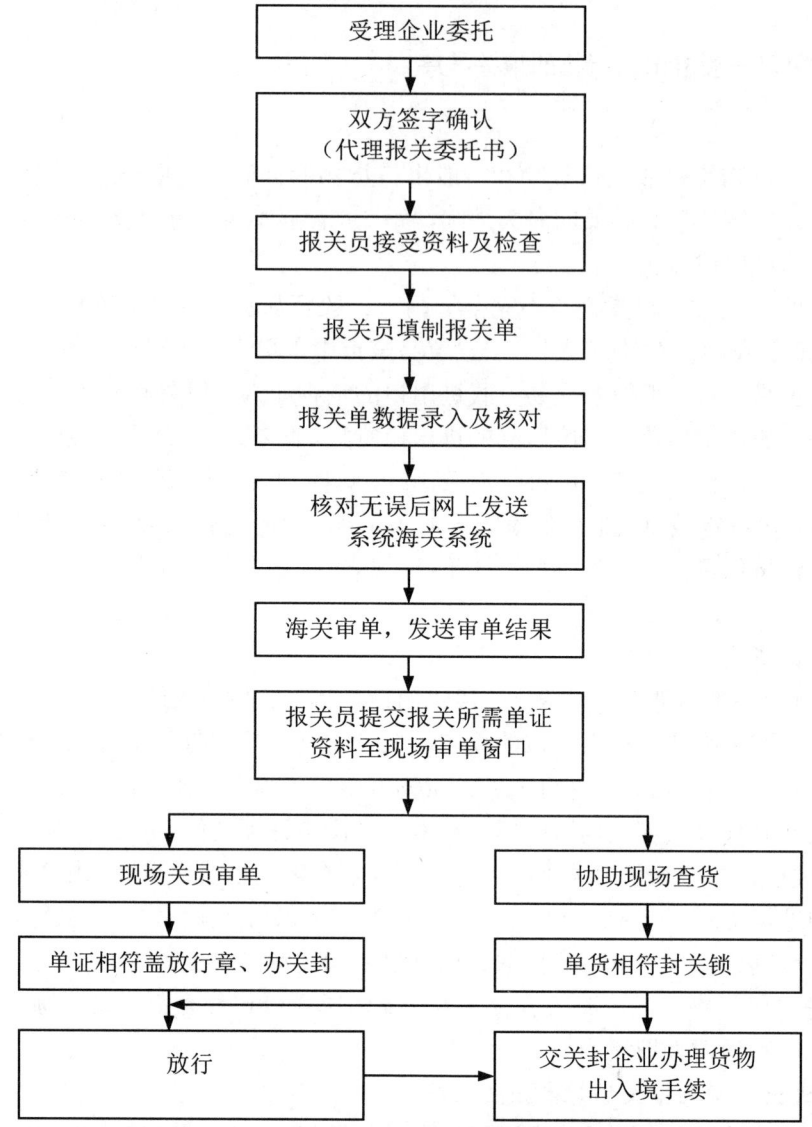

图 4-1　一般进出口货物的代理报关基本程序

2）特殊单证是指国家贸易政策规定实施特殊管制的证件，主要包括出入境货物通关单、配额证明和各类进出口许可证等。

3）预备单证是指在办理进出口货物手续时，海关认为必要时查阅或收取的单证，包括贸易合同、货物原产地证明、委托报关单位的工商执照等。

一般情况下，进出口货物均应向货物出入境口岸的海关申报。出口报关应在货物装上运输工具的 24 小时以前申报，进口货物应在运输工具申报进境之日起 14 天内申报，如果超过 14 天才申报，海关将征收滞报金，从第 15 天起，每拖延一天征收金额为进口货物完税价格的 0.05%。

（2）配合查验。配合查验是指申报进出口的货物经海关决定查验时，进口货物的收货人、出口货物的发货人，或者办理进出口申报具体手续的报关员应到达查验现场，配合海关查验货物，并负责按照海关的要求搬移、开拆或重封被查验货物的工作环节。

海关通常采取抽查的方式进行检查。检查内容包括两个方面：一方面是检查实际货物是否与报关单申报的信息相符，是否存在偷运违禁货物等情况；另一方面是根据实际货物情况确定货物税则归类和完税价格估计是否准确，是否存在偷漏税的情况。一般而言，海关会根据货物或货主的情况选择采用彻底查验、抽查或外形查验等方法。

海关查验的地点一般是在口岸的海关监管区域内，如码头堆场、车站货场等特定区域，通常会产生货物搬运等的费用，由货主方承担。查验一般分为接受查验通知、配合查验、确认查验结果三个步骤。

（3）缴纳税费。缴纳税费是指进出口货物的收发货人或其代理人在接到海关发出的税费缴纳通知书后7日内，以支票、本票、汇票、现金的形式，向海关指定的银行办理税费款项的缴纳手续，由银行将税费款项转入海关专门账户的工作环节。若拖延缴纳税费，从税费缴纳通知书下达第8日起，每拖延一天将按税费总额的0.1%征收滞纳金。

海关税费包括进出口关税、进口环节代征的国内税（含消费税和增值税）。进出口关税一般从价计征，即关税额=关税价格×关税税率。在少数情况下，如国家临时调整或加征的关税，也可能从量计征，即关税额=货物数量×关税税率。具体的征税方式和税率表，海关会在每年修订并发行进出口税则上予以公布，临时调整则需关注海关门户网站。在电子申报情况下，税费由系统自动计算生成。

（4）海关放行，提取或装运货物。提取或装运货物是指进口货物的收货人及其代理人或出口货物的发货人及其代理人，在办理了进口申报、配合查验、缴纳税费等手续，海关放行后，凭海关加盖"放行章"的进口提货凭证或出口装货凭证（在无纸通关方式中，也可凭海关通过计算机发送的放行通知书）在港区、机场、车站等地提取进口货物或装运出口货物的工作环节。

学生训练

1. 单选题

（1）一般进出口货物报关程序没有前期阶段和后续阶段，只有进出口阶段，由四个环节构成，即（　　）。

    A．进出口申报——缴纳税费——配合查验——提取或装运货物

    B．进出口申报——配合查验——缴纳税费——提取或装运货物

    C．配合查验——进出口申报——缴纳税费——提取或装运货物

    D．缴纳税费——配合查验——进出口申报——提取或装运货物

（2）对（　　）来说，海关放行就意味着海关手续已经全部办结，海关不再监管，可以直接进入生产和消费领域流通。

    A．一般进出口货物   B．保税加工货物

    C．保税物流货物   D．暂准进出境货物

（3）商业发票属于以下哪类单证（　　）。

A．特殊单证 B．预备单证
C．报关单证 D．基本单证

（4）出口报关应在货物装上运输工具的（　）以前申报，进口货物应在运输工具申报进境之日起14天内申报。

A．24小时 B．20小时
C．12小时 D．30小时

（5）一般情况下，出口货物均应向货物（　）的海关申报。

A．入境口岸 B．出境口岸
C．指运地海关 D．起运地海关

2．判断题

（1）一般进出口货物报关程序没有前期阶段和后续阶段，只有进出口阶段，由四个环节构成，即进出口申报、配合查验、缴纳税费、提取或装运货物。（　）

（2）一般进出口货物也称为一般贸易货物，是指在进出境环节缴纳了应征的进出口税费并办结了所有必要的海关手续，海关放行后不再进行监管，可以直接进入生产和流通领域的进出口货物。（　）

（3）海关放行是指海关在接受进出口货物申报、查验货物、征收税费后作出的结束海关监管，允许货物自由处置的决定的行为。（　）

（4）进出境货物的海关现场放行就是结关。（　）

（5）海关查验的地点一般是在口岸的海关监管区域内，如码头堆场、车站货场等特定区域，通常会产生货物搬运等的费用，由货主方承担。（　）

任务5　其他海关监管货物的报关程序

除了一般进出口货物的通关程序，还存在一些特殊的通关形式，如保税进出口货物、特定减免税货物、暂准进出口货物的通关程序，如表4-3所列。

表4-3　其他海关监管货物的特殊通关形式和程序

货物类别	货物含义	货物举例	报关阶段		
			前期阶段	进出境阶段	后期阶段
保税进出口货物	指经海关批准未办理纳税手续进境，在境内加工、装配后复运出境的货物	包括专为加工贸易从国外保税进口的原材料	保税进出口货物在进出口之前，应当由进出口收发货人或其代理人办理加工贸易备案和申领加工贸易电子的或纸质的登记手册的手续	保税加工货物、特定减免税货物、暂准进出境货物的进出境报关程序与一般进出口货物一样，也包括提出申报、配合查验、缴纳税费、提取或装运货物四个环节	进出口货物收发货人或其代理人应在规定时间内办理保税货物的核销手续

续表

货物类别	货物含义	货物举例	报关阶段		
			前期阶段	进出境阶段	后期阶段
特定减免税货物	指海关根据国家的规定准予减免税进口，使用于特定地区、特定企业、特定用途的货物	一般包括国家鼓励的国内投资项目和利用外资项目、科教用品、残疾人专用品、捐赠和援助物资等	特定减免税货物在进口之前，收货人或其代理人应当办理企业的减免税备案登记和申请货物减免税的手续，申领进出口货物减免税证明		在海关监管期满，或者在海关监管期内经海关批准出售、转让、退运、放弃特点减免税货物后，进出口货物收发货人或其代理人应当向海关申请办理解除海关监管的手续
暂准进出境货物	指为了特定目的，经海关批准暂时进（出）境，按规定的期限原状复运出（进）境的货物	如展览会、交易会中展示或使用的货物；文化或体育交流活动中使用的表演、比赛用品；进出口贸易的货样；供安装调试进口机械用的仪器、工具等	进出境货物收发货人或其代理人应当在暂准进出境货物中实际进出境之前，办理备案申请手续		在暂准进出境规定期限内，或者在经海关批准延长暂准进出境期限到期前，进出口货物收发货人或其代理人应当办理复运出境或进境或正式进出口手续，然后申请办理销案手续

学生训练

1．单选题

（1）展览会、交易会中展示或使用的货物一般属于（ ）。
  A．保税加工货物   B．特定减免税货物
  C．暂准进出境货物   D．保税物流货物

（2）国家鼓励的国内投资项目和利用外资项目、科教用品、残疾人专用品、捐赠和援助物资一般属于（ ）。
  A．保税加工货物   B．特定减免税货物
  C．暂准进出境货物   D．保税物流货物

（3）经海关批准未办理纳税手续进境，在境内加工、装配后复运出境的货物一般属于（ ）。
  A．保税加工货物   B．特定减免税货物
  C．暂准进出境货物   D．保税物流货物

2. 判断题

(1) 任何企业都不得开展禁止类商品的加工贸易。（　　）

(2) 保税进出口货物是指经海关批准未办理纳税手续进境，在境内加工、装配后复运出境的货物。（　　）

(3) 海关结关是指海关在接受进出口货物申报、查验货物、征收税费后作出的结束海关监管，允许货物自由处置的决定的行为。（　　）

(4) 特定减免税货物的海关现场放行就是结关。（　　）

(5) 暂准进出境货物是指为了特定目的，经海关批准暂时进（出）境，按规定的期限原状复运出（进）境的货物。（　　）

(6) 保税加工货物、特定减免税货物、暂准进出境货物的进出境报关程序与一般进出口货物一样，也包括提出申报、配合查验、缴纳税费、提取或装运货物四个环节。（　　）

(7) 特定减免税货物在进口之前，收货人或其代理人应当办理企业的减免税备案登记和申请货物减免税的手续，申领进出口货物的减免税证明。（　　）

任务6　海关商品编码归类

在海关管理过程中，对进出口商品是按照其所属类别分别适用不同的监管条件，并制定不同税率征收关税的。海关统计中也将不同商品的类别作为一项重要的统计指标。因此，需要按照进出口商品的性质、用途、功能或加工程序等将其归入某一类别。这种为海关管理不同目的而对进出口商品进行类别划分的行为称海关进出口商品归类。海关进出口商品归类是海关监管、海关征税及海关统计的基础，归类的正确与否直接影响到进出口货物的顺利通关，与报关单位的切身利益也密切相关。

1. 协调制度概述

(1) 协调制度介绍。《商品名称及编码协调制度》简称《协调制度》，又称"HS"（是"The Harmonized Commodity Description and Coding System"的简称），是指在原海关合作理事会商品分类目录和国际贸易标准分类目录的基础上，协调国际上多种商品分类目录而制定的一部多用途的国际贸易商品分类目录。在现实工作中，为了适用于海关监管、海关征税及海关统计，需要按照进出口商品的性质、用途、功能或加工程度等将商品准确地归入《协调制度》中与之对应的类别和编号。商品编码是科学、系统的国际贸易商品分类体系，适用于国际贸易有关的多方面的需要，如海关、统计、贸易、运输、生产等，是国际贸易商品分类的一种"标准语言"。

(2)《协调制度》的基本结构。《协调制度》由归类总规则，类注释、章注释及子目注释，商品名称及编码表三部分组成。

1) 归类总规则。为了保证国际上对《协调制度》使用和解释的一致性，使得某一特定商品能够始终如一地归入一个唯一编码，《协调制度》首先列明了条归类总归则，规定了使用《协调制度》对商品进行分类时必须遵守的分类原则和方法。

2) 类注释、章注释、子目注释。《协调制度》的许多类和章在开头均列有注释，严格界定了归入该类或该章中的商品范围，阐述《协调制度》中专用术语的定义或区分某些商品的技术标准及界限。

3）商品名称及编码表。《协调制度》采用6位数编码，把全部国际贸易商品分为21类、97章。章下再分为目和子目。商品编码的前两位代表"章"，3、4位数代表"税目"，5、6位数代表"子目"，而我国又根据实际情况增加了代表"本国子目"的7、8位。现举例如下：

编码：0 1　　0 1.　　1　　0　　1　　0
位数：<u>1　2</u>　　<u>3　4</u>　　5　　6　　7　　8
含义：章　　　　税目　　1级子目　2级子目　3级子目　4级子目

我国海关商品编码是采用十位制的，第9位、第10位代码是根据进口环节关税、进出口暂定税和贸易管制的需要而增设的。商品编码未增列第9位、第10位时，用00补齐十位。

2. 协调制度归类总规则

归类总规则是《协调制度》中所规定的最为基本的商品归类原则。它规定了六条基本原则，在使用这六条规则时要注意以下两点：第一，要按顺序使用每一条规则，当规则一不合适时才用规则二，规则二不合适才用规则三，并依次类推；第二，在实际使用规则二、规则三、规则四时要注意条件，即是否类注、章注和税目有特别的规定或说明。如有特别规定，应按税目或注释的规定归类而不能使用规则二、规则三和规则四。

（1）规则一。类、章及分章的标题，仅为查找方便而设。具有法律效力的归类，应按税目条文和有关类注或章注确定，如税目、类注或章注无其他规定，按以下规则确定。

此规则说明了类、章及分章的标题不是归类的依据，并不具有法定的约束力。

（2）规则二。

1）税目所列货品应视为包括该项货品的不完整品或未制成品，只要在进口或出口该项不完整品或未制成品具有完整品或制成品的基本特征，还应视为包括该货品的完整品或制成品（或按本款可作为完整品或制成品归类的货品）在进口或出口时的未组装件或拆散件。

2）税目中所列材料或物质应视为包括该种材料或物质与其他材料或物质混合或组合的物品。税目所列某种材料或物质构成的货品，应视为包括全部或部分由该种材料或物质构成的货品。

（3）规则三。当货品按规则二的2）或由于其他原因看起来可归入两个或两个以上税目时，应按以下规则归类：

1）列名比较具体的税目，优先于列名一般的税目。

2）混合物，不同材料构成或不同部件组成的组合物以及零售的成套货品，如果不能按照规则三的1）归类时，在本款可适用的条件下，应按构成货品基本特征的材料或部件归类。

3）货品不能按照规则三的1）或规则三的2）归类时，应按号列顺序归入其可归入的最末一个税目。

（4）规则四。根据上述规则无法归类的货品，应归入与其最相类似的货品的税目。

随着科技的进步以及时代的发展，新的商品层出不穷，就可能出现一些《协调制度》在分类时无法预见的情况，这时按以上各规则仍无法归类的货品，只能用最相类似的货品的税目来代替。但物品的相似性由许多因素决定，如名称、性质、用途等，所以在实际应用时难以达到统一，因此本条规则只是为了使整个规则制定得更严密，一般很少使用。

（5）规则五。除上述规则外，本规则适用于下列货品的归类：

1）制成特殊形状仅适用于盛装某个或某套物品并适合长期使用的照相机套、乐器盒、枪套、绘图仪器盒、项链盒及类似容器，如果与所装物品同时进口或出口，并通常与所装物品一同出售的，应与所装物品一并归类。但本款不适用于本身构成整个货品基本特征的容器。

2）除规则五的 1）规定的以外，与所装货品同时进口或出口的包装材料或包装容器，如果通常是用来包装这类货品的，应与所装货品一并归类。但明显可重复使用的包装材料和包装容器可不受本款限制。

（6）规则六。货品在某一品目项下各子目的法定归类，应按子目条文或有关的子目注释以及以上各条规则来确定，但子目的比较只能在同一数级上进行。除本商品目录条文另有规定的以外，有关的类注、章注也适用于本规则。

规则六的内容主要解决的是子目归类问题。只有货品在归入了适当的四位数级税目后，方可考虑将它归入合适的五位数级或六位数级子目，并且在任何情况下，应优先考虑五位数级字母后再考虑六位数级字母的范围或子目注释。此外，规则六注明，只有属于同一级别的子目才可作比较并进行归类选择，以决定哪个子目较为合适；比较方法为同级比较，层层比较。在子目归类时应注意：子目归类首先按子目条文和子目注释确定；如果按子目条文和子目注释还无法确定归类，则可采用上述五条归类总规则（如具体列名、从后归类的原则等）；有关类注、章注也适用于确定子目。例如"中华绒毛蟹种苗"，在归税目 0306 项下子目时，应按以下步骤进行：

1）确定一级子目，即将两个一级子目"冻的"与"未冻的"进行比较而归入"未冻的"。

2）确定二级子目，即将二级子目"龙虾""大螯虾""小虾及对虾""蟹""其他"进行比较而归入"蟹"。

3）确定三级子目，即将两个三级子目"种苗"与"其他"进行比较而归入"种苗"。

所以正确的归类是 03062410。

对从事报关工作的人员来讲，六条规则要熟练运用并灵活理解，这是正确归类商品的钥匙。在商品归类时是按类、章、四位数税目号和后四位子目顺序进行的，只对商品做类上的划分是远远不够的，要具体到 97 个章的哪个章才能找到八位数的编码，这时六条规则就能迅速地帮助你找到商品所对应的章了。

3. 我国海关进出口商品分类目录的主要内容

海关进出口商品分类目录是进出口商品归类的基本依据。目录包括第 1～97 章（其中第 77 章为空章）的前六位数码及其商品名称与《协调制度》完全一致，第 7、8 两位数码是根据我国关税、统计和贸易管理的需要细分的。

海关进出口商品分类目录对商品的分类和编排是有一定规律的。从类来看，基本上是按社会生产的分工划分的；从章来看，基本上按商品的属性或功能、用途划分。而每章中各税目的排列顺序一般按照动物、植物、矿物质产品或原材料、半制成品、制成品的顺序编排。

第一类：活动物；动物产品（第 1～5 章）。

第二类：植物产品（第 6～14 章）。

第三类：动、植物油、脂及其分解产品；精致的食用油脂；动、植物蜡（第 15 章）。

第四类：食品；饮料、酒及醋；烟草及烟草代用品的制品（第 16～24 章）。

第五类：矿产品（第 25～27 章）。

第六类：化工工业及其相关工业的产品（第 28～38 章）。

第七类：塑料及其制品；橡胶及其制品（第39～40章）。

第八类：生皮、皮革、皮毛及其制品；鞍具及挽具；旅行用品、手提包及类似品；动物肠线（蚕胶丝除外）制品（第41～43章）。

第九类：木及木制品；木炭；软木及软木制品；稻草、秸秆、针茅或其他编结材料制品；篮筐及柳条编结品（第44～46章）。

第十类：木浆及其他纤维状纤维素浆；回收（废碎）纸或纸板；纸、纸板及其制品（第47～49章）。

第十一类：纺织原料及纺织制品（第50～63章）。

第十二类：鞋、帽、伞、杖、鞭及其零件；已加工的羽毛及其制品；人造花、人造制品（第64～67章）。

第十三类：石料、石膏、水泥、石棉、云母及类似材料的制品；陶瓷产品；玻璃及其制品（第68～70章）。

第十四类：天然或养殖珍珠、宝石或半宝石、贵金属、包括贵金属及其制品；仿首饰、硬币（第71章）。

第十五类：贱金属及其制品（第72～83章）。

第十六类：机器、机械器具、电气设备及其零件；录音机及放声机、电视图像、声音的录制和重放设备及其零件、附件（第84～85章）。

第十七类：车辆、航空器、船舶及有关运输设备（第86～89章）。

第十八类：光学、照相、电影、计量、检验、医疗或外科用仪器及设备；钟表；乐器；上述物品的零件、附件（第90～92章）。

第十九类：武器、弹药及其零件、附件（第93章）。

第二十类：杂项制品（第94～96章）。

第二十一类：艺术品、收藏品及古物（第97章）。

商品编码顺口溜

自然世界动植矿，一二五类在取样；三类四类口中物，矿产物料翻翻五；
化工原料挺复杂，打开六类仔细查；塑料制品放第七，橡胶聚合脂烷烯；
八类生皮合成革，箱包容套皮毛造；九类木秸草制品，框板柳条样样行；
十类木浆纤维素，报刊书籍纸品做；十一税则是大类，纺织原料服装堆；
鞋帽伞杖属十二，人发羽毛大半归；水泥石料写十三；玻璃石棉云母粘；
贵金珠宝十四见，硬币珍珠同类现；十五查找贱金属，金属陶瓷工具物；
电子设备不含表，机器电器十六找；光学仪器十八类，手表乐器别忘了；
武器弹药特别类，单记十九少劳累；杂项制品口袋相，家具文具灯具亮；
玩具游戏活动房，体育器械二十讲；二十一类物品贵，艺术收藏古物类；
余下运输工具栏，放在十七谈一谈；商品归类实在难，记住大类第一环。

---

4. 查找商品编码的方法

在工作中，进出口报关都要用到商品编码，如果提供错误的商品编码不仅会影响到通关时间，还涉及退税率、监管条件、关税率等重要问题，所以准确选择商品编码，避免与海关、商检部门理解有误而产生矛盾才有助于高效顺利地完成工作。

（1）了解清楚商品名称，构成性质，组成成份，材料属性、使用材料、工作原理、内部结构、用途和功能等。

（2）查找有关商品拟归的类、章及商品编码。对于原材料性质的货品，应首先考虑按其属性归类；对于制成品，应首先考虑按其用途归类。

（3）将考虑采用的有关类、章及编码进行比较，筛选出最为合适的商品编码。进行归类之前，先要仔细查阅有关的类、章注释。这些注释往往对每类、章商品作出一些限定范围，指导一些具体商品应归入何类和哪个目中。

学生训练

1. 单选题

（1）进口一辆缺少轮子的汽车，在进行该商品的海关税则归类时，应按（　　）归类。
　　A．汽车的零部件　　　　　　　B．汽车底盘
　　C．汽车车身　　　　　　　　　D．汽车整车

（2）按照归类总规则，下列叙述中正确的叙述是（　　）。
　　A．在进行商品税则归类时，商品的包装容器应该单独进行税则归类
　　B．在进行商品税则归类时，列明比较具体的税目优先于一般的税目
　　C．在进行商品税则归类时，混合物可以按照其中的一种成分进行税则归类
　　D．从后归类的原则是商品税则归类的普遍使用的原则

（3）下列说法中不正确的是（　　）。
　　A．《中华人民共和国海关进出口税则》的类、章及分章的标题，是为了方便查找有关商品而设立的
　　B．对商品进行税则归类，应按税目条文和有关类注和章注
　　C．当税目条文、类注和章注没有专门规定，而商品归类不能确定时，按归类总规则的其他规定归类
　　D．当税目条文、类注和章注没有规定，而商品归类不能确定时，按与该商品最相类似的商品归类

（4）《协调制度》共有（　　）。
　　A．20类、96章　　　　　　　　B．21类、97章
　　C．6类、97章　　　　　　　　 D．21类、96章

（5）HS编码制度，所列商品名称的分类和编排，从类来看，基本上是按（　　）分类。
　　A．贸易部门　　　　　　　　　B．社会生产
　　C．同一起始原料　　　　　　　D．同一类型产品
　　D．最相类似、具体列名、基本特征、从后归类

（6）下列叙述正确的是（　　）。
　　A．在进行商品归类时，列名比较具体的税目优先于一般税目
　　B．在进行商品归类时，混合物可以按照其中的一种成分进行归类
　　C．在进行商品归类时，商品的包装容器应该单独进行税则归类

D．从后归类原则是商品归类时，优先采用的原则

（7）对商品进行归类时，品目条文所列的商品，应包括该项商品的非完整品或未制成品，只要在进口或出口时这些非完整品或未制成品具有完整品或制成品的（　　）。

A．基本功能　　　　　　　　B．相同用途
C．基本特征　　　　　　　　D．核心组成部件

（8）在进行商品税则分类时，对看起来可归入两个或以上税号的商品，在税目条文和注释均无规定时，其归类次序为（　　）。

A．基本特征、最相类似、具体列名、从后归类
B．具体列名、基本特征、从后归类、最相类似
C．最相类似、具体列名、基本特征、从后归类
D．具体列名、最相类似、基本特征、从后归类

2．判断题

（1）制度编码是采用六位数编码。（　　）

（2）我国《中华人民共和国海关进出口税则》的商品编码采用6位数编码，即从左向右为：第一、二位数为"章"的编号，第三、四位数为"税目"的编号，第五、六位数为"子目"编号。（　　）

（3）《协调制度公约》规定，缔约各国海关在制定本国海关税则时，应全部采用《协调制度》商品目录六位数级编码，不能增加或减少任何编码。（　　）

（4）《协调制度》商品目录，将进出口商品分为21类97章。（　　）

（5）归类总则一规定：具有法律效力的归类，应按品目条文和有关类注或章注确定，如品目条文、类注或章注无其他规定，按相关规则确定。这条规则也适用于各级子目。（　　）

（6）商品预归类决定在全关境范围内有效。（　　）

（7）商品归类争议可以与申报地海关磋商解决，也可以按行政复议程序解决。（　　）

（8）"从后归类"原则是进行商品归类时优先使用的原则。（　　）

（9）缺少车轮的摩托车，应按摩托车的零件归类。（　　）

（10）第一章的标题为"活动物"，所以活动物都归入第一章。（　　）

（11）对进出口商品进行归类时，先确定品目，然后确定子目。（　　）

（12）根据归类总规则的规定，具有法律效力的归类，应按类章标题、品目条文和类章注释确定。（　　）

任务7　进出口货物报关单的填制

（一）进出口货物报关单的含义和类别

1. 进出口货物报关单的含义

进出口货物报关单是指进出口货物收发货人或其代理人，按照海关规定的格式对进出口货物的实际情况做出书面申明，以此要求海关对其货物按适用的海关制度办理通关手续的法律文书。

2. 进出口货物报关单的类别

按货物的流转状态、贸易性质和海关监管方式的不同，进出口货物报关单可以分为以下几种类型：

（1）按进出口状态可分为进口货物报关单和出口货物报关单。

（2）按表现形式可分为纸质报关单和电子报关单。

纸质进口货物报关单一式五联，分别是海关作业联、海关留存联、企业留存联、海关核销联和进口付汇证明联；纸质出口货物报关单一式六联，分别是海关作业联、海关留存联、企业留存联、海关核销联、出口收汇证明联和出口退税证明联。

（3）按使用性质可以分为以下几类：

1）进料加工进出口货物报关单（粉红色）。

2）来料加工及补偿贸易进出口货物报关单（浅绿色）。

3）外商投资企业进出口货物报关单（浅蓝色）。

4）一般贸易及其他贸易进出口货物报关单（白色）。

5）需国内退税的出口贸易报关单（浅黄色）。

（二）进出口货物报关单的填制要求

申报人应当如实申报，对申报内容的真实性、准确性、完整性和规范性承担法律责任。

（1）报关人必须按照《中华人民共和国海关法》《货物申报管理规定》和《报关单填制规范》的有关规定和要求，向海关如实申报。

（2）报关单填制必须真实，做到"单、证相符""单、货相符"。

（3）报关单的填报要准确、齐全、完整、清楚，报关单各栏目内容要逐项详细准确填报，字迹清楚、整洁、端正，不得用铅笔或红色复写纸填写；若有更正，必须在更正项目上加盖校对章。

（4）货物不同批文/合同、同一批但不同贸易方式、不同备案号、提运单；不同征免性质、运输方式等，分单填报一份原产地证书对应一份报关单。

（5）在反映进出口商品情况的项目中，须分项填报的主要有下列几种情况：商品编号不同的；商品名称不同的；原产国（地区）/最终目的国（地区）不同的。

（6）已向海关申报的进出口货物报关单，如原填报内容与实际进出口货物不一致而又有正当理由的，申报人应向海关递交书面更正申请，经海关核准后，对原填报的内容进行更改或撤销。

（三）进出口货物报关单样本

出口货物报关单样本见表 4-4，进口货物报关单样本见表 4-5。

表 4-4　出口货物报关单

中华人民共和国海关出口货物报关单

预录入编号：　　　　　　　　　　　　　　　　　　海关编号：

出口口岸	备案号	出口日期	申报日期
经营单位	运输方式	运输工具名称	提运单号

续表

收货单位	贸易方式	征免性质	结汇方式	
许可证号	运抵国（地区）	指运港	境内货源地	
批准文号	成交方式	运费	保费	杂费
合同协议号	件数	包装种类	毛重（千克）	净重（千克）
集装箱号	随附单据		生产厂家	
标记唛码及备注				
项号 商品编号 商品名称、规格型号 数量及单位 最终目的国 单价 总价 币制 征免				

税费征收情况				
录入员 录入单位	兹声明以上申报无讹并承担法律责任		海关审单批注及放行日期（盖章）	
			审单　　　审价	

表 4-5　进口货物报关单样本

中华人民共和国海关进口货物报关单

预录入编号：　　　　　　　　　　　　　　　　　　　海关编号：

进口口岸	备案号	进口日期	申报日期
经营单位	运输方式	运输工具名称	提运单号
收货单位	贸易方式	征免性质	征税比例
许可证号	起运国（地区）	装货港	境内目的地

续表

批准文号	成交方式	运费	保费	杂费
合同协议号	件数	包装种类	毛重（千克）	净重（千克）
集装箱号	随附单据		用途	
标记唛码及备注				

项号	商品编号	商品名称	规格型号	数量及单位	原产国	单价	总价	币制	征免
--------	--------	--------	--------	--------	--------	--------	--------	--------	--------

税费征收情况

录入员　　　　录入单位	兹声明以上申报无讹并承担法律责任 申报单位（盖章） 填制日期	海关审单批注及放行日期（盖章） 审单　　　　审价 征税　　　　统计 查验　　　　放行
报关员 单位地址 邮编　　　电话		

（四）报关单的填制

1. 预录入编号

预录入编号指预录入报关单的编号，由接受申报的海关决定。

2. 海关编号

海关编号指海关接受申报时给予报关单的编号，一份报关单对应一个海关编号。报关单中海关编号为18位，其中第1~4位为接受申报海关的编号（海关规定的《关区代码表》中相应海关代码），第5~8位为海关接受申报的年份，第9位为进出口标志（"1"为进口，"0"为出口；集中申报清单"I"为进口，"E"为出口），后9位为顺序号。

3. 进口口岸/出口口岸

进口口岸/出口口岸指货物实际进/出我国关境口岸海关的名称。本栏目应根据货物实际进

/出口的口岸海关选择填报《关区代码表》中相应的口岸海关名称及代码。

进口转关运输货物应填报货物进境地海关名称及代码，出口转关运输货物应填报货物出境地海关名称及代码。按转关运输方式监管的跨关区深加工结转货物，出口货物报关单填报转出地海关名称及代码，进口货物报关单填报转入地海关名称及代码。

其他未实际进出境的货物，填报接受申报的海关名称及代码。

4. 备案号

本栏目填报进出口收发货人在海关办理加工贸易合同备案或征、减、免税备案审批等手续时，海关核发的《中华人民共和国海关加工贸易手册》（以下简称《加工贸易手册》）、《进出口货物征免税证明》（以下简称《征免税证明》）或其他备案审批文件的编号。

一份报关单只允许填报一个备案号。无备案审批文件的报关单，本栏目免予填报。

备案号长度为12位，其中第1位是标记代码，它表示的是何种性质的备案，用不同的英文字母表示。标记代码很重要，通过它能够分析确定贸易方式、征免性质、征免方式和用途等，如表4-6所列。

表4-6 常用备案审批文件代码表

首位代码	备案审批文件	首位代码	备案审批文件
B*	加工贸易手册（来料加工）	H	出口加工区电子账册
C*	加工贸易手册（进料加工）	J	保税仓库记账式电子账册
D	加工贸易设备（不作价和作价）	K	保税仓库备案式电子账册
E*	加工贸易电子账册	Q	汽车零部件电子账册
F	加工贸易异地报关分册	Y*	原产地证书
G	加工贸易深加工结转异地报关分册	Z*	征免税证明

5. 进口日期/出口日期

进口日期填报运载进口货物的运输工具申报进境的日期。

出口日期指运载所申报货物的运输工具办结出境手续的日期。本栏目供海关签发打印报关单证明联用，在申报时免予填报。

无实际进出境的报关单填报办理申报手续的日期。

本栏目为8位数字，顺序为年（4位）、月（2位）、日（2位）。

6. 申报日期

申报日期指海关接受进出口货物收发货人、受委托的报关企业申报数据的日期。以电子数据报关单方式申报的，申报日期为海关计算机系统接受申报数据时记录的日期。以纸质报关单申报的，申报日期为海关接受纸质报关单并对报关单进行登记处理的日期。

本栏目为8位数字，顺序为年（4位）、月（2位）、日（2位）。本栏目在申报时免予填报。

7. 经营单位

经营单位指对外签订并执行进出口贸易合同的中国境内企业或单位。本栏目应填报经营单位名称及10位数字的经营单位编码。

经营单位编码为10位数字，它是指进出口企业在所在地主管海关办理注册登记手续时，海关给企业设置的注册登记编码。

第 1~4 位：表示经营单位属地的行政区划代码。

第 5 位表示市内经济区域。可以根据此编码的前 5 位判断和填写"境内目的地"或"境内货源地"栏目。第 5 位数字的含义见表 4-7。

表 4-7 经济区域类型代码表

代码	表示类型	代码	表示类型
1	经济特区	4	保税区
2	经济技术开发区、上海浦东新区、海南洋浦经济开发区	5	出口加工区
		6	保税港区
		7	物流园区
3	高新技术产业开发区	9	其他

第 6 位：表示企业经济类型的代码，表明企业性质（可根据企业性质来判断填写经营单位或判断贸易方式、征免性质等）。第 6 位数字的含义见表 4-8。

表 4-8 企业类型代码表

代码	表示类型	代码	表示类型
1	有进出口经营权的国有企业	6	有进出口经营权的私营企业
2	中外合作企业	7	有进出口经营权的个体工商户
3	中外合资企业	8	有报关权而无进出口经营权的企业
4	外商独资企业	9	其他（包括外商企业驻华机构、外国驻华使领馆等机构和临时有进出口经营权的单位）
5	有进出口经营权的集体企业		

第 7~10 位为顺序号。每个企业有一个在全国范围内唯一的、始终不变的代码标识。

此栏目填报要求如下：

（1）进出口企业之间相互代理、没有进出口权的企业委托有进出口经营权的企业代理进出口，"经营单位"栏填报代理方中文名称及编码。

（2）外商投资企业委托外贸企业进口投资设备、物品，填报外商投资企业的中文名称及编码，并在"标记唛码及备注"栏注明："委托**公司进口"。

（3）援助、赠送、捐赠的货物，填直接接受货物的单位的中文名称及编码。例如：湖北省民政厅接受香港捐赠的御寒物质一批，经营单位应填湖北省民政厅及其单位编码。

（4）经营单位编码第 6 位是"8"的单位是只有报关权而没有进出口经营权的企业，不得作为经营单位填报。

（5）境外企业不得作为经营单位填报。例如：上海汽车进出口公司委托香港大兴汽车进出口公司进口汽车，其经营单位应为上海汽车进出口公司。

（6）合同的签订者和执行者不是同一企业，经营单位应按执行合同的企业填报。

8. 运输方式

运输方式指载运货物进出关境所使用的运输工具的分类（特指海关规定的运输方式）。

此栏目填报要求如下：

（1）运输方式栏应根据实际运输方式按海关规定的"运输方式代码表"选择填报相应的运输方式名称或代码。运输方式代码见表 4-9。

表 4-9 运输方式代码表

代码	名称	代码	名称
2	江海运输	5	航空运输
3	铁路运输	9	其他运输
4	汽车运输	0	非保税区
1	监管仓库	6	邮件运输
8	保税仓库	W	物流中心
7	保税区	X	物流园区
Y	保税港区	Z	出口加工

（2）进境货物的运输方式按货物运抵我国关境第一个口岸时的运输方式填报；出境货物的运输方式按货物运离我国关境最后一个口岸时的运输方式填报。

（3）无实际进出境货物根据实际情况选择填报。

9. 运输工具名称

运输工具名称指载运货物进出境的运输工具的名称或运输工具编号。本栏目填制内容应与运输部门向海关申报的载货清单所列相应内容一致。

一份报关单只允许填报一个运输工具名称。具体填报要求如下：

（1）江海运输：填报船舶编号（来往港澳小型船舶为监管簿编号）或者船舶英文名称。

（2）汽车运输：填报该跨境运输车辆的国内行驶车牌号码。

（3）铁路运输：填报车厢标号或交接单号。

（4）航空运输：填报航班号。

（5）邮政运输：填报邮政包裹单号。

（6）其他运输：填报具体运输方式名称，例如，管道、驮畜等。

无实际进出境的报关单，本栏目免予填报。

10. 提运单号

提运单号指进出口货物提单或运单的编号。

一份报关单只允许填报一个提单或运单号，一票货物对应多个提单或运单时，应分单填报。

（1）江海运输：填报进出口提运单号，如有分提运单的，填报进出口提运单号+"*"+分提运单号。

（2）汽车运输：免予填报。

（3）铁路运输：填报运单号。

（4）航空运输：填报总运单号+"-"（下划线）+分运单号，无分运单的填报总运单号。

（5）邮政运输：填报邮运包裹单号。

无实际进出境的报关单，本栏目免予填报。

11. 收货单位/发货单位

收货单位指已知的进口货物在境内的最终消费、使用单位,包括:自行从境外进口货物的单位和委托进出口企业进口货物的单位。

发货单位指出口货物在境内的生产或销售单位,包括:自行出口货物的单位和委托进出口企业出口货物的单位。

收货单位和发货单位有海关注册编码的,本栏目应填报中文名称以及编码;没有海关编码的填报中文名称。

12. 贸易方式

贸易方式指以国际贸易中进出口货物的交易方式为基础,结合海关对进出口货物监督管理综合设定的对进出口货物的管理方式,即海关监管方式。贸易方式亦称货物的贸易性质,即买卖双方将商品所有权转让所采用的方式。

海关发布有《监管方式代码表》,里面设定有现行的贸易方式共 87 个,每个贸易方式都有对应的代码。这 87 个贸易方式中绝大多数都是日常不经常用到的,而需要特别学习的是其中的 10 个贸易方式,如表 4-10 所列。

表 4-10 主要贸易（监管）方式代码表

代码	简称	全称
0110	一般贸易	一般贸易
0214	来料加工	来料加工装配贸易进口料件及加工出口货物
0615	进料对口	进料加工
0654	进料深加工	进料深加工结转货物
2025	合资合作设备	合资合作企业作为投资进口的设备物品
2225	外资设备物品	外资企业作为投资进口的设备物品
3010	货样广告品 A	有经营权单位进出口的货样广告品
3100	无代价抵偿	无代价抵偿进出口货物
3339	其他进出口免费	其他进出口免费提供货物
4500	直接退运	直接退运

根据实际情况,并按海关规定的《贸易方式代码表》选择填报相应的贸易方式简称或代码。一份报关单只允许填报一种贸易方式。

13. 征免性质

征免性质是指海关根据《中华人民共和国海关法》和《中华人民共和国出口关税条例》及国家有关政策对进出口货物实施的征、减、免税管理的性质类别。常见的征免性质代码表见表 4-11。

表 4-11 常见的征免性质代码表

代码	简称	全称
101	一般征税	一般征税进出口货物
501	加工设备	加工贸易外商提供的不作价进口设备
502	来料加工	来料加工装配和补偿贸易进口料件及出口成品

续表

代码	简称	全称
503	进料加工	进料加工贸易进口料件及出口成品
601	中外合资	中外合资经营企业进出口货物
602	中外合作	中外合作经营企业进出口货物
603	外资企业	外商独资企业进出口货物
789	鼓励项目	国家鼓励发展的内外资项目进口设备
799	自有资金	外商投资额度外利用自有资金进口设备、备件、配件

按照海关核发的征免税证明中批注的征免性质填报，或根据进出口货物的实际情况，参照《征免性质代码表》选择填报相应的征免性质简称或代码。一份报关单只允许填报一种征免性质。

14．征免比例/结汇方式

进口货物报关单中"征税比例"栏目免予填报。

出口货物报关单中"结汇方式"栏目按海关规定的《结汇方式代码表》选择填报相应的结汇方式名称或代码。主要结汇方式代码表见表 4-12。

表 4-12　主要结汇方式代码表

代码	结汇方式	英文缩写	英文名称
1	信汇	M/T	Mail Transfer
2	电汇	T/T	Telegraphic Transfer
3	票汇	D/D	Remittance by Banker's Demand Draft
4	付款交单	D/P	Documents against Payment
5	承兑交单	D/A	Documents against Acceptance
6	信用证	L/C	Letter of Credit

15．许可证号

进出口货物许可证是指一国根据其进出口管制法令由商务主管部门签发的允许管制商品进出口的证件。

一份报关单只允许填报一个许可证号。

16．起运国（地区）/运抵国（地区）

起运国（地区）指货物起始发出直接运抵进口国或者在运输中转国（地）未发生任何商业性交易的情况下运抵进口国的国家（地区）。运抵国（地区）指出口货物离开出口国关境直接运抵或者在运输中转国（地区）未发生任何商业性交易的情况下最后运抵的国家（地区）。此栏目填报要求如下：

（1）按海关规定的《国别（地区）代码表》选择填报相应的起运国（地区）或运抵国（地区）中文名称及代码。国别（地区）代码如表 4-13 所列。

表 4-13　主要国别（地区）代码表

代码	中文名称	代码	中文名称
110	中国香港	303	英国
116	日本	304	德国
133	韩国	305	法国
142	中国	344	俄罗斯联邦
143	台澎金马关税区	502	美国
601	澳大利亚	701	国（地）别不详的

（2）直接运抵货物以货物起始发出的国家或地区为起运国（地区），以货物最终到达的国家或地区为运抵国（地区）。

（3）对于中转货物而言，分以下两种情况。

1）对于发生运输中转而未发生任何买卖关系的货物，其起运国（地区）或运抵国（地区）不变。如果收货人的地址与出口货物运输目的地一致，则说明出口货物中转时没有发生买卖关系。

2）对于发生运输中转并发生了买卖关系的货物，填报中转地为起运国（地区）或运抵国（地区）。如果收货人的地址与出口货物运输中转地一致，则说明出口货物中转时发生买卖关系。

17. 装货港/指运港

装货港指进口货物在运抵进口国关境前的最后一个装运港。指运港指出口货物运往境外的最终目的港。

此栏目填报要求如下：

（1）填报装货港/指运港的中文名称。

（2）对于直接运输的货物，"装货港"填报货物的实际装货的港口，"指运港"填报货物直接运抵的港口。

（3）对于发生运输中转的货物，最后一个中转港就是装货港，指运港不受中转影响。

（4）无实际进出境报关单的，填报"中国境内"（代码0142）。

18. 境内目的地/境内货源地

境内目的地是指已知的进口货物在境内的消费、使用地区或最终运抵的地点。境内货源地是指出口货物在境内的产地或原始发货地（包括供货地点）。

根据进口货物的收货单位、出口货物的生产厂家或发货单位所属的地区，并按照《国内地区代码表》选择填报相应的地区名称或代码。

19. 批准文号

本栏目仅用于填报出口收汇核销单上的编号，进口货物报关单免予填报。

20. 成交方式

成交方式又称贸易术语，是指在进出口贸易中进出口商品的价格构成和买卖双方各自应承担的责任、费用和风险，以及货物所有权转移的界限。

在我国进出口贸易活动中常见的成交方式有：CIF、CFR、FOB、CPT、CIP等。

根据实际成交价格条款，按照海关规定的《成交方式代码表》选择填报相应的成交方式名称或代码。成交方式代码见表 4-14。

表 4-14 成交方式代码表

成交方式代码	成交方式名称	成交方式代码	成交方式名称
1	CIF	4	C&I
2	CFR/CNF/C&F	5	市场价
3	FOB	6	垫仓

21. 运费

运费是指进出口货物从始发地至目的地的国际运输所需要的各种运输费用。此栏目填报要求如下：

（1）进口成交方式为 FOB 或出口成交方式为 CIF、CFR 的，应在本栏目中填报运费，具体要求见表 4-15。

表 4-15 不同成交方式下运费的填写要求

	成交方式	运费	说明
进口	CIF	不填	CIF 包含了运费
	CFR	不填	CFR 包含了运费
	FOB	填	FOB 不包含运费
出口	CIF	填	CIF 包含了运费
	CFR	填	CFR 包含了运费
	FOB	不填	FOB 不包含运费

（2）可按运费单价、总价或运费率三种方式之一进行填报，同时注明运费标记（运费率标记免填），并按海关规定的《货币代码表》选择填报相应的币种代码。

"1"表示运费率；"2"表示每吨货物的运费单价；"3"表示运费总价。例如：5%的运费率填报为 5。

45 美元/吨的运费单价填报为 502/45/2，其中的含义分别是：币制代码（502 为美元的代码）/运费的单价（45 美元每吨）/运费标记（2 表示运费以单价计算）。

9000 欧元的运费总价填报为 300/9000/3。其中的含义分别是：币制代码（300 为欧元的代码）/运费的总价（运费共为 9000 欧元）/运费标记（3 表示运费以总价计算）。

（3）运保费合并计算的，运保费填在"运费"栏中。

22. 保费

保费是指进出口货物在国际运输过程中，由被保险人付给保险人的保险费用。

此栏目填报要求如下：

（1）进口成交方式为 FOB、CFR 或出口成交方式为 CIF 的，应在本栏填报保险费。

（2）保费可按保险费总价或保险费率两种方式之一进行填报，同时注明保险费标记（保险费率标记免填），并按海关规定的《货币代码表》选择填报相应的币种代码。

保险费标记"1"表示保险费率，"3"表示保险费总价。

例如：保费率：直接填报保费率的数值，如：5‰的保险费率填报为"0.5"。

保费总价：填报保费币制代码+"/"+保费总价的数值+"/"+保费总价标记，如 50000 港元保险费总价填报为"110/50000/3"。

23. 杂费

杂费指成交价格以外的、应计入完税价格或应从完税价格中扣除的费用，如手续费、佣金、回扣等，可按杂费总价或杂费率两种方式之一进行填报，同时注明杂费标记，并按海关规定的《货币代码表》选择填报相应的币种代码。应计入完税价格的杂费填报为正值或正率，应从完税价格中扣除的杂费填报为负值或负率。

杂费标记"1"表示杂费率，"3"表示杂费总价。

24. 合同协议号

合同协议号是指买卖双方就买卖的商品所签订的合同或者协议的编号。合同协议号一般表示为"Contract No.""Order Number""Confirmation Number"等。

本栏目应填报进（出）口货物合同（协议）编号的全部字头和号码。

25. 件数

件数是指有外包装的单价进出口货物的实际件数。本栏目填报要求如下：

（1）不得填报为零，裸装、散装货物填报为 1。

（2）仅列明托盘件数，或者既列明托盘件数，又列明单件包装件数的，本栏填报托盘件数。例如："2 PALLETS 100 CTNS"，件数应填报为 2。

（3）既列明集装箱个数，又列明托盘件数、单件包装件数的，按以上要求填报。如仅列明集装箱个数，未列明托盘或者单件包装件数的，填报集装箱个数。

26. 包装种类

包装种类指装箱单或提运单据所反映的货物处于运输状态时的最外层包装。包括：裸装、散装和件货。

本栏目应根据进出口货物的实际外包装种类，选择填报相应的包装种类。如木箱、纸箱、铁桶、散装、裸装、托盘、包、捆及袋等。

27. 毛重（千克）

本栏目填报进出口货物及其包装材料的重量之和，计量单位为千克，不足 1 千克的填报为"1"。

28. 净重（千克）

本栏目填报进出口货物的毛重减去外包装材料后的重量，即货物本身的实际重量，计量单位为千克，不足 1 千克的填报为"1"。

29. 集装箱号

集装箱号是在每个集装箱箱体两侧标示的全球唯一的编号。其组成规则：箱主代号（3 位字母）+设备识别号"U"+顺序号（6 位数字）+校验码（1 位数字），例如 EASU9809490。常见规格为 20 英尺和 40 英尺。

本栏目填报要求如下：

（1）集装箱号以"集装箱号"+"/"+"规格"+"/"+"自重"的方式填报。

（2）多个集装箱的，第一个集装箱号填报在"集装箱号"栏中，其余的依次填报在"标记唛码及备注"栏中。

(3)非集装箱货物,填报为0。

30. 随附单据

随附单据指除进出口许可证以外的监管证件代码及编号。填写格式为:监管证件代码+":"+监管证件编号。主要监管证件代码见表4-16。

表4-16 主要监管证件代码表

代码	监管证件名称	代码	监管证件名称
1	进口许可证	E	濒危物种允许出口证明书
4	出口许可证	F	濒危物种允许进口证明书
5	纺织品临时出口许可证	O	自动进口许可证(新旧机电产品)
7	自动进口许可证	P	固体废物进口许可证
A	入境货物通关单	Y	原产地证明
B	出境货物通关单	v	自动进口许可证(加工贸易)

31. 用途/生产厂家

用途是指进口货物在境内应用的范围。进口货物填报用途,应根据进口货物的实际用途,按海关规定的《用途代码表》选择填报相应的用途名称或代码。重点用途代码表见表4-17。生产厂家是指出口货物的境内生产企业的名称,该栏仅供必要时填报。

表4-17 重点用途代码表及使用范围

代码	名称	适用范围
01	外贸自营内销	有外贸进出口经营权的企业,在其经营范围内以正常方式成交的进口货物
03	其他内销	进料加工转内销部分、来料加工转内销货物以及外商投资企业进口供加工内销产品的料件
04	企业自用	进口供本单位(企业)自用的货物,如外商投资企业以及特殊区域内的企业、事业和机关单位进口自用的机器设备等
05	加工返销	来料加工、进料加工、补偿贸易和外商投资企业为履行产品出口合同从国外进口料件,用于在国内加工后返销到境外

32. 标记唛码及备注

本栏目填制要求如下:

(1)标记唛头专指货物的运输标志。英文表示为 Marks、Marking 等。

(2)填报货物运输包装上的标记唛码中除图形以外的所有文字、数字。无标记唛码的免于填报。

(3)涉及经营单位填报需要备注说明的内容:受外商投资企业委托代理其在投资总额内进口投资设备、物品的外贸企业名称填写在本栏,应填写"委托××××××公司进口"。

(4)所申报货物涉及多个监管证件的,除第一个监管证件以外的其余监管证件和代码。格式为:监管证件的代码+":"+监管证件编号。

(5)所申报货物涉及多个集装箱的,除第一个集装箱号以外的其余的集装箱号。格式为:

"集装箱号"+"/"+"规格"+"/"+"自重"。

33. 项号

项号是指申报货物在报关单中的商品排列序号。

本栏目分两行填报。第一行填报报关单中的商品顺序编号；第二行专用于加工贸易、减免税等已备案、审批的货物，填报和打印该项货物在《加工贸易手册》或《征免税证明》等备案、审批单证中的顺序编号。

34. 商品编号

"商品编号"栏应填报《进出口税则》8位税则号列，有附加编号的，还应填报附加的第9、10位附加编号。

35. 商品名称、规格型号

报关单中的商品名称，是指进出口货物规范的中文名称。商品的规格型号是指反映商品性能、品质和规格的一系列指标，如品牌、等级、成分、含量、纯度、大小、长短、粗细等。

本栏目分两行填报及打印。第一行填报进出口货物规范的中文商品名称，第二行填报规格型号。

36. 数量及单位

数量是指进出口商品的实际数量。计量单位分为成交计量单位和海关法定计量单位。

本栏目分三行填报及打印。

（1）第一行应按进出口货物的法定第一计量单位填报数量及单位，法定计量单位以《中华人民共和国海关统计商品目录》中的计量单位为准。

（2）凡列明有法定第二计量单位的，应在第二行按照法定第二计量单位填报数量及单位。无法定第二计量单位的，本栏目第二行为空。

（3）成交计量单位及数量应填报在第三行。如成交计量单位与海关法定计量单位一致时，本栏目第三行为空。

37. 原产国（地区）/最终目的国（地区）

原产国（地区）是指进口货物的生产、开采或加工制造的国家或地区。最终目的国（地区）是指已知的出口货物最后交付的国家或地区，也即最终实际消费、使用或作进一步加工制造的国家或地区。

按海关规定的《国别（地区）代码表》选择填报相应国别（地区）的中文名称或代码。国别（地区）为非中文名称时，应翻译成中文名称填报或填报其相应代码。

38. 单价、总价、币值

单价是指商品的一个计量单位以某一种货币表示的价格。总价是指进出口货物实际成交的商品总价。币制是指进出口货物实际成交价格的计价货币。

"单价"栏填报同一项号下进出口货物实际成交的商品单位价格的金额，只填报单价的数值，不需要填报计价的单位（计量单位）和计价货币（币制）。

"总价"栏填报同一项号下进出口货物实际成交的商品总价。总价如非整数，其小数点后保留4位，第5位及以后略去。

"币制"栏按海关规定的《货币代码表》选择相应的货币名称及代码填报，常用币制代码见表4-18。

表 4-18　常用币制代码表

币制代码	币制符号	币制名称	币制代码	币制符号	币制名称
110	HKD	港币	116	JPY	日元
142	CNY	人民币	303	GBP	英镑
502	USD	美元	300	EUR	欧元

39．征免

征免是指海关依照《中华人民共和国海关法》和《中华人民共和国进出口关税条例》及其他法律、行政法规，对进出口货物进行征税、减税、免税或特案处理的实际操作方式。

海关规定有 9 种征免方式，见表 4-19，其中最常使用的征免方式就是照章征税和全免。

表 4-19　征免方式代码表

代码	名称	代码	名称
1	照章征税	6	保证金
2	折半征税	7	保函
3	全免	8	折半补税
4	特案	9	全额退税
5	随征免性质		

本栏目应按照海关核发的《征免税证明》或有关政策规定，对报关单所列每项商品选择海关规定的《征减免税方式代码表》中相应的征减免税方式填报。

40．税费征收情况

本栏目供海关批注进（出）口货物税费征收及减免情况。

41．录入员

本栏目用于记录录入人员名称。

42．录入单位

本栏目用于记录录入单位名称。

43．填制日期

本栏目填报申报单位填制报关单的日期。本栏目为 8 位数字，顺序为年（4 位）、月（2 位）、日（2 位）。

44．海关审单批注及放行日期（签章）

本栏目供海关作业时签注。

学生训练

1．单选题

（1）海关统计部门收集整理进出口统计数据的原始凭证和唯一资料来源是进出口货物报关单中的（　　）。

　　A．海关作业联　　　　　　　　B．海关留存联
　　C．企业留存联　　　　　　　　D．海关核销联

（2）下列说法（　　）是不正确的。
　　A．一份报关单只允许填报一个运输工具名称
　　B．一份报关单只允许填报一个提运单号
　　C．一份报关单只允许填报一种贸易方式
　　D．一份报关单只允许填报一个集装箱号

（3）某公司一次到货一批进口木材，分属甲（一般贸易合同）、乙（加工贸易合同）两个合同项，清单简列如下：
- 胶合板，三种规格，合同甲，海运提单号：A01、A02、A03。
- 地板条，一种规格，合同甲，海运提单号：A04。
- 锯材，两种规格，合同乙，海运提单号：B01、B02。
- 薄板，两种规格，合同乙，海运提单号：B03、B04。

该公司在向海关一次性申报进口时，应填报（　　）报关单。
　　A．1份　　　　　B．2份　　　　　C．4份　　　　　D．8份

（4）报关单按照（　　），分为进口货物报关单和出口货物报关单。
　　A．表现形式　　　　　　　　　B．使用性质
　　C．进出口状态　　　　　　　　D．流转状态

（5）报关单按照（　　），分为纸质报关单和电子报关单。
　　A．表现形式　　　　　　　　　B．使用性质
　　C．进出口状态　　　　　　　　D．流转状态

2．判断题

（1）同一公司进口的多提单货物可以填在同一份报关单上。　　　　　　　（　　）

（2）货物不同批文/合同、同一批但不同贸易方式、不同备案号、提运单，不同征免性质、运输方式等，应该分单填报。　　　　　　　　　　　　　　　　　　　　　　（　　）

（3）某仪器进出口公司从日本购得分属三个合同的同样规格不同数量的精密仪器，并同一船同时运达。这些货物品种单一且数量不大，申报时可用一份进口货物报关单，准确、真实、齐全地向海关填报。　　　　　　　　　　　　　　　　　　　　　　　　　　　（　　）

（4）进出口货物报关单是海关对进出口货物进行监管、征税、统计和开展稽查、调查的重要依据，是加工贸易进出口货物核销、出口货物退税和外汇管理的重要凭证，也是查处进出口货物走私、违规的重要的书面依据。　　　　　　　　　　　　　　　　　　（　　）

（5）《出口货物报关单》的"出口退税证明联"是海关对已办理出口申报的货物所签发的证明文件。　　　　　　　　　　　　　　　　　　　　　　　　　　　　　（　　）

3．报关单填制

（1）根据所提供的资料填制进口货物报关单。

资料一：广州电梯有限公司（440193****）持 C51066000019 号加工贸易手册向海关申报进口电梯用曳引机一批，该批货物列手册第 22 项，法定计量单位同成交计量单位。保险费率为 0.3%。

资料二：

托运人 Shipper SCHENKER INTL(H.K.) LTD. O/B OMS GETRIEBE UND ZAHNRDFABRIK		粤海运输有限公司 GUANGDONG TRANSPORTATION LTD. TEL:2815 3398　　FAX:2541 9824	
收货人 Consignee 广州电梯有限公司 GUANGZHOU ELEVATOR CO.,LTD GUANGHUA ROAD GUANGZHOU 510425		船舶代码：5201904008 直达或转船提单 BILL OF LADING DIRECT OR WITH TRANSHIPMENT	
通知地址 Notify address SAME AS CONSIGNEE			
Vessel SUI DONG FANG	Voy No. 510100607150	Number of Original B/L THREE	B/L No. 06XF02014
Port of loading HONG KONG	Port of discharge XIN FENG (GUANG ZHOU)	Final destination XIN FENG (GUANG ZHOU)	Freight payable at HONG KONG
Marks and Nos.	Number and kind of packages	Description of goods	Net weight (kgs)	Gross weight(kgs)	Measurement (m^3)
6005343 6005344 6004843 6005273	13 CASES	电梯零件	7073	7640	12.88

KCRU9912601/40HQ/GDTL05448/04909
TOTAL: THIRTEEN(13)CASES(S)ONLY

以上细目由托运人提供
ABOVE PARTICULARS TURNISHED BY SHIPPER

运费和费用　Freight and charges
运费预付　FREIGHT PREPAID
　　CY/CY

签单地点和日期　　　HONGKONG 15 JUL 2006
Place and date of issue

代表承运人签字
Signed for or on behalf of the Carrier

资料三：
OMS Antriebstechnik OHG Postfach 36219 Cornberg
Guangzhou Elevator Co. Ltd Guanghua Road
GD 510425 Guangzhou, China

INVOICE & PACKING LIST - No. 520207

7 cases of ECH3 ESCALATOR MACHINE   4260 kgs gross weight
    3980 kgs net weight

Description of Goods and / or Services
14.000 units of ECH3 11.0 kW-380/415V-50Hz
Contract No. B7 NU 0945-46
UNIT PRICE: € 3,706.22

EX-WORKS   EUR 51,887.08

SHIPMENT BY SEAFREIGHT FROM HAMBURG, GERMANY FOR TRANSPORTATION TO: GUANGZHOU, CHINA

PAYMENT: T/T PAYMENT

COUTRY OF ORIGIN: FEDRAL REPUBLIC OF GERMANY
02.06.2006
AS manufacturer
OMS-ANTRIEBSTECHNIK

资料四:

SCHENKER
Logistics

TO: GUANGZHOU ELEVATOR CO.LTD   SCHENKER(H.K.) LTD.
GUANGZHOU CHINA 510425   38/F CHINA RESOURCES BLDG. 26 HARBOUR
GUANGZHOU   ROAD, WANCHAI HONGKONG
A/C:10203437   EC.MTH.: 2006/07

****

Freight Note   4950607778

This serves as the Freight/Charges Note and is not an Invoice.
Please contact us if there is any changes/discrepancies

****

Marks & Numbers	Pos	Description of Goods	Gross Weight(kgs)	Cbm
	13		7640.000	12.880
6005343				
6005344		ESCALATOR MACHINE		
6004843				
6005273		FREIGHT COLLECT		

Charge Description	Factor Base	Cur.	Inv.	Amount
INLAND FREIGHT		USD		583.16
OCEAN FREIGHT		USD		1030.40
OTHER CHARGES		USD		517.51
TOTAL AMOUNT		USD		2131.07

Remarks:
All business, whether involving transport or not, is handled subject to our general conditions

中华人民共和国海关进口货物报关单

预录入编号：　　　　　　　　　　　　　　　海关编号：

进口口岸	备案号	进口日期	申报日期	
经营单位	运输方式	运输工具名称	提运单号	
收货单位	贸易方式	征免性质	征税比例	
许可证号	起运国（地区）	装货港	境内目的地	
批准文号	成交方式	运费	保费	杂费
合同协议号	件数	包装种类	毛重（千克）	净重（千克）
集装箱号	随附单据	用途		
标记唛码及备注				

项号	商品编号	商品名称	规格型号	数量及单位	原产国	单价	总价	币制	征免
------	------	------	------	------	------	------	------	------	------

税费征收情况

录入员　　　录入单位	兹声明以上申报无讹并承担法律责任	海关审单批注及放行日期（盖章）
报关员	申报单位（盖章）	审单　　　　审价
单位地址		征税　　　　统计
邮编　　　电话	填制日期	查验　　　　放行

（2）根据所提供的资料填制进口货物报关单

资料一：广州斯达电子有限公司为海关 C 类管理企业，进口冷轧铁条（加工贸易限制类商品）一批用于加工成品出口，规格为直径 18mm 与 13.9mm，分别位列 B51055200188 号手册备案料件第 7、8 项，入境货物通关单号为 440130106008121，法定计量单位为千克。

资料二：

BILL OF LADING

Shipper MING YANG LINE(H.K.)LTD 22/F EVER GREEN PLAZA, TOWER 1,KWAI CHUNG, HONGKONG	B/L No.XH666002495		
Consignee TO ORDER OF THE HOLDER OF MING YANG MARINE TRANSPORTATION CORP ORIGINAL THRU B/L No. YMLU12020060693	广州岭南物流服务有限公司 GUANGZHOU RING NAM LOGISTICS SERVICES LTD.		
Notify Party 广州斯达电子有限公司 TEL:86428××× FAX:86429×××	运输工具编号：5101550125 船舶代码：5101550125		
Vessel XIE HANG 666	Voy No. 510100607200	Port of Loading 香港	Port of Discharge 广州新风
Mark & Nos.	No. of Packages	Packing	Description of Goods	Gross Weight KGS	Measurement CBM
			SHIPPER'S LOAD，COUNT & SEAL 1×20'GP TKL/CY S.T.C. 冷轧钢条等一批	15,009.000	25.000
	17 BUNDLE				
No.:1-UP SPEC: N.W.: KGS KEEFU METAL T/C FM KEELUNG TO GUANGZHOU VIA HONGKONG EX YM PEAR RIVER I P15 CONTAINER NO./SEAL/SIZE YMLU3129802/YML5680541/20'GP					
Total No. of Packages or Containers TOTAL: ONE(1)×20'GP CONTAINER(S) ONLY.***					
Remarks	Loaded on board on		
	Date of Departure 2006/07/20		

续表

Freight payable at 香港	Number of Original B/L THREE(3)	Place & Date of Issue HONGKONG 2006/07/20
Freight and Charges		Signed for and on behalf of the Carrier

资料三：

鹏威国际（香港）有限公司
BOND WEALTH INTERNATIONAL (H.K.) LIMITED
INVOICE

ORIGINAL

TO: 广州斯达电子有限公司 广州石井石潭西路×××号	Invoice No: 05ZX(INP)004
	Invoice Date: 2006/07/13
	L/C(P/O) No.:
	Delivery Note No.:
	Payment Terms:
	Page:

Shipped from:	香港	To:	广州	per	on/about

ITEM	DESCRIPTION	QUANTITY	UNIT PRICE	AMOUNT
	冷轧铁条/直径 13.9mm	10919kgs	0.40	4367.60
	冷轧铁条/直径 18mm	4039kgs	0.40	1615.60
			合计 CIF 广州 USD：	5983.20

资料四：

鹏威国际（香港）有限公司
BOND WEALTH INTERNATIONAL (H.K.) LIMITED
PACKING LIST

ORIGINAL

BUYER: 广州斯达电子有限公司 广州石井石潭西路×××号 Consignee(if other buyer)	Invoice No: 05ZX(INP)004
	Shipped per:
	On or about
	From: HONGKONG To: GUANGZHOU

续表

		Country of Origin:		TAIWAN
		L/C(P/O) No.:		
Item	Description	Quantity	Net Weight	Gross Weight
1	冷轧铁条/直径13.9mm	749 kgs	749 kgs	752 kgs
2	冷轧铁条/直径13.9mm	728 kgs	728 kgs	731 kgs
3	冷轧铁条/直径13.9mm	737 kgs	737 kgs	740 kgs
4	冷轧铁条/直径13.9mm	728 kgs	728 kgs	731 kgs
5	冷轧铁条/直径13.9mm	745 kgs	745 kgs	748 kgs
6	冷轧铁条/直径13.9mm	733 kgs	733 kgs	736 kgs
7	冷轧铁条/直径13.9mm	733 kgs	733 kgs	736 kgs
8	冷轧铁条/直径13.9mm	740 kgs	740 kgs	743 kgs
9	冷轧铁条/直径18mm	1022 kgs	1022 kgs	1025 kgs
10	冷轧铁条/直径18mm	1009 kgs	1009 kgs	1012 kgs
11	冷轧铁条/直径13.9mm	1008 kgs	1008 kgs	1011 kgs
12	冷轧铁条/直径13.9mm	1002 kgs	1002 kgs	1005 kgs
13	冷轧铁条/直径13.9mm	1002 kgs	1002 kgs	1005 kgs
14	冷轧铁条/直径13.9mm	1012 kgs	1012 kgs	1015 kgs
15	冷轧铁条/直径13.9mm	1002 kgs	1002 kgs	1005 kgs
16	冷轧铁条/直径18mm	1004 kgs	1004 kgs	1007 kgs
17	冷轧铁条/直径18mm	1004 kgs	1004 kgs	1007 kgs
合计 17		14958 kgs	14958 kgs	15009 kgs

中华人民共和国海关进口货物报关单

预录入编号： 　　　　　　　　　　　　　海关编号：

进口口岸	备案号	进口日期	申报日期
经营单位	运输方式	运输工具名称	提运单号
收货单位	贸易方式	征免性质	征税比例
许可证号	起运国（地区）	装货港	境内目的地
批准文号	成交方式	运费	保费	杂费
合同协议号	件数	包装种类	毛重（千克）	净重（千克）

续表

集装箱号	随附单据	用途
标记唛码及备注		

项号	商品编号	商品名称	规格型号	数量及单位	原产国	单价	总价	币制	征免
------	------	------	------	------	------	------	------	------	------
------	------	------	------	------	------	------	------	------	------
------	------	------	------	------	------	------	------	------	------
------	------	------	------	------	------	------	------	------	------

税费征收情况		
录入员　　　录入单位	兹声明以上申报无讹并承担法律责任	海关审单批注及放行日期（盖章）
		审单　　　审价
报关员	申报单位（盖章）	征税　　　统计
单位地址		
邮编　　　电话	填制日期	查验　　　放行

（3）根据所提供的资料填制出口货物报关单。

资料一：大连万凯化工贸易公司（210291××××）代理大连万凯化工有限公司（210225××××）对外签约出口三氯硝基甲烷（无出口税，法定计量单位为千克）。经营单位持有毒化学品出口环境管理放行通知单（代码X，证号TE050616005）、出口农药登记证明（代码S，证号CH200511818）、出口许可证（05-AA-701226），于2005年5月31日向海关申报，次日货物出口。

资料二：

大连万凯化工贸易公司

DALIAN PAN-CHEM TRADING CORPORATION

INVOICE

INVOICE NO.82N3430213　　　　　Dalian,23 MAY 2005
To:PAN-CHEM COMPOUNDS SINGAPORE LTD.　　Contract No.XM2004NA266
Shipped per＿＿＿＿from　DALIAN　to　SINGAPORE　　on or about＿＿＿＿＿＿

Shipping Mark		Amount
SINGAPORE	CHLOROPICRIN 99.5% MIN	
FOR TRANSSHIPMENT TO	AT USD 459/DRUM FOB DALIAN	
CHITTAGONG,BANGLADESH	QUANTITY:680 DRUMS	USD312,120.00
GROSS WEIGHT: 294KGS	TERM:D/A 60 DAYS FROM B/L DATE	
TARE WEIGHT: 24KGS	BCL FEF NO.:02/3314	
SHIPMENT NO.: 2	ACIDITY:70PPM MAX	
	WATER:150PPM MAX	
	DENSITY:1.654-1.663	
	TOXOCITY:HIGH POISONOUS	
	LESS PREPAYMENT 10%	USD31,212.00
	LESS DISCOUNT 5%	USD15,606.00
	TOTAL TO BE INVOICED	USD265,302.00

DALIAN PAN-CHEM
TRADING CORPORATION

资料三：

大连万凯化工贸易公司
DALIAN PAN-CHEM TRADING CORPORATION

PACKING LIST

INVOICE NO.82N3430213   Dalian, 23 MAY 2005
COMMODITY   CHLOROPICRIN 99.5% MIN
NAME OF STEAMER   CSCL YANTIAN 0042S   NO.& DATE OF B/L ZIMUDA927057/31.05.05

Shipping Mark	
SINGAPORE	183.6 MT CHLOROPICRIN 99.5% MIN
FOR TRANSSHIPMENT TO	PACKING:270KGS NET IN GALVANIZED IRON DRUMS
CHITTAGONG,BANGLADESH	QUANTITY:680 DRUMS IN 170 PALLETS
GROSS WEIGHT: 294KGS	GROSS WEIGHT
TARE WEIGHT:24KGS	MEASUREMENT
SHIPMENT NO.: 2	BCL P.O.:02/3341
	DELIVERY UNDER 2 CONSECUTIVE SHIPMENTS

CONTAINERS No.:	SEAL No.	TYPE	TARE KGS
CLHU3122339		20'DRY	2275
CLHU3122597		20'DRY	2275
CLHU3122811		20'DRY	2275
CLHU3122827		20'DRY	2275
CLHU3122869		20'DRY	2275
CLHU3122940		20'DRY	2275

CLHU3122961		20'DRY	2275
CLHU3122977		20'DRY	2275
CLHU3122979		20'DRY	2275
CLHU0762612		40'DRY	4080

DALIAN PAN-CHEM
TRADING CORPORATION

中华人民共和国海关出口货物报关单

预录入编号：　　　　　　　　　　　　　海关编号：

出口口岸	备案号	出口日期	申报日期	
经营单位	运输方式	运输工具名称	提运单号	
收货单位	贸易方式	征免性质	结汇方式	
许可证号	运抵国（地区）	指运港	境内货源地	
批准文号	成交方式	运费	保费	杂费
合同协议号	件数	包装种类	毛重（千克）	净重（千克）
集装箱号	随附单据		生产厂家	
标记唛码及备注				
项号	商品编号	商品名称、规格型号	数量及单位	最终目的国	单价	总价	币制	征免

（4）根据所提供的资料填制进口货物报关单。

资料一：天津华海勘测服务有限公司（120722××××）在投资总额内进口泥浆泵（法定计量单位：台），向海关申请取得 Z02024A50706 号征免税证明（海关签注的征免性质为"鼓励项目"）。泥浆泵随其他设备同批进口，单独向海关作出申报。

保险费率：2.7‰。

资料二：

BILL OF LADING

SHIPPER/EXPORTER PANTAINER EXPPESS LINE P.O. BOX 60164 AMF HOUSTON, TX 77205		BOOKING No. HOU4A058270	BILL OF LADING No. HJSCLGBA00347202
		EXPORT REFRENCES	
CONSIGNEE PANALPINA CHINA LTD ROOM ×××× SINOTRANS LIAONING BLDG 85-1 RENMIN ROAD ZHONGSHAN DISTRICT DALIAN 116001 LIAONING CHINA		FORWARDING AGENT REFERENCES PANTAINER EXPPESS LINE P.O. BOX 60164 AMF HOUSTON, TX 77205 U.REF: 050-617630	
NOTIFY PARTY SAME AS CONSIGNEE		POINT AND COUNTRY OF ORIGIN	
		ALSO NOTIFY /DOMESTIC ROUTING PANALPINA CHINA LTD ROOM ×××× SINOTRANS LIAONING BLDG 85-1 RENMIN ROAD ZHONGSHAN DISTRICT DALIAN 116001 LIAONING CHINA	
PIER OR PLACE OF RECEIPT HOUSTON. TX	PRE –CARRIAGE BY		
VESSEL VOY(FLAG) YONG YUE 6 V0445W	PORT OF LOADING LONG BEACH, CA	TRPE OF MOVE	CONTAINERIZED(VESSEL ONLY)
PORT OF DISCHARGE BUSAN,KOREA	PLACE OF DELIVERY DALIAN SEAPORT,P.R.CHINA	FINAL DESTINATION(FOR THE MERCHANT'S REFERENCE ONLY)	
PARTICULARS FURNISHED BY SHIPPER			
CONTAINER No. MARKS & NOS.	No. OF PKGS OR CONTAINERS	KIND OF PACKAGES; DESCRIPTION OF GOODS	TOTAL GROSS WEIGHT KGS	TOTAL MEASUREMENT CBM

			26,723,000	
SHIPPER'S LOAD & COUNT 1×20ST CONTAINER SAID TO CONTAIN:				
2×40ST CONTAINER SAID TO CONTAIN:				
HJCU7492121		24 PACKAGES IN A TOTAL		
TARE 4050 KGS 8819.000KGS 8PKGS		MUD CONDITIONING SYSTEM (OIL WELL SUPPLIES)		
HJCU8030278		UNDER CONTRACT		
TARE 2280 KGS 10068.000KGS 4PKGS		NO. Z04SLCS-NO1005		
WFHU4032026		4 SHALE SHAKER, 2 DEGASSER,11MUD PUMPS		
TARE 4050 KGS 7836.000KGS 12PKGS		L/C No. LC21A5756/04 FREIGHT PREPAID NO SED BEQUIRED 132564822-5HOU749809		
TOTAL No. of container or packages(in words) ONE TWENTY AND TWO FORTY FOOT CONTAINERS ONLY				
FREIGHT & CHARGES	RATE AS	RATE	PER	PREPAID	COLLET	LADEN ON BOARD THE VESSEL Date 22 OCT 2004 BY

FREIGHT	ALL AS	ARRANGED			PLACE OF B(s)/L ISSUE
		TOTAL			No. OF ORGINAL B(s)/L SIGNED
		AT			DATE OF B(s)/L ISSUE
				HANHIN SHIPPING CO.,LTD As Carrier By_____	

资料三:

Shipper:

National Oilwell L.P. 1000 RICHMOND, HOUSTON,TX(TEXAS)   USA 77042

Number & Date: Mudsystem 10/16/04

L/C Number: LC21AQ5756/04

Invoice

Sold to:

Tianjin HuaHai Reconnaissance Services Company Limited

Tianjin,China

TEL: +86-22-8452-××××

FAX: +86-22-8452-××××

Item	Commodity Description	CTNR	QTY(set)	Amount(USD)
1	BEM-600 Shale shaker with Flow Divider	HJCU7492121	4	382,434.60
2	Degasser, CD 14000	HJCU8030278	2	72,380.00
3	Mud pump for trip tank	WFHU4032026	2	11,142.00
4	Mud pump for mud mixing		2	23.000.00
5	Mud pump for mud charge		3	30,000.00
6	Mud pump for base oil transfer		2	24,572.00
7	Mud pump for brine transfer		1	8,214.00
8	Mud pump for LP shear		1	15,793.00
		Total:	17	
		Total: in USD		567,535.60

Covering :

UNDER CONTRACT No.   Z04SLCS-NOI0005

4 SHALE SHAKER, 2 DEGASSER, 11 MUD PUMPS

TOTAL AMOUNT: USD567,535.60

PRICE TERM: C AND F DALIAN SEAPORT, P.R. CHINA

SHIPPING MARK: Z04SLCS-NO10005

DALIAN, P.R. CHINA

PACKING CONDITIONS: PACKED IN STRONG WOODEN CASE(S) SUITABLE FOR LONG DISTANCE

OCEAN AND INLAND TRANSPORTATION AND TO CHANGE OF CLIMATE
MANUFACTURER: N.O.W., NORWAY

ISSUED BY THE NATIONAL OIL WELL L.P.

NATIONAL OIL WELL L.P.
10000 RICHMOND, HOUSTON, TEXAS,77042

中华人民共和国海关进口货物报关单

预录入编号：　　　　　　　　　　　　　　　　　海关编号：

进口口岸	备案号	进口日期	申报日期	
经营单位	运输方式	运输工具名称	提运单号	
收货单位	贸易方式	征免性质	征税比例	
许可证号	起运国（地区）	装货港	境内目的地	
批准文号	成交方式	运费	保费	杂费
合同协议号	件数	包装种类	毛重（千克）	净重（千克）
集装箱号	随附单据		用途	

标记唛码及备注

项号	商品编号	商品名称	规格型号	数量及单位	原产国	单价	总价	币制	征免
--									
--									
--									
--									
--									

税费征收情况

续表

录入员　　　录入单位	兹声明以上申报无讹并承担法律责任	海关审单批注及放行日期（盖章）	
		审单	审价
报关员	申报单位（盖章）	征税	统计
单位地址			
邮编　　　电话	填制日期	查验	放行

（5）根据所提供的资料填制出口货物报关单。

资料一：南京某进出口公司出口小五金工具一批，外汇核销单号为32C199255，出境货物通关单号为310050204415308000。

该批货物及其法定计量单位分别为，钢卷尺：个；攻丝工具：千克/个；锉刀：千克/个。

资料二：

INVOICE

To Messrs.　　　　　　　　　　　　　　　　DATE: MAY.12, 2004
　PANMARK IMPEX PTE LTD.
　432 BELESTIER ROAD PUBLIC MANSION
　#6-440E SINGAPORE 329813

Invoice No. SUNJ04M3109　　　　　　　MARKS & Numbers:
S/C No.　CB0406BMC　　　　　　　　　BRIGHT
L/C No.　T/T　　　　　　　　　　　　CHITTAGONG
Shipped Per: JOLLY
VOY:　031S
From SHANGHAI to CHITTAGONG with transshipment via SINGAPORE
B/L No.　PSHSINO4Y8039

Description	Packages	Quantity	Unit Price	Amount
TOOLS & HARDWARE EQUIPMENTS				CFR SINGAPORE
MEASURING TAPE	120CTNS	100.00 GROSSS	@USD29.4140/GROSS	USD2941.40
THREADED TOOLS	106CTNS	1700.00 DOZS	@USD29.4140/DOZ	USD5591.64
CUTTING FILE	544CTNS	4425.00 GROSSS	@USD15.3316/GROSS	USD67842.33

SUB TOTAL:　　　　　　　　　　USD76375.37(FREIGHT USD3000.00 INCLUDED)
　　　　　　　　　　　　　　　　　　　　　　　　INSURANCE: USD250.00
　　　　　　TOTAL:　　　　　　　　　　　　　　　　　　　　　USD76625.37
PACKAGES:　770 CTNS
QUANTITY:　6225.00 S
1 DOZEN=12PCS
1 GROSS=12DOZS

　　　　　　　　　　　　　　　NANJING MACHINERY METALS, MINERALS,
　　　　　　　　　　　　　　　MEDICINES & HEALTH PRODUCTS I/E
　　　　　　　　　　　　　　　CORP.LTD. CHINA

资料三：

PACKING LIST

DATE:MAY.12,2004
Invoice No. SUNJ04M3109
S/C No. CB0406BMC
L/C No. T/T
Shipped Per: JOLLY
VOY: 031S
From SHANGHAI to CHITTAGONG with transshipment via SINGAPORE
B/L No. PSHSINO4Y8039

MARKS & Numbers:
BRIGHT
CHITTAGONG

Description	Packages	Quantity	Gross	Nets
TOOLS & HARDWARE EQUIPMENTS				
MEASURING TAPE	120CTNS	100.00 GROSSS	1800.00KGS	1560.00KGS
THREADED TOOLS	106CTNS	1700.00 DOZS	4040.00KGS	3404.00KGS
CUTTING FILE	544CTNS	4425.00 GROSSS	12774.00KGS	10598.00KGS

TOTAL: 18614.00KGS   15562.00KGS

PACKAGES: 770 CTNS 1×20'CONTAINER(GMDU2414620)
QUANTITY: 6225.00 S
MEASS: 26.00CBM

NANJING MACHINERY METALS,MINERALS,
MEDICINES & HEALTH PRODUCTS I/E
CORP.LTD. CHINA

中华人民共和国海关出口货物报关单

预录入编号：　　　　　　　　　　　　　海关编号：

出口口岸	备案号	出口日期	申报日期
经营单位	运输方式	运输工具名称	提运单号
收货单位	贸易方式	征免性质	结汇方式
许可证号	运抵国（地区）	指运港	境内货源地
批准文号	成交方式	运费	保费	杂费
合同协议号	件数	包装种类	毛重（千克）	净重（千克）
集装箱号	随附单据		生产厂家	

续表

标记唛码及备注								
项号	商品编号	商品名称、规格型号	数量及单位	最终目的国	单价	总价	币制	征免

税费征收情况

录入员	录入单位	兹声明以上申报无讹并承担法律责任	海关审单批注及放行日期（盖章）
			审单　　　审价

（6）根据所提供的资料填制进口货物报关单。

资料一：万威微型电机大连有限公司（2102245678）持 C09033401543 登记手册进口第一项料件塑料垫圈（非法检商品，法定计量单位为千克）。

0900	大连海关	0901	大连港湾	0902	大连机场
0903	连开发区	0904	连加工区	0905	开北良办
0906	连保税区	0908	连大窑湾	0909	大连邮办

资料二：

HONSAM & CO.,LTD。

INVOICE

DATE: 2004/07/19　　　　　　　　　　　　　　　　　　INVOICE No.: K-9307190011

MESSR: W.& W. MICROMOTOR DALIAN LTD.
#88 HUANGHAI W.RD
DALIAN ECONOMIC AND TECHNICAL DEVELOPMENT ZONE, CHINA
TEL: 0411-8778-1122
FAX: 0411-8778-1188
INVOICE OF: TAIWAN MAKE NON METAL WASHIER
TERMS SHIPPING: US$/C AND F DALIAN NET T/T 30 DAYS
SALES CONTRACT No.: 03DL 022
SHILING ON OR ABOUT:

O.N.	DESCRIPTION OF GOODS	QUANTITY	UNIT PRICE/kp	AMOUNT
104083	SHAFT SUPPORT MATERIAL 93-346	20,000M	0.2000	4,000.00
105525	WASHIER 05-610M	1,000K	1.0000	1,000.00
105526	WASHIER 05-610M	3,000K	1.0000	3,000.00
105527	WASHIER 05-610M	3,000K	1.0000	3,000.00
105528	WASHIER 05-610M	200K	0.7500	150.00
105614	WASHIER 05-610M	200K	1.2500	250.00
105529	SHAFT SUPPORT MATERIAL 93-346	40,000M	0.2000	8,000.00
Note: 1k=1000pcs			TOTAL:	US$19,400.00

HONSAM & CO.,LTD.

资料三：

PACKING/WEIGHT LIST

MESSER: W.&W. MICROMOTOR DALIAN LTD.　　　DATE: 19-JUL.-04
　　　　　　　　　　　　　　　　　　　　　　　　No.: 20407032
SHIPPING FROM: TAIPEI　　　　　　　　　　　HONSAM & CO.,LTD
THROUGH: HONGKONG TO DALIAN　　　　　　6F NO. 118,LANE 235,PAO CHIAO RD.,
B/L: 784-0084 1691(M.A.W.B. /HK-DLC)　　　　HSIN DIEN CITY,TAIPEI,TAIWAN
　　　　　　　　　　　　　　　　　　　　　　　　TEL: 886-2-89121608-4 LINE
　　　　　　　　　　　　　　　　　　　　　　　　FAX: 886-2-89121688

shipping mark Carton no.	description		remark drawing no	quantity k(pcs)	weight		total pcs
					net	gross	
No.1	105525	1.97*3.4*0.25	05-610M	1000	13.00	14.00	
	105526	1.97*3.4*0.25	05-610M	3000			
	105527	1.97*3.4*0.25	05-610M	3000			
	105528	1.50*3.2*0.25	05-358M	200			
	105614	1.50*3.6*0.25	05-305M	200			
No.2-7	105529	0.25*7	93-436	6000M*6	12.65*6	13.15*6	
No.8	105529	0.25*7	93-436	4000M	12.65	13.15	
	104083	0.25*7	93-436	2000M			
No.9-11	104083	0.25*7	93-436	6000M*3	12.65*3	13.15*3	

HONSAM & CO.,LTD.

中华人民共和国海关进口货物报关单

预录入编号：　　　　　　　　　　　　　　　海关编号：

进口口岸	备案号	进口日期	申报日期	
经营单位	运输方式	运输工具名称	提运单号	
收货单位	贸易方式	征免性质	征税比例	
许可证号	起运国（地区）	装货港	境内目的地	
批准文号	成交方式	运费	保费	杂费
合同协议号	件数	包装种类	毛重（千克）	净重（千克）
集装箱号	随附单据		用途	
标记唛码及备注				

项号	商品编号	商品名称	规格型号	数量及单位	原产国	单价	总价	币制	征免
--------	--------	--------	--------	--------	--------	--------	--------	--------	--------

税费征收情况

录入员　　　录入单位	兹声明以上申报无讹并承担法律责任 申报单位（盖章） 填制日期	海关审单批注及放行日期（盖章） 审单　　　审价 征税　　　统计 查验　　　放行
报关员 单位地址 邮编　　　电话		

单元小结

货物报关报检是进出口航空货运货物的必须环节,通过此单元的学习,学生熟悉了报关和报检的基础知识,熟悉不同监管货物的报关和报检要求,能够填制报检单和报关单。

单元拓展

1. 拓展一

【项目背景】

北京旬日服装进出口公司,是国内知名的服装进出口商,最近拟从北京以一般贸易方式出口美国诺立森公司手工钩织挂毯一批。挂毯为中国制造,由50%涤纶和50%丙纶材料织成,共6纸箱,毛重90kg,由北京空运到纽约。北京旬日服装进出口公司委托ABC国际物流公司办理出口报关报检手续,并将合同、发票、装箱单、航空货运单等相关单据交给了ABC国际物流公司。

【项目任务】

任务1:判断货物的海关监管条件和检验检疫要求

ABC公司报检报关部的小李具体负责此单货物的出口报检报关工作,首先应判断此单货物的出口报检要求。请以小李的身份完成以下工作。

(1)判断并查询手工钩织挂毯的商品编码(HS编码)。

【提示】

> 国际贸易的商品种类繁多,且名称各异,如何在进出口国之间统一商品名称和归类成为一个问题。《商品名称及编码协调制度》(The Harmonized Commodity Description and Coding System)是世界海关组织主持制定的供世界各国在海关监管、数据统计、进出口管理方面使用的商品分类体系,简称HS编码制度。该体系将货物分为21个大类,分97章写成,于1988年1月1日实施,每4年修订1次。目前全世界大多数国家和地区均采用这一分类体系制定海关监管制度、编制进出口税率等,覆盖了全球贸易总量90%以上的商品,可以说HS编码是商品在全球通行的代码。

(2)通过查询海关税率表,明确下述内容:手工钩织挂毯的海关监管条件是什么,出口该商品是否需要法定检验,手工钩织挂毯的出口报关需要向海关提交哪些报关单证。

【提示】

　　海关的监管条件反映了国家贸易政策对货物进出口的管制，是通关前需要明确的重要信息，不同的监管条件要求进出口报关时提交海关审查的单据不同，进而影响报关前货主或其代理人需做的准备工作，如监管条件含"A"或"B"的货物，通关时要求提供"入境货物通关单"或"出境货物通关单"，即意味着该货物为进出口法定检验货物，必须先报检后报关。在业务的实际操作中，判断一种货物是否需要法定检验，可以查询《中国海关报关实用手册》。该手册每年更新，也可以到海关总署等专业网站查询该货物名称或 HS 编码。

任务 2：填写代理报关委托书和报检委托书

ABC 公司代理报检报关业务需要客户签字盖章的代理报关委托书和代理报检委托书，请根据项目背景进行填写。

代理报关委托书请见拓展二的任务 2。代理报检委托书如下。

代 理 报 检 委 托 书

编号：

_____出入境检验检疫局：

本委托人（备案号/组织机构代码_____）保证遵守国家有关检验检疫法律、法规的规定，保证所提供的委托报检事项真实、单货相符。否则，愿承担相关法律责任。具体委托情况如下：

本委托人将于_____年_____月间进口/出口如下货物：

品　名		HS 编码	
数（重）量		包装情况	
信用证/合同号		许可文件号	
进口货物收货单位及地址		进口货物提/运单号	
其他特殊要求			

特委托_____（代理报检注册登记号_____），代表本委托人办理上述货物的下列出入境检验检疫事宜：

1. 办理报检手续；
2. 代缴纳检验检疫费；
3. 联系和配合检验检疫机构实施检验检疫；
4. 领取检验检疫证单。
5. 其他与报检有关的相关事宜：_____

联 系 人：_____
联系电话：_____
本委托书有效期至_____年_____月_____日　　委托人（加盖公章）
　　　　　　　　　　　　　　　　　　　　　　　　　　　年　月　日

受托人确认声明

本企业完全接受本委托书。保证履行以下职责：
1. 对委托人提供的货物情况和单证的真实性、完整性进行核实；
2. 根据检验检疫有关法律法规规定办理上述货物的检验检疫事宜；
3. 及时将办结检验检疫手续的有关委托内容的单证、文件移交委托人或其指定的人员；
4. 如实告知委托人检验检疫部门对货物的后续检验检疫及监管要求。
如在委托事项中发生违法或违规行为，愿承担相关法律和行政责任。

联 系 人：_____

联系电话：_____

受托人（加盖公章）

年　月　日

任务3：填制出境货物报检单、出口货物报关单

ABC公司工作人员收到委托书后，需要根据客户提供的商品基本资料和基础单据填制出境货物报检单（表4-1）和出口货物报关单（表4-4）。

任务4：估算出口环节税

估算此单货物出口所需缴纳的出口环节税，包括出口关税以及代征增值税等。

2. 拓展二

【项目背景】

北京康莱医疗器械进出口公司（海关注册编码1105950010），是国内知名的医疗器械进出口商，最近拟从芬兰以一般贸易方式进口彩色超声诊断仪1台。合同协议号为20140966，成交价格为CIP Beijing 50000美元。货物在指定时间顺利抵达北京首都机场，航空货运单号为999-3459865，分单为CAE-35326459，重量为400kg。北京东方进出口公司委托ABC国际物流公司（海关注册编码1107845278）办理报关报检手续，并将合同、发票、装箱单、航空货运单、自动进口许可证（编号：1107245240356）交给了ABC国际物流公司。

【项目任务】

任务1：判断货物的海关监管条件和检验检疫要求

ABC公司报检报关部的小李具体负责此单货物的进口报检报关工作，首先应判断此单货物的进口报检要求。请以小李的身份完成以下工作。

（1）判断并查询彩色超声诊断仪的商品编码（HS编码）。

（2）通过查询海关税率表，明确下述内容：彩色超声诊断仪的海关监管条件是什么，进口该商品是否需要法定检验，彩色超声诊断仪的进口报关需要向海关提交哪些报关单证。

任务2：填写代理报关委托书和报检委托书

ABC公司代理报检报关业务需要客户签字盖章的代理报关委托书和代理报检委托书，请根据项目背景进行填写。

代理报检委托书见拓展一的任务2，代理报关委托书如下。

代理报关委托书

编号：

我单位现　　　（A 逐票、B 长期）委托贵公司代理　　　等通关事宜。（A.填制申报 B．辅助检查 C．垫缴税款 D．办理海关证明联 E.审批手册 F.核销手册 G.申办减免税手续 H.其他）详见《委托报关协议》。

我单位保证遵守《中华人民共和国海关法》和国家有关法规，保证所提供的情况真实、完整、单货相符。否则，愿承担相关法律责任。

本委托书有效期自签字之日起至　　年　　月　　日止。

委托方（盖章）：

法定代表人或其授权签署《代理报关委托书》的人（签字）
年　　月　　日

委托报关协议

为明确委托报关具体事项和各自责任，双方经平等协商签定协议如下：

委托方		被委托方		
主要货物名称		*报关单编码	No.	
HS 编码	□□□□□□□□	收到单证日期	年　月　日	
进出口日期	年　月　日	收到单证情况	合同□	发票□
提（运）单号			装箱清单□	提（运）单□
贸易方式			加工贸易手册□	许可证件□
原产地/货源地			其他	
传真电话		报关收费	人民币　　　　元	
其他要求：		承诺说明：		
背面所列通用条款是本协议不可分割的一部分，对本协议的签署构成了对背面通用条款的同意。		背面所列通用条款是本协议不可分割的一部分，对本协议的签署构成了对背面通用条款的同意。		
委托方业务签章：		被委托方业务签章：		
经办人签章：		经办报关员签章：		
联系电话：　　　　年　月　日		联系电话：　　　　年　月　日		

（白联：海关留存；黄联：被委托方留存；红联：委托方留存。）　　　中国报关协会监制

任务3：填制入境货物报检单、进口货物报关单

ABC公司工作人员收到委托书后，需要根据客户提供的商品基本资料和基础单据填制入境货物报检单（表4-2）和进口货物报关单（表4-5）。

任务4：估算进口环节税

估算此单货物进口所需缴纳的出口环节税，包括进口关税、进口消费税以及代征增值税等。

单元五　国际航空货运出口业务

本章导读

通过本单元的学习，学生应能够掌握航空货运出口业务流程，熟悉航空货运单的作业和流转。

知识点

（1）国际航空货运进口业务流程
（2）熟悉国际航空货运出口业务主要工作。
（3）熟悉特种货物的航空运输。

技能点

（1）具备阅读以及识读关键信息的能力。
（2）能通过组内研究、互相协作、运用相关资料解决相关问题。
（3）具备处理交接单货时出现的问题。

项目一　国际航空货物出口业务

近几年，国际航空运输的货量增加迅速。为了更好地为客户服务，航空货运代理人必须非常熟悉国际航空货物运输的业务流程，及时地掌握航空运输的全过程，对出现的突发事件能够及时处理，协助一票货物及时顺畅地运送到收货人手中。

任务1　学习国际航空出口业务

1. 市场销售

作为航空货物运输的销售代理，销售的产品是航空公司的舱位，只有飞机舱位配载了货物，航空货运才真正具有了实质性的内容。因此，承揽货物处于整个航空货物出口运输代理业务程序的核心地位，这项工作的成效直接影响代理公司的发展，是航空货运代理的一项至关重要的工作。一个业务开展得较强、较好的货运代理公司，一般都有相当数量的销售人员或销售网点从事市场销售工作。

在具体操作时，需及时向出口单位介绍本公司的业务范围、服务项目和各项收费标准，特别要向出口单位介绍优惠运价格和本公司的服务优势等。

航空货运代理公司与出口单位（发货人）就出口货物运输事宜达成意向后，可以向发货人提供所代理的有关航空公司的"国际货物托运书"。对于长期出口或出口货量大的单位，航空货运代理公司一般都与之签订长期的代理协议。

2. 委托运输

发货人发货时，首先需填写委托书，并加盖公章，作为货主委托代理承办航空货运出口货物的依据。航空货运代理公司根据委托书的要求办理出口手续，并据以结算费用。

实际业务中，在接受托运人的委托后，货运代理公司的指定人员对托运书进行审核。审核的主要内容包括价格和航班日期。目前，航空公司大部分采取自由销售的方式。每家航空公司、每条航线、每个航班甚至每个目的港均有优惠运价，这种运价会因货源、淡旺季经常调整，而且各航空公司之间的优惠价也不尽相同。所以有时候更换航班，运价也随之变更。托运书的价格审核就是判断其价格是否能被接受，预订航班是否可行。

最后，审核人员必须在托运书上签名和注明日期以示确认。

3. 审核单证

单证应包括：

（1）发票、装箱单：发票上一定要加盖公司公章，标明价格术语和货价（包括无价样品的发票）。

（2）托运书：一定要注明目的港名称或目的港所在城市名称，明确运费预付还是到付、货物毛重、收发货人、电话/电传/传真号码，托运人签字处一定要有托运人签名。

（3）报关单：注明经营单位注册号、贸易性质、收汇方式，并要求在申报单位处加盖公章。

（4）外汇核销单：在出口单位备注栏内，一定要加盖公司章。

（5）许可证：合同号、出口口岸、贸易国别、有效期等项目一定要符合要求与其他单据相符。

（6）商检证：商检证、商检放行单、盖有商检放行章的报关单均可，商检证上应有海关放行联字样。

（7）进料/来料加工核销本：注意本上的合同号是否与发票相符。

（8）索赔/返修协议：要求提供正本，要求合同双方盖章，外方没章时，可以签字。

（9）到付保函：凡到付运费的货物，发货人都应提供。

（10）关封。

4. 预配舱

代理人汇总所接受的委托和客户的预报，并输入计算机，计算出各航线的件数、重量、体积，按照客户的要求和货物重、泡情况，根据各航空公司不同机型对不同板箱的重量和高度要求，制定预配舱方案，并给每票货配上运单号。

5. 预订舱

代理人根据所指定的预配舱方案，按航班、日期打印出总运单号、件数、重量、体积，向航空公司预订舱。这一环节被称为预订舱，是因为此时货物可能还没有入仓库，预报和实际的件数、重量和体积都会有差别，这些留待配舱时再做调整。

6. 接受单证

接受托运人或其代理人送交的已经审核确认的托运书及报关单证和收货凭证。将计算机中的收货记录与收货凭证核对。制作操作交接单，填上所收到的各种报关单证份数，给每份交接单配一份总运单或分运单。将制作好的交接单、配好的总运单或分运单、报关单证移交制单。如此时货未到或未全到，可以按照托运书上的数据填入交接单并注明，货物到齐后再进行修改。

7. 填制货运单

航空货运单包括总运单或分运单。填制航空货运单是空运出口业务中最重要的环节，货运单填写的准确与否直接关系到货物能否及时、准确地运达目的地。航空货运单是发货人收结汇的主要有价证券。因此货运单的填写必须详细、准确，严格符合单货一致、单单一致的要求。

填制航空货运单的主要依据是发货人提供的国际货物托运书。货运单一般用英文填写，目的地为香港地区的货物运单可以用中文填写，但货物的品名一定用英文填写。托运书上的各项内容都应体现在航空货运单上，如发货人和收货人的全称、详细地址、电话、电传、传真和账号；出口货物的名称、件数、重量、体积、包装方式；承运人和代理人的名称和城市名称；始发地机场和目的地机场等。

对于已事先订舱的货物和运费到付的货物，运单上还应注明已订妥的航班号、航班日期。对于运输过程中需要特殊对待的货物（如需冷藏、保持干燥），应在货运单"HANDLING INFORMATION"一栏中注明。

按体积重量计算运费的货物，在货运单上货物品名一栏中需要注明体积、尺寸。托运人提供的货物合同号、信用证号码等，如有必要应在货运单上注明。货运单因打字错误或其他原因需要修改时，应在更改处加盖本公司的修改章。

货物的实际重量，以航空公司的重量为准。重量单位一般以千克来表示。运价类别一般用 M、N、Q、C、R、S 来表示。

（1）M 代表最低重量。

（2）N 代表 45kg 以下普通货物重量。

（3）Q 代表 45kg 以上普通货物重量。

（4）C 代表指定商品运价。

（5）R 代表附加运价。

（6）S 代表附减运价。

所托运货物，如果是直接发给国外收货人的单票托运货物，填开航空公司运单即可。如果货物属于以国外代理人为收货人的集中托运货物，必须先为每票货物填开航空货运代理公司的分运单，然后再填开航空公司的总运单，以便国外代理对总运单下的各票货物进行分拨。

接到移交来的交接单、托运书、总运单、分运单和报关单证，要进行分运单、总运单直单、拼总运单的运单填制。总运单上的运费填制按所适用的公布运价，并注意是否可以用较高重量点的运价；分运单上的运费和其他费用按托运书和交接单的要求。

相对应的几份分运单件数应与总运单的件数相符合；总运单下有几份分运单时，需制作航空货物清单。

8. 接收货物

接收货物是指航空货运代理公司把即将发运的货物从发货人手中接过来并运送到自己的仓库。

接收货物一般与接单同时进行。对于通过空运或铁路从内地运往出境地的出口货物，货运代理按照发货人提供的运单号、航班号、接货地点和接货日期，代其提取货物。如货物已在始发地办理了出口海关手续，发货人应同时提供始发地海关的关封。

接货时应对货物进行过磅和丈量,并根据发票、装箱单或送货单清点货物,核对货物的数量、品名、合同号或唛头等是否与货运单上所列一致。

检查货物的外包装是否符合运输的要求。

(1) 基本要求

1) 托运人提供的货物包装要求坚固、完好、轻便,应能保证在正常的操作情况下,货物可完好地运达目的站,同时也不损坏其他货物和设备。具体如下所列内容。

 a. 包装不破裂。

 b. 内装物不漏失。

 c. 填塞要牢,内装物相互不摩擦、碰撞。

 d. 没有异味散发。

 e. 不因气压、气温变化而引起货物变质。

 f. 不伤害机上人员和操作人员。

 g. 不污损飞机、设备和机上其他装载物。

 h. 便于装卸。

2) 为了不使密封舱飞机的空调系统堵塞,不得用带有碎屑、草末等的材料作包装,如草袋、草绳、粗麻包等。包装的内衬物,如谷糠、锯末、纸屑等不得外漏。

3) 包装内部不能有突出的棱角,也不能有钉、钩、刺等;包装外部需清洁、干燥、没有异味和油腻。

4) 托运人应在每件货物的包装上详细写明收货人、另请通知人和托运人的姓名和地址。如包装表面不能书写,可写在纸板、木牌或布条上,将其拴挂在货物上,填写时字迹必须清楚、明晰。

5) 包装窗口的材料要良好,不得用腐朽、虫蛀、锈蚀的材料。无论是木箱或其他容器,为了安全,必要时可用塑料、铁箍加固。

6) 如果包装件有轻微破损,填写货运单应在"HANDLING INFORMATION"标注出详细情况。

(2) 对包装材料的具体要求。通用:木箱、结实的纸箱(塑料打包带加固)、皮箱、金属或塑料桶等。

1) 液体类货物。

 a. 不论瓶装、灌装或桶装,容器内至少有5%~10%的空隙,封盖严密,容器不得渗漏。

 b. 用陶瓷、玻璃容器盛装的液体,每一容器的容量不得超过500mL,并需外加木箱包装,箱内装有内衬物和吸湿材料,内衬物要填牢实,以防内装容器碰撞破碎。

 c. 用陶瓷、玻璃容器盛装的液体货物,外包装上应加贴"易碎物品"标贴。

2) 易碎物品。

 a. 每件重量不超过25kg。

 b. 用木箱包装。

 c. 用内衬物填塞牢实。

 d. 包装上应加贴"易碎物品"标贴。

3) 精密仪器和电子管。

 a. 多层次包装,内衬物要有一定的弹性,但不得使货物移动位置和互相碰撞摩擦。

b. 悬吊式包装，用弹簧悬用在木箱内，适于电子管运输。

c. 加大包装地盘，不使货物倾倒。

d. 包装上应加贴"易碎物品"和"不可倒置"标贴。

4）裸装货物。不怕碰压的货物，如轮胎等，可以不用包装。但不易清点或容易碰坏飞机的仍须妥善包装。

5）木制包装。

a. 木制包装或垫板表面应清洁、光滑、不携带任何种类的植物害虫。

b. 有些国家要求"HANDLING INFORMATION"栏中注明"The solid wood materials are totally free from bank and apparently free from live plant pests"并随附熏蒸证明。

6）混运货物。一票货物中包含有不同物品称为混运货物。这些物品可装在一起，也可以分别包装，但不得包含下列物品：贵重货物、动物、尸体、骨灰、外交信袋、作为货物运送的行李等。

9. 标记和标签

（1）标记。在货物外包装上由托运人书写的有关事项和记号，如下所述。

1）托运人、收货人的姓名、地址、联系电话、传真。

2）合同号等。

3）操作（运输）注意事项。

（2）标签。

1）从标签的作用来区分：识别标签、特种货物标签和操作标签。

a. 说明货物的货运单号码、件数、重量、始发站、目的站及中转站的一种运输标签，可分为挂签和贴签两种。

使用要求：

- 在使用标签之前，清除所有与运输无关的标记与标签。
- 体积较大的货物需对贴两张标签。
- 袋装、捆装、不规则包装除使用2个挂签外，还应在包装上写清货运单号码和目的站。

b. 特种货物标签。说明特种货物性质的各类识别标志，可分为活动物标签、危险品标签和鲜活易腐物品标签。

c. 操作标签。说明货物储运注意事项的各类标志。

2）按类别分，标签分为航空公司标签和分标签两种。

a. 航空公司标签是对其所承运货物的标识，各航空公司的标签虽然在格式、颜色上有所不同，但内容基本相同。标签上3位阿拉伯数字代表所承运航空公司的代号，后8位数字是总运单号码。

b. 分标签是代理公司对出具分标签货物的标识。凡出据分运单的货物都要制作分标签，填制分运单号码和货物到达城市或机场的三字代码。

一件货物贴一张航空公司标签，有分运单的货物，每件再贴一张分标签。

10. 配舱

配舱时，需运出的货物都已入库，这时需要核对货物的实际件数、重量、体积与托运书上预报数量的差别。对预订舱位、板箱的有效领用、合理搭配，按照各航班机型、板箱型号、高度、数量进行配载。同时，对于货物晚到、未到的情况以及未能顺利通关放行的货物作出调整处理，为制作舱单做准备。实际上，这一过程一直延续到单、货交接给航空公司后才完毕。

11. 订舱

订舱就是将所接收空运货物向航空公司申请并预订舱位。

货物订舱需根据发货人的要求和货物标识的特点而定。一般来说，大宗货物、紧急物资、鲜活易腐物品、危险品、贵重物品等，必须预订舱位。非紧急的零散货物，可以不预订舱位。

订舱的具体做法和基本步骤是接到发货人的发货预报后，向航空公司吨控部门领取并填订舱单，同时提供相应的信息：货物的名称、体积（必要时提供单件尺寸）、重量、件数、目的地、要求出运的时间及其他运输要求（温度、装卸要求、货物到达目的地时限等）。

航空公司根据实际情况安排航班和舱位。航空公司舱位销售的原则如下：

（1）保证有固定舱位配额的货物。

（2）保证邮件、快件舱位。

（3）优先预定运价较高的货物舱位。

（4）保留一定的零散货物舱位。

（5）未订舱的货物按交运时间的先后顺序安排舱位。

货运代理公司订舱时，可依照发货人的要求选择最佳的航线和最佳的承运人，同时为发货人争取最低、最合理的运价。订舱后，航空公司签发舱位确认书（舱单），同时给予装货集装器领取凭证，以表示舱位订妥。

预订的舱位有时会由于货物原因、单证原因、海关原因使得最终舱位不够或者空舱，此类情况需要综合考虑和有预见性等经验，尽量减少此类事情发生，并且在事情发生后作及时必要的调整和补救措施。

12. 出口报关

出口报关是指发货人或其代理人在货物发运前，向出境地海关办理货物出口手续的过程。出口报关的基本程序如下：

（1）将发货人提供的出口货物报关单的各项内容输入计算机，及计算机预录入。

（2）在通过计算机填制的报关单上加盖报关单位的报关专用章。

（3）将报关单与有关的发票、装箱单和货运单综合在一起，并根据需要随附有关的证明文件。

（4）以上报关单证齐全后，海关官员即在用于发运的运单正本上加盖放行章，同时在出口收汇核销单和出口货物报关单上加盖放行章，在发货人用于产品退税的单证上加盖验讫章，粘上防伪标志。

（5）完成出口报关手续。

出运修理件、更换件时，需留取海关报关单，以备以后进口报关用。

出口货物根据动卫检部门的规定和货物种类，填制相应的动、卫签单。非动植物及其制品类，要求填制《卫检申报单》，加盖卫检放行章。

动植物类货物除了要填制《卫检申报单》外，还需填制《动植物报验单》并加盖放行章。

化工类产品须到指定地点检验证明是否适合空运。而不同的出口货物亦有各种规定和限制。

13. 出舱单

配舱方案制定后就可着手编制出舱单。

出舱单的内容包括出舱单的日期、承运航班的日期、装载板箱形式及数量、货物进仓顺序编号、总运单号、件数、重量、体积、目的地三字代码和备注。出舱单交给出口仓库，用于出库计划，出库时点数并向装板箱环节交接。

出舱单交给装板箱环节用于向出口仓库提货的依据。出舱单交给货物的交接环节用于从装板箱环节收取收货凭证和制作《国际货物交接清单》的依据，该清单用于向航空公司交接货物。出舱单还可用于外拼箱。出舱单交给报关环节，当报关有问题时，可有针对性的反馈，以采取相应措施。

14. 提板箱

根据订舱计划向航空公司申领板、箱并办理相应的手续。提板、箱时，应领取相应的塑料薄膜和网。对所使用的板、箱要进行登记、消号。

（1）货物装箱装板。除特殊情况外，航空货运均是以"集装箱""集装板"的形式进行装运。

航空货运代理公司将体积为 $2m^3$ 以下货物作为小货交予航空公司拼装，大于 $2m^3$ 的大宗货物或集中托运的拼装货，一般均由货运代理自己装板装箱。

订妥舱位后，航空公司吨控部门将根据货量出据发放"航空集装箱、板"凭证，货运代理公司凭此向航空公司箱板管理部门领取与订舱货量相应的集装板、集装箱。

大宗货物、集中托运货物可以在货运代理公司自己的仓库、场地、货棚进行装板、装箱，亦可在航空公司指定的场地进行装板、装箱。

（2）装板、装箱时要注意以下几点：

1）不要用错集装箱、集装板，不要用错板型、箱型。

a．每个航空公司为了加强本航空公司的板、箱管理，都不许可本公司的板、箱为其他航空公司的航班所用。

b．不同航空公司的航空集装箱、航空集装板因消号、尺寸有异，因此，如果用错会出现装不上飞机的现象。

2）不要超装箱板尺寸。

a．一定型号的箱、板用于一定型号的飞机，板、箱外有具体尺寸规定，一旦超装箱、板尺寸，就无法装上飞机。

b．在装箱、板时，要注意货物的尺寸，争取既不超装，又要在规定的范围内用足箱、板的可用体积。

3）要垫衬、封盖好塑料纸，防潮、防雨淋。

4）集装箱、板内货物尽可能配装整齐，使其结构稳定，并接紧网索，防止运输途中倒塌。

5）对于大宗货物、集中托运货物，尽可能将整票货物装在一个或几个板、箱内运输。已装妥整个板、箱后剩余的货物尽可能拼装在同一箱、板上，防止散乱、遗失。

15. 签单

货运单在盖好海关放行章后还需到航空公司签单，主要是审核运价使用是否正确以及货物的性质是否适合空运。例如危险品等是否已办理了相应的证明和手续。航空公司的地面代理规定,只有签单确认后才允许将单、货交给航空公司。

16．交接发运

交接是向航空公司交单交货,由航空公司安排航空运输。交单就是将随机单据和应用承运人留存的单据交给航空公司。随机单据包括第二联航空运单正本、发票、装箱单、产地证明、品质鉴定书等。

交货即把与单据相符的货物交给航空公司。交货之前必须粘贴或拴挂货物标签,清点和核对货物,填制货物交接清单。大宗货和集中托运货,要以整板、整箱称重交接。零散小货按票称重,计件交接。航空公司审单验货后,在交接签单上验收,将货物存入出口仓库,单据交吨控部门,以备配舱。

17．航班跟踪

单、货交接给航空公司后,航空公司会因种种原因,例如航班取消、延误、溢载、故障、改机型、错运、倒垛或装板不符合规定等,未能按预定时间运出,所以货运代理公司从单、货交给航空公司后就需对航班、货物进行跟踪。

需要联程中转的货物,在货物出运后,要去向航空公司提供二程、三程航班中转信息。有些货物虽事先已预订了二程、三程的航班,但也还需要确认中转情况。有时需直接发传真或电话与航空公司的海外办事处联系货物的中转情况,及时将上述信息反馈给客户,以便遇有不正常情况及时处理。

18．信息服务

航空货运代理公司须在多个方面为客户做好信息服务。

(1) 订舱信息。应将是否订妥舱位及时告诉货主或委托人以便及时备单、备货。

(2) 审单及报关信息。应在审阅货主或委托人送来各项单证后,及时向发货人通告。如有遗漏失误及时补充或修正。在报关过程中,遇有任何报关、清关的问题,亦应及时通知货主,共商解决。

(3) 仓库收货信息。应将送达仓库的出口货物的达到时间、货量、体积、缺件、货损情况及时通告货主以免事后扯皮。

(4) 交运称重信息。运费计算标准以航空公司称重、所量体积为准,如在交运航空公司称重过磅过程中,发现称重、体积与货主声明的重量、体积有误,且超过一定比例时,必须通告货主,求得确认。

(5) 一程及二程航班信息。应及时将航班号、日期及以后跟踪了解到的二程航班信息及时通告货主。

(6) 集中托运信息。对于集中托运的货物,还应将发运信息预报给收货人所在地的国外代理,以便对方及时接货、查询、进行分拨处理。

(7) 单证信息。货运代理在发运出口货物后,应将发货人留存的单据,包括盖有放行章和验讫章的出口货物报关单、出口收汇核销单、第三联航空运单正本以及用于出口产品退税的单据,交付或寄送发货人。

19．费用结算

费用结算主要涉及同发货人、承运人和国外代理人三方面的结算。

（1）发货人结算费用。

在运费预付的情况下，收取以下费用：

1）航空运费。

2）地面运输费。

3）各种服务费和手续费。

（2）承运人结算费用。向承运人支付航空运费及代理费，同时收取代理佣金。

（3）国外代理结算主要涉及到付运费和利润分成。到付运费实际上是发货方的航空货运代理为收货人垫付的，因此收货方的航空货运代理公司在将货物移交收货人时，应收回到付运费并将有关款项退还发货方的货运代理。同时发货方的货运代理应将代理佣金的一部分分给其收货地的货运代理。

由于航空货运代理公司之间存在长期的互为代理协议，因此与国外代理结算一般不采取一票一结的办法，而采取应收应付相互抵消、在一定期限内以清单冲账的办法结算费用。

学生训练

1．单选题

（1）作为航空货物运输销售代理，销售的产品是航空公司的（   ）。

    A．航线   B．舱位   C．集装器   D．客票

（2）以下（   ）单证不属于基本单证。

    A．发票   B．装箱单

    C．合同   D．配额许可证

（3）对于（   ）货物，还应将发运信息预报给收货人所在地的国外代理，以便对方及时接货、查询、进行分拨处理。

    A．集中托运   B．单票托运   C．分批托运   D．散装运输

（4）运价类别"N"指的是（   ）。

    A．最低重量   B．45kg 以上普通货物重量

    C．45kg 以下普通货物重量   D．指定商品运价

（5）以下（   ）属于特种货物标签。

    A．运输标签   B．活动物标签

    C．存储标签   D．分标签

2．判断题

（1）为了资源共享，东方航空公司在运输货物时可以使用中国国际航空公司闲置的集装箱和集装板。（   ）

（2）到付运费实际上是发货方的航空货运代理为收货人垫付的，因此收货方的航空货运代理公司在将货物移交收货人时，应收回到付运费并将有关款项退还发货方的货运代理。（   ）

（3）在航空货物运输中，运费支付分为预付和到付两种方式，在运费预付的情况下，航空货代应向发货人收取航空运费、地面运输费以及各种服务费和手续费。（   ）

（4）货物订舱需根据发货人的要求和货物标识的特点而定。一般来说，大宗货物、紧急物资、鲜活易腐物品、危险品、贵重物品、非紧急的零散货物等，必须预订舱位。（   ）

（5）分标签是航空公司对出具分标签货物的标识。一件货物贴一张航空公司标签，有分运单的货物，每件再贴一张分标签。　　　　　　　　　　　　　　　　　　　　　（　）

任务2　熟悉航空货运出口的主要工作

国际货物航空运输的出口业务流程，是指从托运人发货到承运人把货物装上飞机的物流、信息流的实现和控制管理的全过程。国际货物航空运输出口的核心业务流程环节主要包含两大部分：航空货物出口运输代理业务程序和航空公司出港货物操作程序。

1. 航空货物出口运输代理业务程序

在航空运输发展的不同阶段，货运流程呈现出不同的特征。在中国现实的环境下，各个区域航空货物发展的程度相差比较大，流程也不尽相同，在本教材中主要选取了航空货运发展最为成熟的流程作为样板，其他地区虽然流程有所不同，但核心流程是必不可少的，需要把握住主要的流程环节。

国际航空货物出口操作业务程序包含以下环节：市场销售、委托运输、审核单证、预配舱、预订舱、接受单证、填制货运单、接受货物、标记和标签、配舱、订舱、出口报关、出舱单、提板箱、签单、交接发运、航班跟踪、信息服务以及费用结算。

航空货运代理人主要从事航空货物的出口运输代理业务，业务流程如图5-1所示。

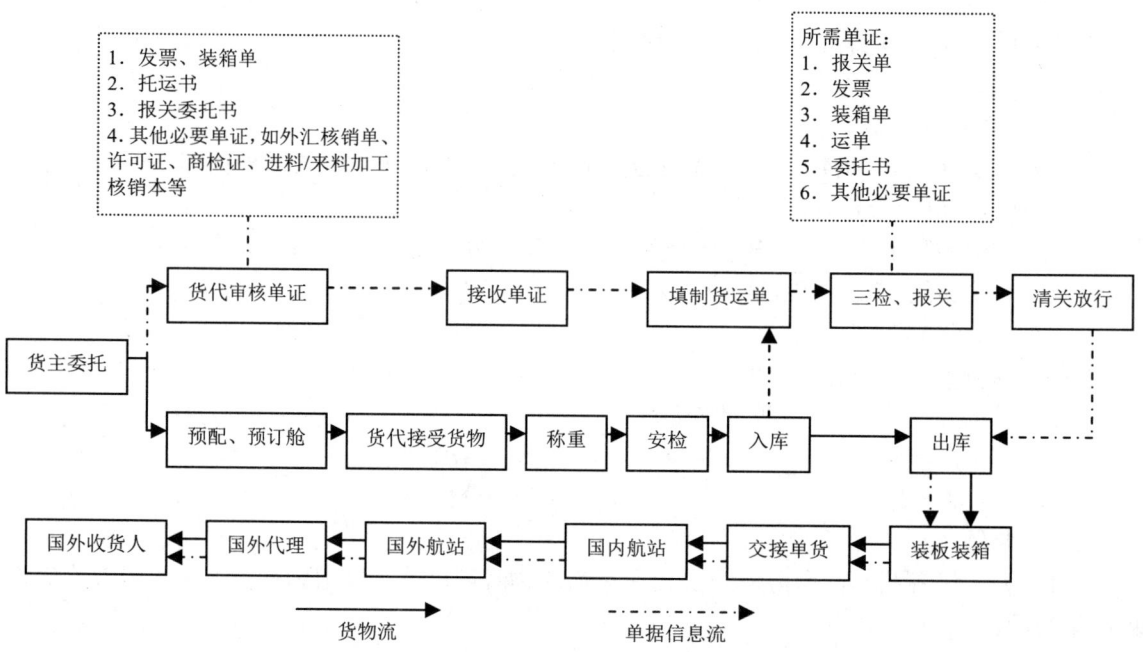

图5-1　航空货物出口运输代理业务流程

在以上航空货物出口运输代理业务流程中，包含了单据信息的流转和货物、货代工作的流转，具体流转过程如下：

（1）单据信息流。

填写托运书——货代审核单证——填制货运单——交单——航空运输——国外代理代理收货人。

（2）货物流和工作流。

货主委托——预配、预订舱——货代接货——称重——安检——入库——出库——装板装箱——交货——航空运输——国外代理——收货人。

2. 航空出口货运代理的主要工作

航空出口货运代理的主要工作内容见表5-1。

表5-1 航空出口货运代理的主要工作内容

主要工作	工作内容	注意事项	其他
货主委托	航空货代公司在与发货人就出口货物运输事宜达成意向后，由发货人填写《国际货物托运委托书》，根据托运委托书的内容，航空货运代理将货物交给承运人，并由承运人或其代理人缮制航空货运单	托运书上应包括下列内容栏：托运人、收货人、始发站、目的地、航班/日期、要求的路线/申请订舱、供运输用的声明价值、供海关用的声明价值、保险金额、储运注意事项、随附文件、毛重、运价种类、计费重量、费率、货物的品名及数量、托运人签字、日期等审核单证	接受托运人委托后，货运代理需对托运书进行审核，即合同评审
审核单证	货运代理需审核出口货物所需单证，为下一步的单证操作做准备。出口货物所需单证主要是指报关单证。大致可分为两类：基本单证和证明货物合法出口的各种批准文件。前者为所有货物出口所必须，后者取决于出口货物的类别及其贸易方式	基本单证包括出口货物报关单、国际货物托运书、发票与装箱单、合同副本、航空货运单。其中航空货运单是航空运输中最重要的单据，它是承运人出具的一种运输合同，但它不能作为物权凭证，因而是一种不可议付的单据。法定单证包括商检证明、出口许可证、出口收汇核销单、配额许可证、登记手册等	
预订舱	代理人汇总货物信息，制订配舱方案，并按航班、日期打印出总运单号、件数、重量、体积，向航空公司预订舱	预订舱时货物可能还没有入库，预报和实际的件数、重量、体积等都会有差别，这些留待接受完全部货物后再作调整	空运一般都是客户货物和单证当天到当天报关，所以舱位安排上比较麻烦，可能的话尽量多预订舱位，舱位少了很难加，多了可以想办法揽点货物
接受单证与货物	接单是指接受托运人或其代理人送交的已经审核确认的托运委托书及报关单证和收货凭证。将收货记录与收货凭证核对，制作操作交接单，填上所收到的各种报关单证份数，给每份交接单一份总运单和分运单。将制作好的交接单、配好的总运单或分运单、报关单证移交制单接受货物，是指航空货运代理公司把即将发运的货物从发货人手中接过来并运送到自己的仓库	接收货物一般与接单同时进行。对于通过空运货铁路从内地运往出境地的出口货物，货运代理按照发货提供的运单号、航班号及接货地点日期，代其提取货物。如货物已在始发地办理了出口海关手续，发货人应同时提供始发地海关的关封	接货时应对货物进行过磅和丈量，并根据发票、装箱或送货单清点货物，核对货物的数量、品名、合同号或唛头等是否与货运单上所列一致

续表

主要工作	工作内容	注意事项	其他
称重、安检、入库	接受货物后,称量总货物的毛重,并进行安检,检查货物是否符合货物运输要求,若符合要求,则把货物驳进海关监管仓库	交货前必须粘贴或拴挂货物标签,清点和核对货物,填制货物交接清单。大宗货、集中托运货,以整板、整箱称重交接。零散小货按票称重,计件交接。航空公司审单验货后,在交接签单上验收,将货物存入出口仓库,以备配载	
填制航空货运单,调整预订舱	货运代理依据发货人提供的国际货物托运书,填制航空托运单。根据货物实际件数、重量、尺寸等调整预订舱	填制航空货运单是空运出口业务中最重要的环节。货运单的填写必须详细、准确、严格符合单货一致、单单一致的要求,否则可能影响货物的及时、准确到达	当单票托运货物时,直接填开航空公司的运单即可;当集中托运货物时,先为每票货物填开航空货运代理公司的分运单,再填开航空公司的总运单
出口报关	发货人或其代理人在货物发运前,持所需单据向出境地海关办理货物出口手续	海关审核无误后,海关官员即在用于发运的运单正本上加盖放行章,同时在出口收汇核销单和出口货物报关单上加盖放行章,即标志着出口报关手续,货物可以离港	
交接单货、结算费用	交接是向航空公司提供经海关放行了的货物和单据,由航空公司安排航空运输 交接单据就是将随机单据和应由承运人留存的单据交给航空公司,这属于信息流转的过程。随机单据包括第二联航空货运单正本、发票、装箱单、产地证明、品质鉴定证书 在国外收货人接收到货物后,货代就需要进行费用结算。费用核算主要涉及同发货人、承运人和国外代理人三方面的核算 将客户的核销单、报关单的核销联退还客户,以便其办理核销退税;将航空货运单托运人联给客户	因种种原因,例如航班取消、延误、故障、改机型、错运、到垛或装板不符合规定等,未能按既定时间运出,在完成交单工作后,为了保证货物准时离港,需密切跟踪该票运单的离港信息	在费用结算时,如果运费预付,则向发货人收取一下费用:航空运费、地面运输费、各种服务费和手续费,同时向承运人支付航空运费及代理费,同时收取代理佣金。与国外代理结算主要涉及到运费和利润分成
代理预报	在国外发货之前,目的地代理公司接受国外代理公司发送的运单、航班、件数、重量、品名、实际收货人及其地址、联系电话等内容,这一过程被称为预报	注意中转航班。中转点航班的延误会使实际到达实际和预报时间出现差异。 注意分批货物。从国外一次性运来的货物在国内中转时,由于载量的限制,往往采用分批的方式运输	到货预报的目的是使代理公司做好接货前的所有准备工作,提高效率,方便收货人及时提货

3. 航空公司出港货物操作程序

航空公司出港货物操作程序是指自代理人将货物交给航空公司,直到货物装上飞机的整个操作流程。该操作流程如图 5-2 所示。

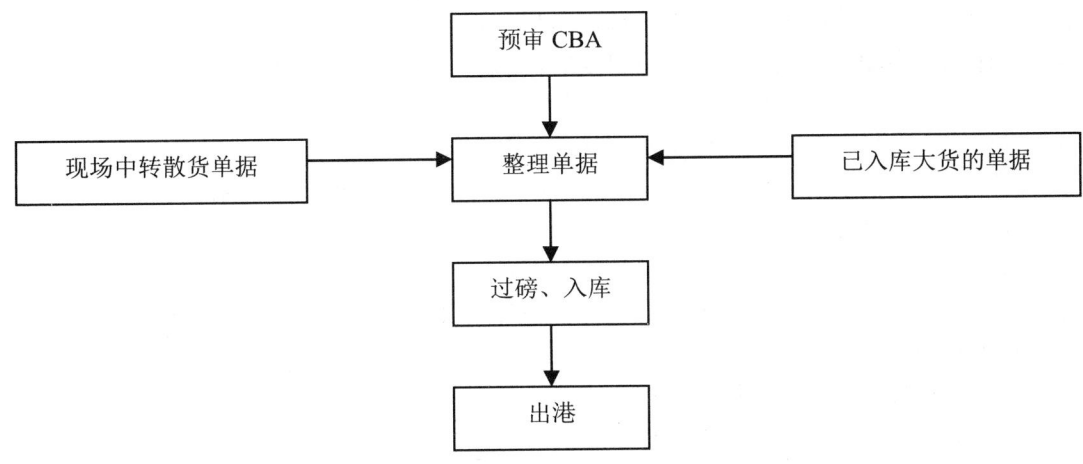

图 5-2 航空货物出港货物操作流程

航空公司出港货物的操作程序如下：

（1）预审 CBA（Cargo Booking Advance）。CBA 即国际货物订舱单。此单有国际吨控室开具，作为配载人员进行配载工作的依据，配载人员一般应严格按照 CBA 的要求配货。

1）根据 CBA，了解旅客人数，货邮订舱情况，有无特殊货物。对经停的国际航班，需了解前后站的旅客人数，舱位利用情况。

2）估算本航班最大可利用货邮业载和舱位。

货邮业载=商务业载-行李重量 货邮舱位=总货舱位-行李舱位

3）预划平衡。根据订舱情况，旅客人数及前、后舱分布，对飞机做到心中有数，如有问题，可在预配货物时，及时调整。

4）了解相关航线上待运货物情况。结合 CBA，及时发现有无超订情况，如有疑问，及时向吨控部门了解。

（2）整理单据。整理的单据主要包括三个方面的单据：已入库的大货的单据、现场收运的货物的单据、中转的散货的单据。

1）已入库的大货的单据。

a. 检查入库通知单，交接清单（板箱号、高低板标识、重量及组装情况）是否清楚完整，运单是否和交接单一致。

b. 核对 CBA，做好货物实际到达情况记录，如果出现未订舱货物，应将运单放回原处。

2）现场收运的货物的单据。根据代理提供的报关单、货物清单对运单进行审核，主要查看货物品名、件数、重量、运价及海关放行章，对化工产品要求提供化工部非危险品证明。

3）中转的散货的单据。

a. 整理运单，询问货物到达情况及所在仓库区位。

b. 寻找并清点货物，决定组装方式。

（3）过磅和入库。

1）检查货物板、箱的组装情况，高度、收口等是否符合规定。

2）将货物送至电子磅，记录重量，并悬挂吊牌。

3）对装有轻泡货物的板箱，查看运单，做好体积记录。
4）在计算机中输入板箱号码、航班日期等，将货物码放在货架上。
（4）出港。
1）制作平衡交接单。配载工作全部完成后，制作平衡交接单。
a．注明航班、日期、机型、起飞时间、板箱号、重量、总板箱号和总重量。
b．鲜活、快件、邮件及特殊物品作出标识。
c．标明高、中、低板。
d．交接单一式四份，一份交平衡室、一份交外场、一份交内场出仓、一份交接后留底。
2）制作舱单。
a．对航班所配货物的运单整理核对。
b．将运单和货物组装情况输入计算机。
c．制作舱单。

- 舱单（Cargo Manifest）。

——每一架飞机所装载货物、邮件的清单。
——每一航班总申报单的附件。
——向出境国、入境国海关申报飞机所载货、邮情况的文件。
——承运人之间结算的依据之一。

- 转运舱单（Cargo Transfer Manifest，简称 TRM）。

转运舱单见表 5-2。
——交由承运人填写。
——承运人之间交接货物、文件的凭证。
——承运人之间结算运费的依据之一。

表 5-2　AIR CARGO TRANSFER MANIFEST

Airport_____　　Date_____　　Transferred To_____

(Name of Receiving carrier)

AIR WAYBILL NUMBER	AWB DESTINATION AIRPORT	NUMBER OF PACKAGES	WEIGHT(SPECIFY KG or LB)	REMARKS

Transferred By_____　　Above consignment(s) received in full and apparent good order and condition except as noted in
(Name of transferring carrier)　　"Remarks" column.

By┈┈┈┈┈┈┈┈   Received By┈┈┈┈┈┈┈┈
　(Signature)   (Name of Receiving carrier)
                                 By┈┈┈┈┈┈┈┈┈┈┈┈┈┈┈┈
                                          (Signature)
                              time┈┈┈┈┈┈   Date┈┈┈┈┈┈

Original (for revenue accounting of transferring carrier)
中转舱单（Cargo Transfer Manifest，TRM）

学生训练

1．单选题

（1）以下国际航空货物出口操作业务程序中，（　　）是正确的。
　　A．市场销售——委托运输——审核单证——配舱订舱
　　B．市场销售——配舱订舱——审核单证——委托运输
　　C．市场销售——审核单证——委托运输——配舱订舱
　　D．委托运输——市场销售——审核单证——配舱订舱

（2）在航空货物出口运输代理业务流程中，以下单据信息流正确的是（　　）。
　　A．托运书——货代审单——填制货运单——交单——航空运输——国外代理——收货人
　　B．托运书——交单——填制货运单——货代审单——航空运输——国外代理——收货人
　　C．托运书——货代审单——填制货运单——交单——国外代理——航空运输——收货人
　　D．托运书——货代审单——航空运输——交单——填制货运单——国外代理——收货人

（3）说明货物储运注意事项的各类标志，是（　　）。
　　A．识别标签　　　　　　　　B．特种货物标签
　　C．操作标签　　　　　　　　D．危险品标签

（4）以下属于货物贸易法定单证的是（　　）
　　A．国际货物托运书　　　　　B．航空货运单
　　C．装箱单　　　　　　　　　D．收汇核销单

2．判断题

（1）在航空货物出口运输代理业务流程中，只包含了货物和货代工作的流转。
（　　）

（2）货运单的填写必须详细、准确、严格符合单货一致、单单一致的要求，否则可能会影响货物的及时、准确到达。（　　）

（3）每一架飞机所装载货物、邮件的清单是转运舱单。（　　）

（4）航空货运单是航空运输中最重要的单据，它是承运人出具的一种运输合同，但它不能作为物权凭证，因而是一种不可议付的单据。（　　）

（5）航空公司出港货物操作程序是指自代理人将货物交给航空公司，直到货物装上飞机的整个操作流程。（　　）

（6）航空货运单的填写必须详细、准确、严格符合单货一致、单单一致的要求，否则可能会影响货物的及时、准确到达。（　　）

项目二　特种货物的航空运输

任务　学习特种货物的航空运输

特种货物是指在收运、存储、保管、运输及交付过程中，因货物本身的性质、价值、体积或重量等条件需要进行特别处理的货物。特种货物包括危险物品、贵重货物、鲜活易腐货物、活体动物、灵柩骨灰、外交信袋、作为货物运输的行李等。在航空运输中，对于这些货物的运输，称为特种货物的运输。

常见的特种货物有以下几种：

（1）鲜活易腐货物（Perishable Cargo）。

（2）活动物（Live Animals）。

（3）贵重物品（Valuable Cargo）。

（4）危险品（Dangerous Goods）。

（5）超大超重货物（Outsized and Heavy Cargo）。

（6）尸体骨灰（Human Remains）。

（7）个人物品（Personal Effects）。

（8）作为货物交运的行李（Unaccompanied Baggage）。

（9）外交信袋。

由于特种货物的特殊性，除了遵循一般运输规定外，收运特种货物还需遵循国际航协所作出的特殊规定。托运人托运特种货物，应事先与承运人联系，经承运人同意后方可托运，并要在承运人指定的地点办理托运和提取特种货物。托运人托运的特种货物同时具有两种或两种以上时，还需同时符合这几种特种货物的运输规定。

1. **鲜活易腐货物的航空运输**

（1）定义。鲜活易腐货物是指在一般运输条件下，由于气候、温度、湿度、气压变化或运输时间等原因，易于死亡或变质腐烂的货物。如：虾、蟹类；肉类；花卉；水果；蔬菜类；沙蚕、活赤贝、鲜鱼类；植物、树苗；蚕种；乳制品；冰冻食品；药品；血清、疫苗、人体白蛋白、人体球蛋白、胎盘球蛋白等。在运输此类货物时，须按照国际航协的《易腐货物手册》中的有关规定操作，才能保持其鲜活或不变质。

鲜活易腐货物应具有必要的检验合格证明和卫生检疫证明，还应符合有关到达站国家关于此种货物进出口和过境规定。同时，在运输鲜活易腐货物时，在货运单品名栏"Nature and Quality"（货物名及数量）应注明"Perishable"（鲜活易腐）字样，注明已订妥的各航段航班号日期。在货运单的"Handling Information"（处理情况）栏内注明其他文件的名称和注意事项，并将装有各种卫生检疫证明的信封订在货运单后面，随货运单发运。

（2）鲜活易腐货物的收运。

1）鲜活易腐货物应具有必要的检验合格证明和卫生检疫证明，还应符合有关到达站国家关于此种货物进出口和过境规定。

2）鲜活易腐货物的包装条件：必须有适合此种货物特性的包装；凡怕压货物，外包装应坚固抗压；需通风的货物，包装上应有通气孔；需冷藏冰冻的货物，容器应严密，保证冰水不流出；带土的树种或植物苗等不用麻袋、草包、草绳包装，应用塑料袋包装，以免土粒、草屑等杂物堵塞飞机空气调节系统；为便于搬运，鲜活易腐货物每件重量以不超过 25kg 为宜。

3）标签。除识别标签外，货物的外包装上还应拴挂"鲜活易腐"标签和向上标签。

（3）文件。

1）货运单。货运单品名栏"Nature and Quantity"应注明"Perishable"字样。

2）其他文件。

（4）仓储。为减少鲜活易腐货物在仓库存放的时间，托运人或收货人可直接到机场办理交运或提取手续。

（5）航空鲜活易腐货物的运输条件。

1）承运前必须查阅 TACT 规则本中的第七部分，关于各个国家对鲜活易腐物品进出口、转口的运输规定。

2）鲜活易腐货物应优先发运，尽可能利用直达航班。

3）鲜活易腐货物的数量必须取决于机型以及飞机所能提供的调温设备。

4）需订妥航班。

5）鲜活易腐货物运达后，应由航空公司或其地面代理立即通知收货人来机场提取。

6）承运前必须查阅 TACT 规则本中的第八部分有关承运人对鲜活易腐货物的承运规定。

7）如果在周末和节假日无法办理清关手续，应尽量安排货物在工作日到达中转站或目的站。

（6）运输不正常的处理。如遇班机延误、衔接误班，因延长运输时间而对货物的质量发生影响时，航空公司将及时通知收货人或托运人征求处理意见并尽可能按照对方意见处理。

对鲜活易腐货物在运输途中货物发生腐烂变质或在目的站由于收货人未能及时提取使货物腐烂变质时，航空公司将视具体情况将货物毁弃或移交当地海关和检疫部门处理，由此发生的额外费用将通过货运单填制人向托运人收取。

（7）对几类鲜活易腐商品在处理中的要求。

1）鲜花。鲜花对温度的变化很敏感，所收运的数量应取决于机型的要求，通常可采用集装箱运输，托运人应在飞机起飞前的最后限定时间内到机场交货，装机时应注意天气的变化。

2）蔬菜。由于一些蔬菜含较高的水分，若不保持充分的通风状态，就会导致氧化变质。因此，每件包装必须保证通风，摆放时应远离活动物及有毒物品，以防止污染。如果由集装箱装运，不可与其他货物混装。大多数蔬菜会散发出一种叫乙醇的气体，会对鲜花和植物造成影响，因此蔬菜不可与鲜花、植物放在同一舱内。

3）新鲜/冷冻的鱼、肉。必须密封包装，不致渗漏液体，必须小心存放以免造成污染。机舱和集装器内必须洁净，若之前运输过活动物的话，必须经过消毒处理，操作人员应经过卫生检查。

4）海鲜。不同地方需要不同的海鲜包装箱。某些机场和航空公司需要用其指定的专用箱，单用泡沫箱不能装机，需外加纸箱并打包。

5）干冰。干冰常被作为货物的冷却剂。因此，应在货物包装、货运单以及舱单上注明。由于干冰是固体的 CO_2，因此用干冰冷却的货物包装上应有使 CO_2 气体散发出的漏孔并根据 IATA 有关对限制物品的规定，在货物外包装上做好标记或贴上有关标贴。

2. 活体动物的航空运输

由于航空运输的快捷性和安全性，活动物的运输在整个国际航空运输中占有非常重要的地位。活动物不同于其他货物，对环境的变化敏感性很强，由于活动物的种类繁多，各具特性，而且活动物的运输既要体现人道主义，又要符合各国政府的规定，这使得工作中容易出现各种各样的麻烦。因此，处理活动物的工作人员必须经过专门培训，一方面应多了解各种动物的个性，另一方面还应熟练掌握和使用有关运输规则。

活体动物的航空运输指活的家禽、家畜、野生动物（包括鸟类）、试验用的动物、两栖动物、鱼类、昆虫以及其他动物的航空运输。活体动物的运输必须符合有关国家和承运人的规定，IATA 每年出版一期《活体动物规则》（Live Animals Regulation，简称 LAR），包含了有关活体动物运输过程中的各项规定内容，运输过程中必须符合其所述的活体动物的收运、操作和仓储标准等，目的是保证活动物安全到达目的地。

（1）活体动物航空运输的有关规定。

1）国家规定

a．一般运输规定：进出口许可证，健康证明，活动物检疫，禁止、限制运输的相关规定。

b．野生物种贸易公约。

c．各国的特殊规定，详情请查阅 LAR 中列出的各国运输活动物的特殊规定。

2）承运人规定。

a．一般规定。如装卸活体动物时必须谨慎，以确保动物和人的健康安全；装卸活体动物时应避免污染其他的货物等。

b．小动物可作为行李托运的相关规定。通常情况下，经过事先安排，大部分承运人允许一些小动物，例如导盲犬等带入客舱，但也有部分承运人不允许将任何活动物带入客舱。

c．各承运人的特殊规定。许多承运人在 LAR 中列出了活动物收运的特殊规定，详情请查阅 LAR3.2。

d．托运人的责任。托运人需提供正确详尽的各类文件；提供活动物的明确声明；提供活动物正确的专业名称/通俗名称；提交活动物的正确数量；达到 IATA《活动物运输规则》的各项要求；提供活动物运输过程中所需的食物和水；提供喂食、喂水以及特殊处理的指南；确保承运人收运的活动物处于良好的健康状态。

e．承运人的责任。承运人需保证活动物的包装达到 LAR 的要求；向活动物提供足够的保护；向各有关航站提供活动物运输的信息；装舱时应分隔不相容的货物；发生运输延误应及时通知货主；确保活动物运输各类所需文件均已备齐。

3）文件规定。

a．活动物证明书。托运人每交运一批货物，应填制活动物证明，一式两份，证明书应由托运人签字，一份交承运人留存，一份和其他证件一起附在货运单上寄往目的站。

填写完活动物证明书后，托运人声明动物健康状况良好，并根据 LAR 中的规定和有关承运人、国家的要求对货物进行了适当的包装，符合空运条件。

b．货运单。货运单的品名栏内必须写明与 LAR 中一致的动物俗名和动物的数量，还应注明已定妥的各航段航班班号/日期。所有文件的名称和其他操作要求都应写在"Landing Information"栏中。

c．其他文件。包括装机单，CITES 文件，动物卫生检疫证明，有关国家的进出口许可证等。

4）活动物容器规定。

a．一般规定：有足够的空间；保护动物及操作人员；坚固；刚性；不会伤及动物和飞机；合适的型号；清洁；通风良好；防漏；容器的材料是无毒无害的；容易操作。

b．活动物装舱密度。

c．各类活动物容器规定。

5）标志（Marking）和标贴（Labeling）规定。

容器上应清楚地注明收货人的姓名和详细地址（与货运单上的相同），容器上还应注明动物的习性和特性，有关特殊饲养的方法及应注明的事项。

每一包装件至少贴挂一个动物标贴。一般应贴"动物"标贴（Live Animal）；"不可倒置"标贴（This Side Up）。对危害人的有毒动物应贴有"有毒"标贴（Poisonous）。

6）包装。动物容器的尺寸应适合不同机型的舱门大小和货舱容积。容器的大小应适应动物的特性，并应为动物留有适当的活动空间，大型动物容器外侧应安装把手，底部设有叉孔，以便满足机械装卸的要求。

容器应清洁、坚固并易于操作，防止动物破坏、逃逸和接触外界。容器上应有便于搬运的装置。动物的出入口处应设有安全设施，以防发生事故。

容器必须防止动物粪便漏溢，污损飞机，必要时加放托盘和吸湿物（禁止用稻草作为吸湿物）。

容器底部必须衬有吸附材料，但不可使用稻草作为衬垫。

容器必须有足够的通气孔以防止动物窒息。对不能离开水的动物，应注意包装防止水的漏溢以及因缺氧而造成动物在途中死亡。

必要时容器内应备有饲养设施和饲料。

（2）活体动物的接收条件。

1）交运的动物必须健康状况良好，无传染病，并具有卫生检疫证明。除必备的设备和饲料外，活动物不可与其他货物作为一票货物交运。

2）托运人必须办妥海关手续，根据有关国家的规定，办妥进出口和过境许可证，以及目的地国家所要求的一切文件。

3）妊娠期的哺乳动物或分娩后不足 48 小时的动物，一般不予收运。只有当兽医证明动物在运输过程中无分娩可能，方可收运，但必须对此类动物采取防护措施。

4）对于动物与尚在哺乳期的幼畜同时交运的情况，只有当大动物与幼畜可以分开时方可收运。

5）有特殊不良气味的动物，不予收运。

（3）活体动物的仓储要求。

1）根据动物习性，野生动物包括哺乳动物和爬行动物都喜欢黑暗或光线暗淡的环境，一般放置在安静阴凉处；家畜或鸟类一般放置在敞亮的地方。

2）不可在高温、寒冷、降雨等恶劣天气时露天存放活体动物。

3）装载活体动物的容器要求与其他货物有一定的隔离距离以便通风。

4）互为天敌的动物、来自不同地区的动物、发情期的动物不能一起存放。

5）动物不能与食品、放射性物质、毒性物质、传染物质、灵柩、干冰等放在一起。

6）实验动物与其他动物分开存放，避免交叉感染。

7）除非托运人有特别要求，承运人不负责给动物喂食、喂水。

8）经常存放动物的区域应定期清扫，清扫时应将动物挪开。

（4）活体动物的运输要求。

1）必须在订妥全程舱位之后方可收运。

2）动物运输不办理运费到付。

3）动物运输应尽量利用直达航班，如无直达航班，应尽量选择中转次数少的航班。

4）应注意动物运达目的站的日期，尽量避开周末和节假日，以免动物运达后延误交付，造成动物死亡。

5）只有部分机型的下货舱可以通风和控制温度。因此，动物装载在下货舱内运输时，应考虑不同机型所提供的运输条件。

6）动物在运输过程中，由于自然原因而发生的病、伤、丢失或死亡，承运人不负责任，除非证明是由于承运人造成的责任。

7）由于托运人的过失或违反承运人的运输规定，致使动物在运输过程中造成对承运人或第三者的伤害或损失时，托运人应负全部责任。

8）动物在运输途中或到达目的地后死亡（除承运人的责任事故外）所产生的一切处理费用，应由托运人或收货人承担。

3. 危险货物的航空运输

航空货运量不断增加，其中危险品的运输需求也越来越多，要求从业人员也必须掌握危险物品的相关知识。

危险物品的航空运输是指对人员和飞机有损害的气体、液体或固体物质，如易燃、爆炸、腐蚀、有毒、病原菌、氧化、放射性、裂变、聚合物等物品的运输。上述物品又被称为被限制的运输物品。航空运输危险品应按照《危险物品手册》（Dangerous Goods Regulations，简称DGR）上的规定进行。

（1）危险品的分类。根据所具有的不同危险性，危险物品分为九类。

1）爆炸品，指具有整体或局部爆炸危险、起火危险、喷射危险等的物品或物质，如弹药。

2）气体，指易燃气体、非易燃无毒气体、有毒气体等，如丙烷、灭火器、硫化氢。

3）易燃液体，如汽油、酒精、油漆、黏合剂等。

4）易燃固体、自燃物质和遇水易燃物质，如火柴、樟脑、白磷、钠、电石、锂等。

5）氧化剂和有机过氧化物，如漂白粉、过氧化氢等。

6）毒性物质和传染性物质，如农药、砒霜、尼古丁、肝炎病毒、口蹄疫等。

7）放射性物质，如钴等。

8）腐蚀性物质，如硫酸、汞、氢氧化钠等。

9）杂项类，如干冰、磁性物质等。

（2）危险货物的识别。

1）定义法。根据每一类每一项危险品的定义和划分标准来确定。例如：凡是闪点在60.5℃以下的液体、液体混合物、固体溶液或悬浊液都属于第三类危险货物易燃液体。

2）例举法。通过危险物品《品名表》来确定该物品和物质是否是危险品、包装方法及其他运输要求。《品名表》按字母排列顺序列了大约3000多个条目的危险物品，货主运输的危险货物一般均能在表中找到。该表进行定期修改，但在交运中仍可能遇到在表中没有列出的新物质。为了将这些危险物品都包括进去，在《品名表》中列出一些物质或物品广义的泛指名称，例如：Alcohol，n.o.s（醇类，未具体列名的）。

有些危险物品由于太危险而不能采用航空运输的，对航空运输就属于禁运物品。对于这些物品在《品名表》中的相应位置栏上有"Forbidden"（禁止运输）的字样标明。被禁运的物品也有在一定条件下被解除禁令，可收运的具体条件要视具体情况和特殊规定而定。

3）《危险物品手册》。《危险物品手册》（Dangerous Goods Regulations，简称DGR）是根据《芝加哥公约》附件18和ICAO技术指南的内容而编制的，IATA组织了一些危险物品运输专家每年对DGR内容进行修改，所有的承运人和代理人都统一使用了最新出版的DGR。

DGR以运输专用名称的顺序公布了各类危险物品的包装、标签、数量等方面的要求。

如危险物品名称已确定，应查阅《危险物品规则》的危险物品表，获取该危险物品的包装等级、危险物品的分类等相关信息，必要时也可提交公司认可的机构进行鉴定和检测。

如危险物品名称未知或DGR的危险物品表中未列明，应由公司认可的机构进行鉴定和检测，确认该物质是否属于危险物品范畴。托运人送交鉴定时，应送交鉴定样品30～50g（固体）或100mL（液体），提供"产品安全性能数据单"（Material Safety Data Sheet）并填写《申请鉴定表》。收运人员根据《货物运输条件鉴定书》的结论对危险物品进行识别。

（3）危险货物包装的基本要求。

1）托运人负责对危险物品进行全面包装，收运人负责对托运人包装的正确与否予以检查。危险物品必须使用优质包装容器，不得有任何损坏迹象。包装的结构和封闭性能必须能防止正常空运条件下由于纬度、温度、湿度、压力或震动的变化而引起的渗漏。

2）包装容器应与内装物相适应。包装容器直接与危险物品接触，应不得与该危险物品发生化学反应或其他反应。

3）内包装应当进行固定和衬垫，控制其在外包装内的移动。衬垫和吸附材料不得与内装物发生危险反应。包装件外部不得沾染达到有害数量的危险物品。

4）对于国际航空运输，危险物品包装还必须遵守UN/IATA对危险货物运输包装的要求，这是通过符合《品名表》中的包装指令来体现的。每一危险物品的包装必须符合其包装指令的要求。

5）其他包装要求。如使用已用过的包装必须全面检查，防止污染。

（4）危险品代码。危险货物运输是航空货物运输中操作最复杂、难度最大的一类货物，仓储、运输的环节中应特别注意。在货物外包装上经常看到危险品的操作代码，常见的危险品代码及名称如表 5-3 所列。

表 5-3　危险品代码及名称

危险品代码	英文全称	中文全称
RCX	Explosives 1.3C	爆炸品 1.3C 类
REX	to be reserved for normally forbidden explosives	远离爆炸品保存
RFW	dangerous when wet	遇湿易燃品
RHF	harmful-stow away from foodstuff	远离食品的有害物品
RIS	infection substance	传染品
RMD	miscellaneous dangerous goods	杂项危险品
RNG	non-flammable compressed gas	惰性气体
ROP	organic peroxide	有机过氧化物
RPG	toxic gas/poisonous gas	有毒气体
RRW	radioactive material,category I -white	放射性物质，I 类白色包装
RRY	radioactive material,category II-yellow and III-yellow	放射性物质，II 类或 III 类黄色包装
CAO	cargo only	仅限货机
ICE	dry ice	干冰
MAG	magnetic materials	磁性物质
RCL	cryogenic liquids	低温液体
RCM	corrosive	易腐货物
ROX	oxidizer	易氧化物
RFG	flammable compressed gas	易燃压缩气体
RFL	flammable liquid	易燃液体
RFS	flammable solid	易燃固体
RSW	polystyrene beads	绝缘体
RSC	spontaneously combustible	自燃品

（5）危险物品的相关文件。在收运危险品时，托运人必须提供海关核准放行的报关单和交运货物的有关资料，并对其所提供的资料的正确性负完全责任；托运人必须正确、如实地填写危险物品申报单，同时保证货物的准备完全符合国际货物运输的有关规定。托运人必须填写一式两份的危险品申报单，签字后一份交始发站保存，一份随货物运至目的站。申报单必须由托运人填写、签字并对申报的所有内容负责，任何代理人都不可替代托运人签字。

4．超大超重货物的航空运输

（1）含义。超大货物一般是指体积超过机型限制，需要一个以上的集装箱方能装下的货物，这类货物的运输需要特殊处理程序以及装卸设备。

超重货物一般是指每件货物的重量超过 150kg 的货物，但最大允许货物的重量主要还取决于飞机的机型（飞机地板承受力）、机场设施以及飞机在地面停留的时间。

（2）收运条件。

1）订舱。如果一票货物包括一件或几件超大超重货物，订舱时应说明货物的重量和尺寸，并在货运单内单独列明，承运人可提前制定装载计划并准备必要的固定设施。

2）包装。托运人所提供的包装应便于承运人操作，如托盘、吊环等，必要时应注明中心位置。

3）运输要求。

a．总要求：必须设置牢固的、能支持装卸和固定的装置。

b．装载。非宽体机上承运超限货物每件的重量可以放宽至 150kg；在宽体机上承运超限货物，应请示值班经理方可收运，并在收运后及时通知到达站准备装卸设备。在承运超限货物时，所需垫板等装卸设施应由托运人提供，并且按普货计费，贴标签，在货运单上注明。承运超限货物要根据不同航空公司要求收取超限附加费。

应设置便于叉车等装卸设备操作的装置，例如托盘，与地面之间应留有 5cm 的空间允许叉车的使用；装卸操作时应注意平衡，重货尽量装在集装器的中间位置，重心位置应在货运单上标明，并在货物上圈出以便于装卸；如果装载的货物未超过集装箱的 2/3 容积，属于重货需固定。

c．固定。应留意货舱的墙壁和地板上的锚定点，以能牢固地将货物固定在机舱内。

d．保护。确保货物内部不含有危险物品（像电池、燃油等）。如果有此类物品，应按 TACT 有关易碎或危险品规定采取保护措施，不要与其他部件混淆，不作为装卸和固定的部位，注意气候条件（雨、灰尘、严寒、温度等）。

5．贵重货物的运输

贵重物品的类型：黄金、白金、铑、钯等稀贵金属及其制品；各类宝石、玉器、钻石、珍珠及其制品；贵重文物（包括书、画、古玩等）及其制品；现钞、有价证券、旅行支票、股票；毛重每千克价值超过 1000 美元或等值货币的货物。

对于运输的货物中含有下列一种或多种物品，均称为贵重货物。

（1）运输声明价值毛重每千克超过（或等于）一千美元的任何物品；黄金（包括提炼或为提炼过的金锭）、混合金、金币以及各种形状的黄金制品，如金粒、片、粉、绵、线和黄金铸造物，白金（即铂）类稀有贵重金属和各种形状的铝合金制品。但上述金属以及合金的放射性同位素则不属于贵重货物，而属于危险品，应按危险品运输的有关规定办理。

（2）法定的银行钞票、有价证券、股票、息票、旅行支票及邮票（不包括新邮票）。

（3）钻石（包括工业用钻石）、红宝石、蓝宝石、绿宝石、蛋白石、珍珠（包括养殖珍珠）以及镶有上述钻石、宝石、珍珠等的饰物。

（4）金、银等材料制作的珠宝饰物和手表。

（5）金、铂制品（不包括镀金、镀铂制品）。

（6）贵重文物（包括书、画、古玩等）及其制品。

在运输贵重货物时，货运单上要写明详细的托运人、通知人和收货人的名称、地址、联系电话。除在"Nature and Quantity of Goods"栏内填写真实的货物名称、准确净重、内装数量外，还应注明"Valuable Cargo"字样，注明已订妥的各航段航班号和日期。贵重货物不可与其他货物作为一票货物运输。其他文件的名称和操作要求在"Handling Information"栏内注明。

6. 作为货物运送的行李的航空运输

作为货物运输的行李，又可称之为无人押运行李。其范围仅限于旅客本人的衣物和与旅行有关的私人物品，包括手提打字机、小型乐器、小型体育用品，但不包括机器及其零件、货币、证券、珠宝、手表、餐具、镀金属器皿、皮毛、影片或胶卷、照相机、票证、文件、酒类、香水、家具、商品和销售样品。

收运此种货物，需将旅客的客票号码、乘机日期、航班号等填入货运单中，在"货物品名及数量"栏内应填明"无人押运行李"（Unaccompanied Baggage）。

学生训练

1. 单选题

（1）以下不属于航空运输中特种货物的是（　　）。
  A. 螃蟹   B. 感冒疫苗
  C. 普通书籍   D. 漂白粉

（2）超重货物一般是指每件超过（　　）的货物，但最大允许货物的重量主要还取决于飞机的机型、机场设施以及飞机在地面停站的时间。
  A. 200kg   B. 100kg
  C. 120kg   D. 150kg

（3）（　　）不属于航空运输中的危险物品。
  A. 硫化氢   B. 樟脑
  C. 干冰   D. 活的波斯猫

（4）（　　）标签是特种货物标签。
  A. 小心向上   B. 鲜活易腐物品标签
  C. 不可倒置   D. 有毒

（5）（　　）应具有必要的检验合格证明和卫生检疫证明，还应符合有关到达站国家关于此种货物进出口和过境规定。
  A. 贵重货物   B. 鲜活易腐货物
  C. 超重超大货物   D. 危险货物

2. 判断题

（1）玫瑰花不属于特种货物，只需要遵循一般货物的运输规定。（　　）

（2）鲜活易腐货物应优先发运，尽可能利用直达航班。（　　）

（3）丙烷是易燃液体。（　　）

（4）为减少鲜活易腐货物在仓库存放的时间，托运人或收货人可直接到机场办理交运或提取手续。（　　）

（5）由于特种货物的特殊性，所以除了遵循一般运输规定外，收运特种货物还需遵循国际航协所作出的特殊规定。   （   ）

单元小结

本单元学习了航空运输货物出口流程与主要工作。另外，航空货物运输中，特种货物的运输量呈现明显的增长趋势，由于运输这类货物，利润空间比普通货物要大，因此越来越受到航空公司、航空代理的重视。运输特种货物除按一般运输规定外，还应严格遵守每一类特种货物的特殊规定进行作业。

单元拓展

【项目背景】
ABC 公司空运部接到北京客户发来的国际货物托运书，客户需要发运货物至美国纽约机场，空运部操作员小王在审核托运书无误后签字盖章，标志着空运代理委托关系的确立。随后小王需根据国际货物托运书的要求进行订舱、制单及货物交接等工作。客户填制国际货物托运书见表5-4。

表5-4　国际货物托运书

SHIPPER'S LETTER OF INSTRUCTION

托运人姓名、地址、电话号码 Shipper's Name, Address &Telephone No. ABC COMPANY ADD:7 FLOOR,JING CHAO BUILDING,CHAOYANG DISTRICT,BEIJING,CHINA TEL:86-10-65065589		托运人账号 Shipper's Account Number		航空货运单号码 Air Waybill Number 999---257-45042546	
				安全检查 Safety Inspection	
收货人姓名、地址、电话号码 Consignee's Name, Address & Telephone No. AIE technology CO,ltd ADD:1030 Avenue of the Americans New York,New York,10018,USA TEL:1-212-768-0001 Fax:1-212-938-0087		收运人账号 Consigee's Account Number		是否安妥航班日期吨位　Booked	
				航班/日期 Flight/Date	航班/日期 Flight/Date
				预付 pp　　pp	到付 cc　　cc
				供运输用声明价值 Declared Values for Carriage	供海关用声明价值 Declared Values for Customs
始发站 Airport of　Departure	PEK	目的站 Airport of Destination		NYC	保险价值 Amount of Insurance	
填开货运单的代理人名称 Issuing Carriers Agent Name and City					另请通知　Also Notify	
储运注意事项及其他 Handling Information and Others						
					随附文件 Document to Accompany Air Waybill	
件数 No.of Packages	毛重（千克） Actual Gross Weight(kg.)	运价种类 Rate Class	商品代号 Comm. Item No.	计费重量（千克） Chargeable Weight(kg)	费率 Rate/kg	货物品名（包括包装、尺寸或体积） Nature and Quantity of Goods (Incl. Dimensions or Volume)	

续表

2	120					Packing Machinery Corrugated Cartons 50cm×45cm×60cm 50cm×45cm×60cm
托运人证实以上所填内容全部属实并愿意遵守承运人的一切运输章程 Shipper certifies that the particulars on the face hereof correct And agrees to the conditions of carriage of carrier						航空运费和其他费用 Weight Charges ant Other Charges
托运人或其代理人签字、盖章 Signatures of Shipper or his Agent _____						承运人签字 Signatures of Issuing Carrier or his Agent_____ _____
日期 Date_____						日期 Date_____

【项目任务】

任务1：审单与预订舱

（1）小王对客户交来的随附单据进行审核，审核无误后将托运书和各自随附单据配上主运单和分运单。底单业务的随附单据包括哪些？

（2）小王经过检查发现，在实际操作过程中，与客户交接货物之前有预订舱的环节，而与客户交接货物之后又要正式订舱。思考这是什么原因？

任务2：交接货物

客户货物运到公司位于空港附近的仓库后，工作人员对货物进行了称重和量尺寸，发现货物实际毛重为126kg，包装箱尺寸与托运书一致，立即向空运部操作员小王进行了反馈，小王应如何处理？

任务3：填制航空货运单

工作人员需根据所接收的国际货物托运书仔细无误地填写航空货运单。

任务4：出口报关

（1）填制完货运单后，小王需协助客户完成报关工作，需要提供哪些单据给海关审核？

（2）请正确填制出口货物报关单。

任务5：装箱、签单、交接发运、结算费用

（1）列举这些工作环节中认为重要的注意事项。

（2）列出除空运费外的其他杂费的项目、单价、计费单位、应收费用等，并计算出应收的费用总额，见表5-5。

表5-5　除航空运费外的其他杂费项目

项目	单价/元	计费单位	应收费用
合计			

任务6：给目的地代理发送预报

将运单、航班、件数、重量、品名、实际收货人及其他地址、联系电话等内容通过传真或电子邮件发送给各目的地代理公司，以便其准备目的地接货的事宜，这一过程被称为预报。请撰写一份做预报的信函。

【作业拓展】

某客户委托 ABC 国际物流公司出口一批货物，客户的委托事项如下：

从北京空运到纽约，出口商品为手工艺品，毛重 10kg，长、宽、高分别是 1.0m、0.8m、0.5m，请以货运代理的身份完成下述工作。

（1）对此票货物的航空运输进行报价。

（2）填制国际货物托运书和航空货运单。

（3）结合此票业务的航空出口代理作业环节，做出详细的工作计划，并以业务流程图的形式呈现。

单元六　国际航空货运进口业务

通过本单元的学习，学生应能够掌握航空货运进口业务流程，熟悉航空货运进口单据与货物的交接程序，了解交接单货时容易出现的问题。

（1）国际航空货运进口业务流程。
（2）国际航空货运进口业务主要工作。
（3）航空进口交接单货问题。

（1）具备阅读以及识读关键信息的能力。
（2）能通过组内研究、互相协作、运用相关资料解决相关问题。
（3）具备处理交接单货时出现的问题。

项目一　国际航空货运进口业务

国际货物运输的进口业务流程是指从飞机到达目的地机场，承运人把货物卸下飞机直到交给收货人的物流、信息流的实现和控制管理的全过程。

任务　学习国际航空货运进口业务流程

（一）代理预报

在国外发货之前，由国外代理公司将运单、航班、件数、重量、品名、实际收货人及其他地址、联系电话等内容通过传真或 E-mail 发给目的地代理公司，这一过程被称为预报。

到货预报的目的是使代理公司做好接货前的所有准备工作。

注意事项：

（1）注意中转航班，中转点航班的延误会使实际到达时间和预报时间出现差异。
（2）注意分批货物。从国外一次性运来的货物在国内中转时，由于国内载重量的限制，往往采用分批的方式运输。

（二）交接单、货

航空货物入境时，与货物相关的单据（运单、发票、装箱单等）也随即到达，运输工具及货物处于海关监管之下。货物卸下后，将货物存入航空公司或机场的监管仓库，进行进口货物舱单录入，将舱单上总运单号、收货人、始发站、目的站、件数、重量、货物品名、航班号等信息通过计算机发送给海关留存，供报关用。

同时根据运单上的收货人及地址寄发取单、提货通知。若运单上收货人或通知人为某航空货运代理公司，则把运输单据及与之相关的货物交给该航空货运代理公司。

（1）航空公司的地面代理向货运代理公司交接的如下：

1）国际货物交接清单。

2）总运单、随机文件。

3）货物。

（2）交接时要做到：

1）单、单核对，即交接清单与总运单核对。

2）单、货核对，即交接清单与货物核对。

核对后，出现问题的处理方式见表6-1。

表6-1 问题核对处理方式

总运单	清单	货物	处理方式
有	无	有	清单上加总运单号
有	无	无	总运单退回
无	有	有	总运单后补
无	有	无	清单上划去
有	有	无	总运单退回
无	无	有	货物退回

另外还需注意货物分批，做好空运进口分批货物登记表。

航空货运代理公司在与航空公司办理交接手续时，应根据运单及交接清单核对实际货物，若存在有单无货或有货无单的情况，应在交接清单上标明，以便航空公司组织查询并通知入境地海关，并填写国际货物交接清单。

国际货物交接清单见表6-2。

表6-2 国际货物交接清单

日期：

序号	货运单号码	件数	重量/kg	航班/日期	提货日期	备注
1						
2						
3						
4						
5						
6						
7						

续表

序号	货运单号码	件数	重量/kg	航班/日期	提货日期	备注
8						
9						
10						
11						
12						
13						
14						

交货人_____　　　　　　　　　　接货人_____

发现货物短缺，破损或其他异常情况，应向民航报备事故记录，作为实际收货人交涉索赔事宜的依据。

货运代理公司请航空公司开具商务事故证明的通常有：

- 包装货物受损。
  - 纸箱开裂、破损、内中货物散落（含大包装损坏，散落为小包装，数量不详）。
  - 木箱开裂、破损，有明显受撞击迹象。
  - 纸箱、木箱未见开裂、破损，但其中液体漏出。
- 裸装货物受损。
  - 无包装货物明显受损，如金属管、塑料管压扁、断裂、折弯。
  - 机器部件失落，仪表表面破裂等。

（3）木箱或精密仪器上防震、防倒置标志泛红。

（4）货物件数短缺。

部分货损不属运输责任，因为在实际操作中，部分货损是指整批货物或整件货物中极少或极小一部分受损，是航空运输较易发生的损失，此时航空公司不一定愿意开具证明，即使开具了"有条件、有理由"证明，货主也难以向航空公司索赔，但可据以向保险公司提出索赔。对货损责任难以确定的货物，可暂将货物留存机场，商请货主单位一并到场处理。

（三）理货与仓储

代理公司自航空公司接货后，即短途驳进自己的监管仓库，组织理货及仓储。

1. 理货内容

（1）逐一核对每票件数，再次检查货物破损情况，遇有异常，确属接货时未发现的问题，可向民航提出交涉（按《华沙公约》第26条："除非有相反的证据，如果收货人在收受货物时没有异议，就被认为货物已经完好地交付，并和运输凭证相符"；又《华沙公约》修正本——海牙议定书第15条："关于损坏事件，收货人应于发现损坏后立即向承运人提出异议，最迟应在收到货物后14天内提出。"）。

（2）按大货、小货；重货、轻货；单票货、混载货；危险品、贵重品；冷冻、冷藏品；分别堆存、进仓。堆存时要注意货物箭头朝向，总运单、分运单标志朝向，注意重不压轻，大不压小。

（3）登记每票货存储区号，并输入计算机。

2. 仓储注意事项

鉴于航空进口货物的贵重性、特殊性，其仓储要求较高，须注意以下几点：

（1）防雨淋、防受潮。货物不能置于露天，不能无垫托置于地上。

（2）防重压。纸箱、木箱均有叠高限制，纸箱受压变形，会危及箱中货物安全。

（3）防温升变质。生物制剂、化学制剂、针剂药品等部分特殊物品，有存储温度要求，要防止阳光暴晒。一般情况下：冷冻品置于-20～-15℃冷冻库（俗称低温库），冷藏品置放于2～8℃冷藏库。

（4）防危险品危及人员及其他货品安全。空运进口仓库应设立独立的危险品库。易燃、易爆品、毒品、腐蚀品、放射品均应分库安全置放。以上货品一旦出现异常，均需及时通知消防安全部门处理。放射品出现异常时，还应请卫生检疫部门重新检测包装及发射剂量外泄情况，以便保证人员及其他物品安全。

（5）为防贵重品被盗，贵重品应设专库，用双人制约保管，防止出现被盗事故。

（四）理单与到货通知

1. 理单

（1）集中托运，总运单项下拆单。

1）将集中托运进口的每票总运单项下的分运单分理出来，审核与到货情况是否一致，并制成清单输入计算机。

2）将集中托运总运单项下的发运清单输入海关计算机，以便实施按分运单分别报关、报验、提货。

（2）分类理单、编号。

1）分运单是直单、单票混载，这两种情况一般无清单。

2）多票混载有分运清单，分运单件数之和应等于总运单上的件数。

3）货物的种类有指定货物、非指定货物、单票、混载、总运单到付、分运单到付、银行货、危险品、冷冻冷藏货物等，随机文件中有分运单、发票、装箱单、危险品证明等。

4）按照已标有仓位号的交接清单编号并输入计算机，内容有：总运单号、分运单号、发票号、合同号、航班、日期、货名、货物分类、贸易性质、实到件数、已到件数、实到重量、计费重量、仓位号、收货单位、代理人、本地货、外地货、预付、到付、币种、运费及金额等。

运单分类，一般有以下分类法。

a. 分航班号理单，便于区分进口方向。

b. 分进口代理理单，便于掌握、反馈信息，做好对代理的对口服务。

c. 分货主理单，指重要的经常有大批货物的货主，将其运单分类出来，便于联系客户，制单报关和送货、转运。

d. 分口岸、内地或区域理单，便于联系内地货运代理，便于集中转运。

e. 分运费到付、预付理单，便于安全收费。

f. 分寄发运单，自取运单客户理单。

分类理单的同时，须将各票总运单、分运单编上各航空货运代理公司自己设定的编号，以便内部操作及客户查询。

（3）编配各类单证。货运代理的单据包括总运单、分运单与以下几类单证。

1）随机单证。

2）国外代理先期寄达的单证（发票装箱单、合同副本、装卸、运送指示等）。

3）国内货主或经营到货单位预先交达的各类单证。

代理公司理单人员须将其逐单审核、编配。其后，凡单证齐全、符合报关条件的即转入制单、报关程序。否则，即与货主联系，催齐单证，使之符合报关条件。

2. 到货通知

货物到达目的港后，货运代理应从航空运输的时效出发，为减少货主仓储费，避免海关滞报金，尽早、尽快、尽妥地通知货主到货情况，提请货主配齐有关单证，尽快报关。

（1）早：到货后，第一个工作日内就要设法通知货主。

（2）快：尽可能用传真、电话预通知客户，单证需要传递的，尽可能使用特快专递，以缩短传递时间。

（3）妥：包括如下三个方面。

1）一星期内须保证以电函、信函形式第三次通知货主，并应将货主尚未提货情况，告知发货人代理。

2）二个月时，以电函、信函形式第四次通知货主。

3）三个月时，货物须上交海关处理，此时再以信函形式第五次通知货主，告知货主货物将被处理，提醒货主采取补救办法。

（4）到货通知应向货主提供到达货物的下述内容。

1）运单号、分运单号、货运代理公司编号。

2）件数、重量、体积、品名、发货公司、发货地。

3）运单、发票上已编注的合同号、随机已有的单证数量及尚缺的报关单证。

4）运费到付数额，货运代理公司地面服务收费标准。

5）货运代理公司及仓库的地址（地理位置图）电话、传真、联系人。

6）提示货主：海关关于超过 14 天报关收取滞报金及超过 3 个月未报关货物上交海关处理的规定。

3. 正本运单处理

计算机打印海关监管进口货物入仓清单一式五份用于商检、卫检、动检各一份，海关两份，其中一份海关留存，另一份海关签字后收回存档。运单上一般盖六个章：监管章（总运单）、代理公司分运单确认章（分运单）、动检章、卫检章、商检章、海关放行章。

（五）制单、报关

1. 制单、报关、运输的形式

除部分进口货存放民航监管仓库外，大部分进口货物存放于各货代公司自有的监管仓库。由于货主的需求不一，货物进口后的制单、报关、运输一般有以下几种形式：

（1）货运代理公司代办制单、报关、运输。

（2）货主自行办理制单、报关、运输。

（3）货运代理公司代办制单、报关后，货主自办运输。

（4）货主自行办理制单、报关后，委托货运代理公司运输。

（5）货主自办制单、委托货运代理公司报关和办理运输。

2. 进口制单

制单指按海关要求，依据运单、发票、装箱单及证明货物合法进口的有关批准文件，制作"进口货物报关单"。货运代理公司制单时一般程序为：

（1）长期协作的货主单位，有进口批文，证明手册等存放于货运代理处的，货物到达，发出到货通知后，即可制单、报关，通知货主运输或代办运输。

（2）部分进口货，因货主单位（或经营单位）缺少有关批文、证明的，可于理单、审单后，列明内容，向货主单位催寄有关批文、证明，亦可将运单及随机寄来的单证、提货单以快递形式寄货主单位，由其备齐有关批文，证明后再决定制单、报关事宜。

1）无需批文和证明的，可即行制单、报关，通知货主提货或代办运输。

2）部分货主要求异地清关时，在货主海关规定的情况下，制作《转关运输申报单》办理转关手续，报关单上需由报关人填报的项目有：进口口岸、收货单位、经营单位、合同号、批准机关及文号、外汇来源、进口日期、提单或运单号、运杂费、件数、毛重、海关统计商品编号、货品规格及货号、数量、成交价格、价格条件、货币名称、申报单位、申报日期等，转关运输申报单、内容少于报关单，亦需按要求详细填列。

3. 进口报关

进口报关是进口运输中关键的环节。报关程序中有许多环节，大致可分为初审、审单、征税和验收四个主要环节。

（1）初审。

1）初审是海关在总体上对报关单证作粗略的审查。

2）审核报关单所填报的内容与原始单证是否相符，商品的归类编号是否正确，报关单的预录入是否有误等。

3）初审只对报关单证作形式上的审核，不作实质性的审查。

（2）审单。

1）审单是报关的中心环节，从形式上和内容上对报关单证进行全面的详细审核。

2）审核内容包括：报关单证是否齐全、准确；所报内容是否属实；有关的进口批文和证明是否有效；报关单所填报的货物名称、规格、型号、用途及金额与批准文件所批的是否一致；确定关税的征收与减免等。

a. 如果报关单证不符合海关法的有关规定，海关不接受申报。

b. 允许通关时，留存一套报关单据（报关单、运单、发票）作为海关备案。

（3）征税。

1）征税作为报关的一个重要内容是必不可少的。

2）根据报关单证所填报的货物名称、用途、规格、型号及构成材料等确定商品的归类编号及相应的税号和税率。

3）若商品的归类和税率难以确定，海关可先查看实物或实物图片及有关资料后再行确定征税。

若申报的价格过低或未注明价格，海关可以估价征税。

（4）验收。

1）货物放行的前提：单证提供齐全，税款和有关费用已经全部结清，报关未超过规定期限，实际货物与报关单证所列一致。

2）放行的标志：正本上或货运代理经海关认可的分运单上加盖放行章。

3）放行货物的同时，将报关单据（报关单、运单、发票各份）及核销完的批文和证明全部留存海关。如果报关时已超过了海关法规定的报关期限，必须向海关缴纳滞报金。

4）验放工作人员可要求货主开箱，查验货物。此时查货与征税时查货，其目的有所不同，征税关员查看实物主要是为了确定税率，验收关员查验实物是为了确定货物的物理性质、化学性质以及货物的数量、规格、内容是否与报关单证所列完全一致，有无伪报、瞒报，走私等问题。

5）除海关总署特准免验的货物外，所有货物都在海关查验范围内。

4. 报关期限与滞报金

（1）按海关法规定，进口货物报关期限为自运输工具进境之日起的 14 日内，超过这一期限的，由海关征收滞报金。

（2）滞报金每天的征收标准为货物到岸价格的万分之五。

5. 货代公司对开验工作的实施

海关对进出口货物实施开箱检验是项经常性的工作，占到货票数的一定比例。为此货运代理公司必须配备一定人员和工具协助海关，对货物实施开箱检验工作。

客户自行报关的货物，一般由货主到货运代理的监管仓库借出货物，由代理公司派人陪同货主一并协助海关开验。开验后，代理公司须将已开验货物封存，运回监管仓库存储。

客户委托代理公司报关（含运输）的货物，代理公司须通知货主单位，由其派人前来或书面委托代办开验。开验后，代理公司须将已开验货物封装，运回监管仓库存储。

海关对大件货物，开箱后影响运输的货物实施开验时，货运代理公司及货主应如实将情况向海关说明，可申请海关派员到监管仓库开验，或直接到货主单位实施开验。

（六）发货、收费

1. 发货

办完报关、报验等进口手续后，货主须凭盖有海关放行章、动植物报验章、卫生检疫报验章（进口药品须有药品检验合格章）的进口提货单到所属监管仓库付费提货。

仓库发货时，须检验提货单据上各类报关、报验章是否齐全，并登记提货人的单位、姓名、身份证号以确保发货安全。

保管员发货时，须再次检查货物外包装情况，遇有破损、短缺，应向货主作出交代。

（1）对于分批到达的货物，收回原提货单，出具分批到达提货单，待后续货物到达后，即通知货主再次提取。

（2）航空公司责任的破损、短缺，应有代理公司签发商务记录。

（3）遇有货代公司责任的破损事项，应尽可能商同货主、商检单位立即在仓库作商品检验，确定货损程度，要避免后面运输中加剧货损的发展。

发货时，应协助货主装车，尤其遇有货物超大超重，件数较多的情况，应指导货主（或提货人）合理安全装车，以提高运输效率，保障运输安全。

2. 收费

货运代理公司仓库在发放货物前，一般先将费用收妥。收费内容如下：

（1）到付运费及垫付佣金。

（2）单证、报关费。

（3）仓储费（含冷藏、冷冻、危险品、贵重品特殊仓储费）。
（4）装卸、铲车费。
（5）航空公司到港仓储费。
（6）海关预录入、动植检，卫检报验等代收代付费用。
（7）关税及垫付佣金。

除了每次结清提货的货主外，经常性的货主可与货运代理公司签订财务付费协议，实施先提货，后付款，按月结账的付费方法。

（七）送货与转运

出于多种因素（或考虑便利，或考虑节省费用，或考虑运力所限），许多货主或国外发货人要求将进口到达货由货运代理报关、垫税，提货后运输到直接收货人手中。货运代理公司在代理客户制单、报关、垫税、提货、运输的一揽子服务中，由于工作熟练，衔接紧密，服务到位，因而受到货主的欢迎。

（1）送货上门业务。送货上门业务主要指进口清关后货物，直接运送至货主单位，运输工具一般为汽车。

（2）转运业务。转运业务主要指将进口清关后货物转运至内地的货运代理公司，运输方式主要为飞机、汽车、火车、水运、邮政。

办理转运业务，需由内地货运代理公司协助收回相关费用，同时口岸货代公司亦应支付一定比例的代理佣金给内地代理公司。

（3）进口货物转关及监管运输。进口货物转关，是指货物入境后不在进境地海关办理进口报关手续，而运往另一设关地点办理进口海关手续，在办理进口报关手续前，货物一直处于海关监管之下，转关运输亦称监管运输，表示此运输过程置于海关监管之中。

1）转关条件。进口货物办理转关运输必须具备下列条件：

a. 指运地设有海关机构，或虽未设海关机构，但分管海关同意办理转关运输，即收货人所在地必须设有海关机构，或邻近地区设有分管该地区的海关机构。

b. 向海关交验的进境运输单据上列明到达目的地为非首达口岸，需转关运输。

c. 运输工具和货物符合海关监管要求。并具有加封条件和装置。海关规定，转关货物采用汽车运输时，必须使用封闭式的货柜车，由进境地海关加封，指运地海关启封。

d. 转关运输的单位必须经海关核准、认可的航空货运代理公司。一般运输企业，尤其是个体运输者，即使拥有货柜车，也不能办理转关运输。

办理转关运输还应遵守海关的其他有关规定，如：转关货物必须存放在海关同意的仓库、场所，并按海关规定办理收存、交付手续；转关货物未经海关许可，不得开拆、改装、调换、提取、交付；对海关加封的运输工具和货物，应当保持海关封志完整，不能擅自开启，必须负责将进境地海关签发的关封完整及时交指运地海关，并在海关规定的期限内办理进口手续。

2）转关手续。转关货物无论采用飞机运输、汽车运输、火车运输，转关申请人（或货运代理）均需首先向指运地海关申请"同意接收××运单项下进口货物转关运输至指运地"的关封。

a. 办理进口货物转关运输手续时，应向进境地海关递交下述资料：

- 运地海关同意转关运输的关封。
- 转关运输申报单。

- 国际段空运单、发票。

b. 进境地海关审核货运单证同意转关运输后，需进行下述工作：
- 将货物运单号和指运地的地区代号输入计算机进行核销，并将部分单证留存。
- 将运单、发票、转关货物准备各一份装入关封内，填妥关封号加盖验期讫章。
- 在运单正本上加盖放行章。
- 在海关配发给各代理公司的转关登记薄上登记，以待以后收回回执核销。
- 采用汽车转关运输时，还需在海关颁发的货运代理监管运输车辆的"载运海关监管货物车辆登记薄"上登记、待销。

转关货物无论以后以何种运输方式，无论将货物监管运输至指运地民航监管仓库、货运代理公司监管仓库或收货人单位，等货物转关进入指运地海关监管之下，指运地海关应将"转关运输申报单"回执联填妥，盖章后寄还给入境地海关核销。货运代理公司再据以核销自己的转关登记薄上的有关项目，以完成整个转关运输程序。

学生训练

1. 单选题

（1）按海关法规定，进口货物报关期限为：自运输工具进境之日起的（　　）日内，超过这一期限报关的，由海关征收滞报金。
  A. 7　　　　　　B. 14　　　　　　C. 30　　　　　　D. 45

（2）转关货物无论采用飞机运输、汽车运输还是火车运输，转关申请人（或货运代理）均须首先向（　　）申请"同意接收××运单项下进口货物转关运输至指运地"的关封。
  A. 指运地海关　　B. 进境地海关　　C. 出境地海关　　D. 起运地海关

（3）在航空货物进口运输代理业务流程中，单据信息流流向正确的是（　　）。
  A. 国内货运代理——向客户发到货通知——货代理单——制单报关
  B. 国内货运代理——制单报关——向客户发到货通知——货代理单
  C. 国内货运代理——货代理单——向客户发到货通知——制单报关
  D. 货代理单——国内货运代理——向客户发到货通知——制单报关

（4）在航空货物进口运输代理业务流程中，货物流流向正确的是（　　）。
  A. 机场交接货物——交货给客户——运至货代仓库——理货
  B. 机场交接货物——运至货代仓库——理货——交货给客户
  C. 理货——机场交接货物——运至货代仓库——交货给客户
  D. 机场交接货物——理货——运至货代仓库——交货给客户

（5）（　　）是报关的中心环节，从形式上和内容上对报关单证进行全面的详细审核。
  A. 征税　　　　　B. 验收　　　　　C. 初审　　　　　D. 审单

2. 判断题

（1）到货预报的目的是使代理公司做好接货前的所有准备工作。（　　）

（2）部分货损是指整批货物或整件货物中极少或极小一部分受损，属于航空公司运输责任。（　　）

（3）国际货物航空运输的进口业务流程，是指航空货代对于货物从入境到提取或转运整个流程的各个环节所需办理的手续及准备相关单证的全过程。（　　）

（4）航空货物入境后，航空货代公司需核对实际货物的件数与主运单上的件数相符，并检查货物的外包装完好无损后方可提取货物。（   ）

（5）海关总署特准免验的货物也在海关查验范围内。（   ）

项目二 国际航空货运进口的主要工作

国际货物航空运输的进口业务流程是指航空货代对于货物从入境到提取或转运整个流程的各个环节所需办理的手续及准备相关单证的全过程。国际货物航空运输进口业务流程的环节主要包含两大部分：航空货物进口运输代理业务程序和航空公司进港货物操作程序。

任务 1 国际航空货运进口的主要工作

（一）航空货物进口运输代理业务

1. 航空货物进口运输代理业务流程

在集中托运的方式下，航空进口货物由国外航空货运代理人发送，货到国内航站入境时，与货物相关的单据（运单、发票装箱单等）也随机到达，运输工具及货物处于海关监管之下。货物卸下后，将货物存入航空公司或机场的监管仓库，由航空公司的代理进行进口货物舱单的录入，将舱单上总运单号、收货人、始发站、目的站、件数、重量、货物品名以及航班号等信息通过计算机传输给海关留存，供入境货物报关用。航空货物进口运输代理业务流程如图6-1所示。

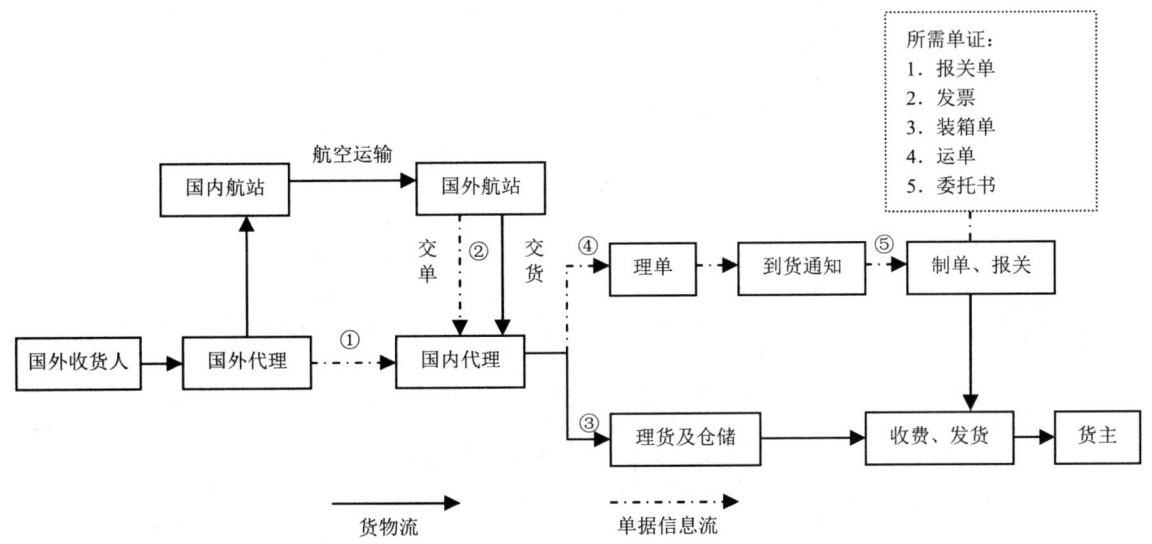

图 6-1 航空货物进口运输代理业务流程

在以上航空货物进口运输代理业务流程中，包含了单据信息的流转和货物、货代工作的流转，具体如下：

（1）单据信息流。

随机单据交付给国内货运代理——货代理单——向客户发到货通知——制单报关。

(2) 货物流和工作流。

货主与机场交接货物——理货并运至货代仓库——交货给客户。

2. 航空进口货运代理的主要工作

航空进口货运代理的主要工作内容见表 6-3。

表 6-3 航空进口货运代理的主要工作内容

主要工作	工作内容	注意事项	其他
交接单、货	航空货物入境时，货运代理需接收随机到达的货物相关的单据（运单、发票、装箱单等）。货运代理要负责将货物从一级监管仓库提取至本公司的二级监管仓库。提取货物时要做好货物与单据的验收交接工作	为了分清责任，代理公司需核对实际货物的件数与主运单上的件数相符，并检查货物的外包装完好无损后方可提取货物。对于核对中发现的异常情况，如货物外包装发现破损，货件短缺等问题，应要求货站开具《航空事故签证》，必要时拍照为证。遭严重的破损事故时，应立即通知收件人	若提货时发现货物受损，必须要求航空公司出具不正常的证明，写明破损情况，这样有利于后面的索赔过程
理货与仓储	代理公司自航空公司接货后，即短途驳运进自己的监管仓库，组织理货及仓储。理货内容：逐一核对每票件数，再次检查货物破损情况，遇有异常，确属接货时未发现的问题，可向民航提出交涉；按大货、小货、重货、轻货、单票货、混装货、危险品、贵重品、冷冻、冷藏品分别堆存、进仓。堆存时要注意货物箭头朝向，总运单、分运单标志朝向，注意重不压轻，大不压小；登记每票货物存储区号，并录入计算机	进口货物在仓储时需遵循以下注意事项，以保证货物的完整性：防受潮。存储货物不直接接触地面，可用托盘或货位存储；防重压。纸箱、木箱等均需防止重压，纸箱受压易变形，会危及箱中货物安全；防升温变质。生物制剂、化学制剂、针剂药品等部分特殊物品，有存储温度要求，要防止阳光暴晒；仓库内要根据相关要求设置防水、防火、防盗设施，以保证货物的安全；对于危险品等特种货物，要严格按照其操作规程等对其进行保管；为防贵重品被盗，贵重品应设专库，由双人制约保管，防止出现被盗事故	
理单与到货通知	航空货运代理需将每票航空运单的货物信息及实际入库的相关信息通过终端输入到海关监管系统，方便客户查询同时，货运代理人将总运单、分运单与随机单证、国外代理人先期寄达的单证（发票装箱单、合同副本、装卸、运送指示等）、国内货主或经营到货单位预先交达的各类单证等进行编配。代理公司理单人员须将其逐单审核、编配。其后，凡单证齐全、符合报关条件的即转入制单、报关程序。否则，即与货主联系，催齐单证，使之符合报关条件。货物到达目的港后，代理要编制到货通知单，通知货主货物的到货情况	货物到目的港后，货运代理人应从航空运输的时效出发，为减少货主仓储费，避免海关滞报金，尽早、尽快、尽妥通知货主到货情况，提示货主配齐有关单证，尽快报关。到货通知单需要填写的项目有：公司名称、运单号、到货日期、应到件数及重量、实到件数及重量、货物名称、是否为特种货物、货运代理公司业务联系人及电话等，同时提示货主海关关于超过 14 天报关收取滞报金及超过 3 个月未报关货物上交海关处理的规定	集中托运货物需要对总运单项下的货物进行分拨，对每一份分运单对应的货物分别处理。按照不同发货代理、不同实际收货人、收货人所在的特殊监管区域（如出口加工区、保税区）进行单证分类

续表

主要工作	工作内容	注意事项	其他
制单、报关	进口制单：长期协作的货主单位，有进口批文、证明手册等放于货代处的，货物到达，发出到货通知后，即可制单、报关，通知货主运输或代办运输；部分进口货，因货主单位缺少有关批文、证明，亦可将运单及随机寄来证、提货单以快递形式寄货主单位，由其备齐有关批文、证明后再决定制单、报关事宜；无须批文和证明的，可即行制单、报关，通知货主提货或代办运输；部分货主要求异地清关时，在符合海关规定的情况下，制作《转关运输申报单》办理转关手续，报送单上需要由报关人填报的项目有：进口口岸、收货单位、经营单位、合同号、批准机关及文号、外汇来源、进口日期、提单或运单号、运杂费、件数、毛重、海关统计商品编号、货品规格及货号、数量、成交价格、价格条件、货币名称、申报单位、申报日期等，转关运输申报单、内容少于报关单，亦需按要求详细填列。 进口报关：报关大致分为初审、审单、征税、验放四个主要环节	报关期限与滞报金：进口货物报关期限为自运输工具进境之日起的 14 日内，超过这一期限报关的，由海关征收滞报金；征收标准为货物到岸价格的万分之五。 货物查验：客户自行报关的货物，一般由货主到海关二级监管仓库借出货物，由代理公司派人陪同货主一并协助海关开验。客户委托代理公司报关的，代理公司通知货主，由其派人前来或书面委托代办开验。开验后，代理公司须将开验的货物封存，运回监管仓库存储	制单、报关、运输按照承办单位不同，可以分为以下类型： 货代公司代办制单、报关、运输； 货主自行办理制单、报关、运输； 货代公司代办制单、报关，货主自办运输； 货主自行办理制单、报关后，委托货代公司运输； 货主自办制单，委托货代公司报关和办理运输
收费、发货	发货：办完报关、报检等手续后，货主须凭盖有海关放行章、动植物报验章的进口提货单到所属监管仓库付费提货。 收费：货代公司仓库在发放货物前，一般先将费用收妥。收费内容有：到付运费及垫付佣金；单证、报关费；仓储费；装卸、铲车费；航空公司到港仓储费；海关预录入、动植物检疫、卫检报验等代收代付费；关税及垫付佣金		
送货与转运	许多货运代理公司都提供制单、报关、提货、运输的一揽子服务，按照货主的要求送货上门，必要时还办理转运和转关业务	送货上门业务：主要指进口清关后货物直接运送至货主单位，运输工具一般为汽车。 转运业务：主要指进口清关后货物转运至内地的货运代理公司处，运输方式主要为飞机、汽车、火车、水运、邮政进口。货物转关及监管运输：是指货物入境后不在进境地海关办理进口报关手续，而运往另一设关地点办理进口海关手续，在办理进口报关手续前，货物一直处于海关监管之下，转关运输亦称监管运输，意谓此运输过程置于海关监管之中	

（二）航空公司进港货物操作流程

航空公司进港货物操作流程如图 6-2 所示。

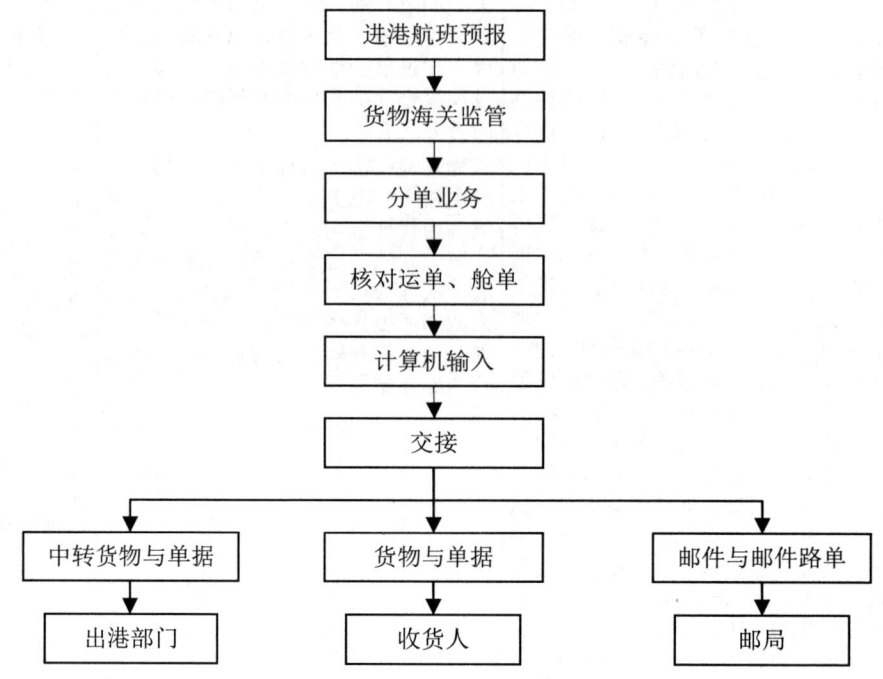

图 6-2　航空公司进港货物操作流程

1. 进港航班预报

填写航班预报记录本，以当日航班进港预报为依据，在航班预报册中逐项填写航班号、机号、预计到达时间。

预先了解货物情况，在每个航班到达之前，从查询部门拿取航班 FFM、CPM、LDM、SPC 等电报，了解到达航班的货物装机情况及特殊货物的处理情况。

2. 办理货物海关监管

业务袋收到后，首先检查业务袋的文件是否完备，业务袋中通常包括货运单、货邮舱单、邮件路单等运输文件。检查完后，将货运单送到海关办公室，由海关人员在货运单上加盖海关监管章。

3. 分单业务

在每份货运单的正本上加盖或书写到达航班的航班号和日期。

认真审核货运单，注意运单上所列目的港、代理公司、品名和运输保管注意事项。

联程货运单交中转部门。

4. 核对运单和舱单

若舱单上有分批货，则应把分批货的总件数标在运单号之后，并注明分批标志；把舱单上列出的特种货物、联城货物圈出。

根据分单情况，在整理出的舱单上标明每票运单的去向。

核对运单份数与舱单份数是否一致，做好多单、少单记录，将多单运单号码加在舱单上，多单运单交查询部门。

5. 计算机输入

根据标好的一套舱单，将航班号、日期、运单号、数量、重量、特种货物、代理商、分批货及不正常现象等信息输入计算机，打印出国际进口货物航班交接单。

6. 货物交接

货物交接后，中转货物和中转运单、舱单交给出港操作部门；邮件和邮件路单交给邮局。

学生训练

1. 单选题

（1）以下航空公司进港货物操作程序正确的是（　　）。

　　A．进港航班预报——分单并核对办理——货物海关监管——计算机输入——货物交接
　　B．进港航班预报——办理货物海关监管——货物交接——计算机输入——分单并核对
　　C．进港航班预报——办理货物海关监管——分单并核对——计算机输入——货物交接
　　D．进港航班预报——计算机输入——分单并核对——办理货物海关监管——货物交接

（2）进口货物办理转关运输必须具备充分的条件，以下条件正确的是（　　）。

　　A．指运地或邻近地区无须设有海关机构
　　B．到达目的地为首达口岸
　　C．运输工具和货物未经海关加封
　　D．转关运输的单位必须是经海关核准、认可的航空货运代理公司

（3）部分货主要求异地清关时，在货主海关规定的情况下，制作（　　）办理转关手续。

　　A．转关运输申报单　　　　　　　　B．进口货物报关单
　　C．航班预报单　　　　　　　　　　D．货物到货通知单

（4）在货物仓储环节，货物堆存时要注意货物箭头朝向，总运单、分运单标志朝向，要注意（　　）。

　　A．重不压轻，小不压大　　　　　　B．轻不压重，大不压小
　　C．轻不压重，小不压大　　　　　　D．重不压轻，大不压小

（5）货物到目的港后，货运代理人应从航空运输的时效出发，为减少货主（　　），避免海关滞报金，尽早、尽快、尽妥通知货主到货情况，提示货主配齐有关单证，尽快报关。

　　A．仓储费　　　　B．报关费　　　　C．理货费　　　　D．运输费

2. 判断题

（1）拥有货柜车的一般运输企业，也可以办理转关运输。（　　）

（2）转关货物必须在海关许可下开拆、改装、调换、提取、交付，对海关加封的运输工具和货物，应当保持海关封志完整，不能擅自开启。（　　）

（3）海关对进出口货物实施开箱检验是一项经常性的工作，占到货票数的一定比例。为此货运代理公司必须配备一定人员和工具协助海关，对货物实施开箱检验工作。（　　）

（4）在进口货物查验中，验收关员查看实物主要是为了确定税率，征税关员查看实物是为了确定货物的物理性质，化学性质以及货物的数量、规格、内容是否与报关单证所列完全一致，有无伪报、瞒报，走私等问题。（　　）

（5）很多货运代理公司都提供制单、报关、提货、运输的一揽子服务，按照货主的要求送货上门，必要时还办理转运和转关业务。（　　）

任务2　国际航空进口交接单货的相关问题

航空货物进境后，航空公司的地面服务站向货运代理公司交接的有：国际货物交接清单；总运单、随机文件和货物。

交接时要做到：单单相符，即交接清单与总运单核对、吻合；单货相符，即交接清单与货物核对、吻合。

（一）到货通知单

货物运至目的地后，除另有约定外，承运人或其代理人货物运达到货地点后 24h 内向收货人发出到货通知。到货通知样单如下所示：

上海虹桥国际机场股份有限公司货运代理中心

SHANGHAI HONGQIAO INT'L AIRPORT CO.,LTD AIR CARGO SERVICES

货物到达通知书

NOTICE OF CARGO ARRIVAL

　　　　　　　　　　　　　　　　　　　　　　　　_____年_____月_____日（第_____次通知）

收货单位_____

　　兹有贵公司下述货物于_____年_____月_____日_____航班运达上海主运单号_____

分运单号_____　件数_____　重量_____千克。

　　请带齐有关单证速至以下地址办理抽单、提货手续。

地址：虹桥机场空港三路

电话：62685910　　　传真：62693655

提货须知：

1、请持加盖贵公司公章的"货物到达通知书"或介绍信前来换取正本运单。

2、提货前应办妥海关手续。

3、仓库提货时间：8：30—11：30　　13：00—17：00（双休日、法定节假日休息）。

4、自货物进库之日起，本市客户免费保管三天，外地客户免费保管五天，逾期十天内每天每千克收取保管费 0.10 元，第十一天起加倍计收。冷藏品、危险品、贵重品无免费保管期，仓储费另行计算。

5、收货人应自货物进境之日起十四天内办理报关手续，否则海关将征收滞报金，逾期 3 个月未报关的货物将根据海关法规定上缴海关。

6、若代他人提货需有收货人的委托书。

7、收货人为银行，需在运单上做银行背书或由该银行提供正本担保书。

8、委托我公司代理报关、国内中转及送货上门请联系 62685910。

兹委托_____前来你处提货，请予交付。

　　　　　　　　　　　　　　　　　　　　　　　收货单位_____（公章）_____月_____日

以上货物完好无损，已提取，此据。

收货人签字_____　　联系电话_____

（二）其他相关单据

除了到货通知外，进口商还需要向货代提交以下单证：

（1）进出口货物报关单。一般进口货物应填写一式二份；需要由海关核销的货物，如加工贸易货物和保税货物等，应填写专用报关单一式三份；货物出口后需国内退税的，应另填一份退税专用报关单。

（2）货物发票。要求份数比报关单少一份，对货物出口委托国外销售，结算方式是待货物销售后按实销金额向出口单位结汇的，出口报关时可准予免交。

（3）空运单、进口的提货单及出口的装货单。海关在审单和验货后，在正本货运单上签章放行退还报关页，凭此提货或装运货物。

（4）货物装箱单。其份数同发票。但是散装货物或单一品种且包装内容一致的件装货物可免交。

（5）出口收汇核销单。一切出口货物报关时，应交验外汇管理部门加盖"监督收汇"章的出口收汇核销，并将核销编号填在每张出口货物报关单的右上角处。

（6）海关认为必要时，还应交验贸易合同、货物产地证书等。

（7）其他有关单证包括：

1）经海关批准准予减税、免税的货物，应交海关签章的减免税证明，北京地区的外资企业需另交验海关核发的进口设备清单。

2）已向海关备案的加工贸易合同进出口的货物，应交验海关核发的"登记手册"。

学生训练

1．单选题

（1）在航空公司进港货物操作程序中，航空公司需要在每份货运单的（　　）上加盖或书写到达航班的航班号和日期。

　　A．正本　　　　　B．副本　　　　　C．额外副本　　　　D．分单

（2）航空货物入境时，与货物相关的单据（运单、发票、装箱单等）也随即到达，航空公司的地面代理向货运代理公司交接的单据有（　　）。

　　A．转关运输申报单　　　　　　　　B．进口货物报关单
　　C．国际货物交接清单　　　　　　　D．货物到货通知单

（3）货物在交接后，中转货物和中转运单、（　　）交出港操作部门；邮件和邮件路单交邮局。

　　A．正本　　　　　B．副本　　　　　C．舱单　　　　　　D．分单

（4）海关在审单和验货后，在货运单的（　　）上签章放行退还报关页，凭此提货或装运货物。

　　A．正本　　　　　B．副本　　　　　C．额外副本　　　　D．分单

（5）货物运至目的地后，除另有约定外，承运人或其代理人货物运达到货地点后24小时内向收货人发出（　　）。

　　A．转关运输申报单　　　　　　　　B．进口货物报关单
　　C．国际货物交接清单　　　　　　　D．货物到货通知单

2．判断题

（1）航空公司的地面代理向货运代理公司交接货物和单据时，需要单货核对，不需要单单核对。　　　　　　　　　　　　　　　　　　　　　　　　　　　　　　　　（　　）

（2）航空货物进境后，航空公司的地面服务站向货运代理公司交接的有：国际货物交接

清单；总运单、随机文件和货物。   （   ）

（3）航空公司根据标好的一套舱单，将航班号、日期、运单号、数量、重量、特种货物、代理商、分批货、不正常现象等信息输入计算机，打印出国际进口货物航班交接单。 （   ）

（4）航空公司填写航班预报记录本，以当日航班进港预报为依据，在航班预报册中逐项填写航班号、机号、预计到达时间。   （   ）

（5）货物交接后，中转货物和中转运单、舱单交邮局；邮件和邮件路单交出港操作部门。
                                                                （   ）

单元拓展

1. 航空货运进口拓展训练

（1）训练题目。中国外运航空发展公司是一家大型的国际航空货运代理公司，于 2014 年 7 月接到北京某公司的委托，要求为其代理从台湾进口的一批货物的进口航空业务。

以下为此批货物的发票和装箱单。

HONSAM & CO.,LTD。

INVOICE

DATE: 2014/07/19   INVOICE No.: K-9307190011

MESSR: W.& W. MICROMOTOR BEIJING LTD.
#88 HUANGHAI W.RD
BEIJING ECONOMIC AND TECHNICAL DEVELOPMENT ZONE, CHINA
TEL: 010-6778-1122
FAX: 010-6778-1188
INVOICE OF: TAIWAN MAKE NON METAL WASHIER
TERMS SHIPPING: US$/C AND F DALIAN NET T/T 30 DAYS
SALES CONTRACT No.: 03DL 022
SHILING ON OR ABOUT:

O.N.	DESCRIPTION OF GOODS	QUANTITY	UNIT PRICE/kp	AMOUNT
104083	SHAFT SUPPORT MATERIAL 93-346	20,000M	0.2000	4,000.00
105525	WASHIER 05-610M	1,000K	1.0000	1,000.00
105526	WASHIER 05-610M	3,000K	1.0000	3,000.00
105527	WASHIER 05-610M	3,000K	1.0000	3,000.00
105528	WASHIER 05-610M	200K	0.7500	150.00
105614	WASHIER	200K	1.2500	250.00

续表

O.N.	DESCRIPTION OF GOODS	QUANTITY	UNIT PRICE/kp	AMOUNT
105529	05-610M SHAFT SUPPORT MATERIAL 93-346	40,000M	0.2000	8,000.00
Note: 1k=1000pcs US$19,400.00				TOTAL:

HONSAM & CO.,LTD.

资料：

PACKING/WEIGHT LIST

MESSER: W.&W. MICROMOTOR DALIAN LTD.　　　　DATE: 19-JUL.-14
　　　　　　　　　　　　　　　　　　　　　　　　　　No.: 20407032
SHIPPING FROM: TAIPEI　　　　　　　　　　　　　HONSAM & CO.,LTD
THROUGH: HONGKONG TO DALIAN　　　　　　　　6F NO. 118,LANE 235,PAO CHIAO RD.,
B/L: 784-0084 1691(M.A.W.B. /HK-DLC)　　　　　　HSIN DIEN CITY,TAIPEI,TAIWAN
　　　　　　　　　　　　　　　　　　　　　　　　　　TEL: 886-2-89121608-4 LINE
　　　　　　　　　　　　　　　　　　　　　　　　　　FAX: 886-2-89121688

shipping mark	description	remark	quantity	weight		total
Carton no.		drawing no	k(pcs)	net	gross	pcs
No.1	105525	1.97*3.4*0.25	05-610M	1000	13.00	14.00	
	105526	1.97*3.4*0.25	05-610M	3000			
	105527	1.97*3.4*0.25	05-610M	3000			
	105528	1.50*3.2*0.25	05-358M	200			
	105614	1.50*3.6*0.25	05-305M	200			
No.2-7	105529	0.25*7	93-436	6000M*6	12.65*6	13.15*6	
No.8	105529	0.25*7	93-436	4000M	12.65	13.15	
	104083	0.25*7	93-436	2000M			
No.9-11	104083	0.25*7	93-436	6000M*3	12.65*3	13.15*3	

HONSAM & CO.,LTD.

（2）训练目标。完成此批货物的进口航空货代操作业务

（3）训练实施。请根据以上基本信息，具体描述下面7个环节以及缮制各环节的相关单据。

1）代理预报。

2）交接单、货。

3）理单与到货通知。

4）理货与仓储。

5）制单、报关。

6）收费、发货。

7）业务收尾。

2. 完成以下任务

【项目背景】

ABC 国际物流公司空运部的小王接到美国洛杉矶合作航空货代的电话，称一批货物已经装机发运，1 张主运单（运单号 999-23466890）下有两张分运单（运单号分别为 99112235、99112268），分别为客户 A、B 委托的机械设备（各 1 件），并称马上将分运单等相关信息寄来。小王要负责办理货物进口的相关事宜，并尽快让货主收到货物。

【项目任务】

任务 1：交接单货

（1）几日后，空运部收到国航发来的到货通知书，小王需要与航空公司交接哪些单据？

（2）小王在核对单据时发现：有 1 件机械设备在总运单里有，在交接清单里却没有，考虑这种情况该如何处理。

任务 2：理货、理单

在交接完单货后，小王组织运输工具把货物运至自己公司使用的海关监管仓库内。货代公司在进行理货、理单时应注意哪些问题？

任务 3：编制到货通知书

理货、理单完毕后，小王编制到货通知书并分别联系两个货主。

【提示】

货物到目的港后，货运代理人应尽早、尽快地通知货主，降低由于时间因素导致的延误申报等问题发生的概率。到货通知书应至少包括表 6-4 所列的内容。

表 6-4 到货通知书

到货编号（Note No.）：		
收货单位（Consignee）：	地址（Address）：	联系人及电话（Tel）：
提货地址（Address）：	联系人及电话（Tel）：	
运输工具名称及号码（Means and Number of Conveyance）：		
进口日期（Import Date）：		
提单或运单号（B/L or Waybill No.）：		
件数及包装种类（Number & kind of Packages）：		
毛重（千克）Gross Weight（kg）：		
净重（千克）Net Weight（kg）：		

任务 4：进口报关

填制进口货物报关单（表 4-5）。

任务 5：费用结算和交付货物

航空货运代理一般在收到代垫费用后向客户交付货物，思考航空进口货运的各个环节可能产生的费用有哪些。

单元七　国际航空货运业务实训

本章导读

通过本单元的学习，学生应能够掌握航空货物运输出口的基本流程和航空货物运输进口的基本流程，熟悉货物到港后的货代流程，学习危险品空运出口的业务流程和空运快递出口的业务流程。

知识点

（1）航空货物运输出口的基本流程。
（2）航空货物运输进口的基本流程。
（3）空运进出口的各类单据。
（4）危险品空运出口基本货代流程。
（5）航空快递出口流程。

技能点

（1）能够审核航空运输单据。
（2）能够核算航空运费。
（3）能够进行空运出口货代流程操作。
（4）能够进行空运进口货代流程操作。
（5）能够填制航空货运单、托运单和报关单等单据。
（6）能够选择航空公司，计算运费。

项目一　国际航空货运出口业务实训

近几年，航空货运市场迅猛发展，整体保持较快增长趋势。作为国际航空货运代理行业的工作人员，都需要了解空运出口的基本流程、国际航线以及航空区划，能够审核运输单据、计算航空运费、计算航行时间、填写航空运单和托运单等业务，以便更好地为客户服务。

任务　进行国际航空货运出口业务实训

【任务背景】

环宇是全国最大的 HOSPITAL UNIFORM 出口企业，公司生产的各种型号的医疗器材产品出口到很多国家，与众多用户建立了长期良好的合作关系。

空运综合方案设计

日本 FUBU COMPANY 与环宇是合作多年的业务伙伴。2017 年 12 月 5 日，环宇和 FUBU COMPANY 签订了一份进口 HOSPITAL UNIFORM 的销售合同。并且 FUBU COMPANY 已于 2017 年 12 月 28 日开出了信用证。

环宇委托 SINOTRANS 公司代理其出口 HOSPITAL UNIFORM 出港业务。有关资料如下所示。

托运人	环宇（HUANYU COMPANY）	收货人	FUBU COMPANY
代理名称	SINOTRANS	目的港代理	SAKURA CORP
运输工具名称	CA1908	始发站	NANJING
到达站	TOKYO	提单号	999-85372511
成交方式	CIP	尺码（体积）	4.20CBM
合同号	04JS001	信用证号	UF789
起运地	南京	到达口岸	东京
货名	HOSPITAL UNIFORM	唛头	FUBU 1-88CTNS
件数	88CTNS	净重	1200KGS
毛重	1323KGS	单价	1.9
总价	9975	分单重量	1323
分单件数	5250	分单号	357284

【项目任务】

（1）教师发放工作任务书。任务书主要是明确此实训内容的目标、实施过程和预期结果等内容，见表 7-1 所列。

表 7-1　工作任务书

工作任务				总学时：	
班级		组长		组员	
任务目标					
任务描述					

续表

相关资料及资源	
工作成果	
注意事项	

（2）任务分配。学生分组，对任务进行分解，并根据任务目标，进行学生任务分配，见表 7-2。

表 7-2　国际航空货运出口业务实训任务分配表

任务分解	学生角色分配
委托运输	作业组共＿＿人，其中： 发货人＿＿人： 托运人＿＿人： 货运代理人＿＿人： 其他：

续表

任务分解	学生角色分配
审核单证	作业组共___人，其中： 托运人___人： 货运代理人___人： 其他：
预配舱、预定舱	作业组共___人，其中： 代理人___人： 航空公司___人： 其他：
接受单证	作业组共___人，其中： 货运代理人___人： 托运人___人： 其他：
填制货运单	作业组共___人，其中： 发货人___人： 其他：
接收货物	作业组共___人，其中： 航空货物代理公司___人： 其他：

续表

任务分解	学生角色分配
标记和标签	作业组共___人，其中： 代理人___人： 航空公司___人： 其他：
配舱	作业组共___人，其中： 代理人___人： 航空公司___人： 其他：
订舱	作业组共___人，其中： 代理人___人： 航空公司___人： 发货人___人： 其他：
出口报关	作业组共___人，其中： 发货人___人： 代理人___人： 海关___人： 其他：
出舱单	作业组共___人，其中： 代理人___人： 发货人___人： 其他：

续表

任务分解	学生角色分配
提板箱装货	作业组共＿＿人，其中： 货运代理人＿＿人： 航空公司＿＿人： 其他：
签单	作业组共＿＿人，其中： 代理人＿＿人： 航空公司＿＿人： 其他：
交接发运	作业组共＿＿人，其中： 代理人＿＿人： 航空公司＿＿人： 其他：
航班跟踪	作业组共＿＿人，其中： 代理人＿＿人： 航空公司＿＿人： 其他：
信息服务	作业组共＿＿人，其中： 代理人＿＿人： 货主＿＿人： 其他：

续表

任务分解	学生角色分配
费用结算	作业组共___人，其中： 代理人___人： 发货人___人： 承运人___人： 国外代理人___人： 其他：

（3）教师解释任务。根据任务分解，具体解释如下：

1）委托运输。

a．了解国际货物托运书的格式及内容。

b．填写国际货物托运单，并加盖公章。

2）审核单证。

a．了解不同单证的种类。

b．根据托运人提供的有关单据进行审核。

3）预配舱、预定舱。

a．汇总所接受的委托和客户的预报。

b．根据所制定的预配方案，按航班、日期打印出总运单号、件数、重量、体积，向航空公司订舱。

4）接受单证。

a．接受托运人或其他代理人送交的已经审核确认的托运书、报关单证和收货凭证，将计算机中的收货记录与收货凭证核对。

b．制作操作交接单。

5）填制货运单。

a．了解货运单的种类，包括主要运单和分运单两种。

b．货单的填写必须详细、准确、严格符合单货一致、单单一致的要求。

c．逐项填制航空货运单的相关栏目。

6）接收货物。

a．对货物进行过磅和丈量，并根据发票、装箱或送货单清点货物，核对货物的数量、品名、合同号或唛头等是否与货运单上所列的一致。

b．检查货物的外包装是否符合运输的要求。

7）标记和标签。

a．了解标记内容与格式。

b．航空公司标签的内容与格式。

c. 一件货物贴一张航空公司标签，有分运单的货物，再贴一张分签单。

8）配舱。

a. 核对货物的实际件数、重量、体积与托运书上的预报数量是否有差别。

b. 核对预订的舱位号及数量、板箱是否有效利用并合理搭配，要按照各航班机型、板箱型号、高度、数量进行配载。

9）订舱。

a. 接到发货人的发货人预报后，向航空公司吨控部门领取并填写订舱单。

b. 提供相应的信息如货物的名称、体积、重量、件数、目的地，要求出运的时间等。

c. 航空公司根据实际情况安排舱位和航班。

d. 订舱后，航空公司签发舱位确认书（舱单），同时给予装货集装器领取凭证，以表示舱位订妥。

10）出口报关。

a. 计算机预录入：将发货人提供的出口货物报关单的各项内容输入计算机。

b. 在通过计算机填制的报关单上加盖报关单位的报关专用章。

c. 将报关单与有关的发票、装箱单和货运单综合在一起，并根据需要随附有关的证明文件。

d. 以上报关单证齐全后，由持有报关证的报关员正式向海关申报。

e. 海关审核无误后，海关官员即在用于发运的运单正本上加盖放行章，同时在出口收汇核销单和出口货物报关单上加盖放行章，在发货人用于产品退税的单证上加盖验讫章，粘上防伪标志，完成出口报关手续。

11）出舱单。

a. 包括出舱单的日期、承运航班的日期、装载板箱形式及数量、货物进仓顺序编号、总运单号、件数、重量、体积、目的地三字代码和备注等。

b. 进舱单交给出口仓库，用于出库计划，出库时点数并交接。

12）提板箱装货。

a. 订妥舱位后，航空公司吨控部门将根据货量出具发放"航空集装箱、板"凭证

b. 货运代理公司凭该凭证向航空公司箱板管理部门领取与订舱货量相应的集装板、集装箱并办理相应的手续。

c. 应领取相应的塑料薄膜和网对所使用的板、箱要登记、消号。

13）签单。签单的主要作用是审核运价使用是否正确以及货物的性质是否适合空运，如危险品等是否已办了相应的证明和手续。只有签单确认后才允许将单、货交给航空公司。

14）交接发运。

a. 交接。

b. 交单。

c. 交货。

15）航班跟踪。

a. 对于需要联程中转的货物，在货物运出后，要求航空公司提供二程、三程航班中转信息，确认中转情况。

b. 及时将上述信息反馈给客户，以便遇到不正常情况时能及时处理。

16）信息服务。在出口货运操作的整个过程中，航空货运代理公司应将订舱信息、审单及报关信息、仓库收货信息、交运称重信息、一程及二程航班信息、集中托运信息以及单证信息等及时地传递给货主，做好沟通和协调工作。

17）费用结算及退证明联。

a. 与发货人结算预付运费、地面运输费和各种服务费、手续费。

b. 与承运人结算航空运费、代理费及代理佣金；与国外代理人的结算主要涉及运费和利润分成。

（4）学生执行任务。学生分组轮训，练习航空出口货物货运代理操作。

1）填制国际货物托运书（表 3-1）。

> **过程指导**
>
> a. 发货人委托货运代理承办航空货运出口货物时，应首先填写国际货物托运单，并加盖公章，作为发货人委托代理承办航空货物出口货物的依据。
>
> b. 国际货物托运书（Shipper's Letter of Instruction，简称 SLI）是一份重要的法律文件，文件上列有填制货运单所需的各项内容，并应印有授权于承运人或其他代理人代其在货运单上签字的文字说明。

2）审核单证。

> **过程指导**
>
> 所要审核的单证根据贸易方式、信用证要求等有所不同，一般主要包括商业发票、装箱单、委托书、报关单、外汇核销单、许可证、商检证、进料/来料加工核销本、索赔/返修协议、关封、到付保函等。

3）预配仓、预定仓。

> **过程指导**
>
> a. 代理人汇总所接受的委托和客户的预报，按照客户的要求和货物情况，根据各航空公司不同机型对不同版箱的重量和高度要求，制定预配方案，并对每票货配上运单号。
>
> b. 根据所制定的预配方案，按航班、日期打印出总运单号、件数、重量、体积，向航空公司订舱。

4）凭证核对、制作交接单。

a. 货运代理接受托运人或其他代理人送交的已经审核确认的托运书、报关单证和收货凭证，将计算机中的收货记录与收货凭证核对。

b. 制作操作交接单，填上所收到的各种报关单证份数，给每份交接单配一份总运单或分运单。

5）填制货运单。

过程指导

货运单包括主要运单和分运单两种。所托运货物，如果是直接发给国外收货人的单票托运物，填写航空公司运单即可；如果货物属于以国外代理人为收货人的集中托运货物，必须先为每票货物填写航空货运代理公司的分运单，然后再填开航空公司的主运单，以便国外代理对总运单下的各票货物进行分拨。

6）接收货物。

7）了解标记和标签。

过程指导

a. 标记包括：托运人及收货人的姓名、地址、联系电话、传真、合同号、操作（运输）注意事项，单件超过150kg的货物。

b. 航空公司标签上的前3位阿拉伯数字是所承运航空公司的代号，后面的阿拉伯数字是总运单号码，分标签是代理公司对出具分标签的标志，分标签上应有分运单号码和货物到达城市或机场的三字代码。

标签实样，如图7-1所示。

图7-1 标签实样

8）配舱。

9）订舱。

10）出口报关。

11）进舱单交给出口仓库，用于出库计划，出库时点数并向装板箱交接。

过程指导

出舱单，包括出舱单的日期、承运航班的日期、装载板箱形式及数量、货物进仓顺序编号、总运单号、件数、重量、体积、目的地三字代码和备注等。

12）提板箱装货。

13）签单。

14）交接、交单、交货。

> **过程指导**
>
> 交接是向航空公司交单交货，由航空公司安排航空运输。
>
> 交单就是将随机单据和应由承运人留存的单据交给航空公司。随机单据包括第二联航空运单正本、发票、装箱单、产地证明、品质鉴定证书。
>
> 交货即把与单据相符的货物交给航空公司。交货前必须粘贴或拴挂货物标签，清点和核对货物，填制货物交接清单。大宗货、集中托运货以整板、整箱称重交接。

15）航班、货物跟踪。

a. 对航班、货物进行跟踪。

b. 对于需要联程中转的货物，在货物运出后，要求航空公司提供二程、三程航班中转信息，确认中转情况。

c. 及时将上述信息反馈给客户，以便遇到不正常情况时能及时处理。

16）信息服务、沟通协调。

a. 航空货运代理公司应将订舱信息、审单及报关信息、仓库收货信息、交运称重信息、一程及二程航班信息、集中托运信息以及单证信息等及时地传递给货主。

b. 做好沟通和协调工作。

17）费用结算。

a. 货运代理公司与发货人结算。

b. 货运代理公司与承运人结算。

> **过程指导**
>
> 在出口货运操作中，货运代理公司要同发货人、承运人和国外代理人三方面进行费用结算。货代与发货人结算的费用主要是预付运费、地面运输费和各种服务费、手续费；与承运人结算的费用主要是航空运费、代理费及代理佣金；与国外代理人的结算主要涉及运费和利润分成。

（5）成果展示。根据航空出港货运代理任务，学生展示出港货代结果，并提交相关单据。其中，单据主要包括：

1）分运单（House Air WayBill，简称 HAWB）。由空运代理人签发的航空货物运单。航空代理人在收到托运货物后，必须向托运人签发此航空货物运单，表明代理人或代表承运人收到货物，并开始承担运输责任。

2）主运单（Master Air WayBill，简称 MAWB）。由空运承运人向集中托运商签发的航空货物运单。主运单中的发货人和收货人应分别填写为集中托运商和分拨商。

3）集中托运货物舱单（Manifest）。载明各票货物相关信息的货物清单。将其附在主运单背面，并在主运单正面的"品名"一栏中注明"集中托运货物的相关信息见附带的舱单"。

（6）实训评价。学生通过和老师进行专业交谈并思考，哪些由于操作失误造成的缺陷应重新处理，以后如何避免这些问题。

老师对任务以及学生的实训结果进行评分。

学生训练

业务背景：北京顺达科技有限公司预计于 2017 年 4 月有一票空运货物要从北京出口，经德国法兰克福中转，8 月中旬到达南美阿根廷布宜诺斯艾利斯。商品名称为电子元件（ELECTRONIC COMPONENT），编码为 85415000。每箱尺寸为 106cm×32cm×84cm（1.42CBM）共 5 箱，总重量 240kg。总金额为 USD1800。具体情况如下。

Shipper	BEIJING SHUNDA TECHNOLOGY CO.,LTD,BEIJING,CHINA
Consignee	A&R ARGENTINA TRADE CO,BUENOS AIRES,ARGENTINA
Commodity	ELECTRONIC COMPONENT　CODE: 85415000
Weight	240KGS
Measurement	106CM×32CM×84CM/5CTNS
Time requirement	T/T 3 days

以下为此票货物的基础单据。

售货确认书
SALES CONFIRMATION

北京顺达科技有限公司
Beijing SHUNDA Technology Co.,ltd

编号:S/C　SD20170310

买方:

日期:DATE: 10/Mar/2017

To:A&R ARGENTINA TRADE CO, BUENOS AIRES, ARGENTINA

兹确认售予你方下列货品，其成交条款如下。
WE CONFIRM SOLD TO YOU THE FOLLOWING GOODS ON TERMS AND CONDITIONS SET FORTH HEREUNDER:

品名 Description	规格 Specification	数量 Qantity	单价 Unit price	总价 Amonut
ELECTRONIC COMPONENT		100	USD15.00	USD1500.00
			TOTAL:	USD1500.00

数量及总值允许有3%增减
WITH 3% MORE OR LESS IN AMOUNT AND QUANTITY ALLOWED TOTAL VALUE

包装：PACKING　　　　　　CARTON
交货期：DATE OF DELIVERY：　16/Apr/17
装船期：DATE OF SHIPPMENT：10/Apr/17
装运港和目的地:LOADING PORT & DESTINATION
FROM　　BEIJING　　TO　Buenos Aires　BY AIR
付款条件:TERMS OF PAYMENT:1、THE PAYMENT MUST BEEN DONE WITHIN 60 DAYS.
　　　　　　　　　　　　　2、ALLOW THE PAYMENT AND COLLECTION FROM
唛头　SHIPPING MARKS：　　N/M

买方　THE BUYER　　　　　　　　　　　　卖方　THE SELLER
　　　　　　　　　　　　　　　　　　　　Beijing SHUNDA Technology Co.,ltd

北京顺达科技有限公司
Beijing SHUNDA Technology Co.,ltd

装 箱 单
PACKING LIST

To: A&R ARGENTINA TRADE CO, BUENOS AIRES, ARGENTINA

发票号码 INV.NO	SD20170408
日期 DATE	08/Apr/2017

SHIPMENT DETAILS:

FROM	BEIJING	TO	Buenos Aires		BY AIR

Marks&Nos.	Quantities&Descriptions		G.W. KGS	N.W. KGS	MEANS. CBM
N/M	ELECTRONIC COMPONENT	5 CTNS	240	230	1.42
	106cm×32cm×84cm/5CTN				
	TOTAL:	5 CTNS	240	230	1.42

北京顺达科技有限公司
Beijing SHUNDA Technology Co.,ltd

发 票
INVOICE

To: A&R ARGENTINA TRADE CO, BUENOS AIRES, ARGENTINA

发票号码 INV.NO	SD20170314
日期 DATE	14/Mar/2017
付款方式 PAYMENT	T/T

FROM	BEIJING	TO	Buenos Aires	BY AIR	

Marks&Nos.	Quantities&Descriptions		Unit Price	Amount
			FOB: BEIJING	
N/M	ELECTRONIC COMPONENT	100 个	USD15.00	USD1500.00
			TOTAL:	USD1500.00

（1）计算：假如该票货物搭乘 CA931 航班，起飞时间为 2017 年 4 月 10 日 14:00，到达法兰克福的当地时间为同一天的 18:15，则实际飞行时间为几个小时（列出计算过程）。

（2）计算：假如经过向货代询价，得知飞往阿根廷布宜诺斯艾利斯的运价为 RMB40/计费吨，则运费为多少（列出计算过程）。

（3）请用英文填写航空运单的主要栏目。

Shipper's Name and Address	Shipper's Account Number										

Shipper's Name and Address	Shipper's Account Number		
		Copies 1, 2 and 3 of this Air Waybill are originals and have the same validity.	
Consignee's Name and Address	Consignee's Account Number	It is agreed that the goods described herein are accepted for carriage in apparent good order And condition (except as noted) and SUBJECT TO THE CONDITIONS OF CONTRACT ON THE REVERSE HEREOF. ALL GOODS MAY BE CARRIED BY AND OTHER MEANS INCLUDING ROAD OR ANY OTHER CARRIER UNLESS SPECIFIC CONTRARY INSTRUCTIONS ARE GIVEN HEREON BY THE SHIPPER. THE SHIPPER'S ATTENTION IS DRAWN TO THE NOTICE CONCERNING CARRIER'S LIMITATION OF LIABILITY. Shipper may increase such limitation of liability by declaring a higher value for carriage and paying a supplemental charge if required.	
Issuing Carrier's Agent Name and City		Accounting Information	
Agent's IATA Code	Account No.		
Airport of Departure (Addr. of First Carrier) and Requested Routing			
To By First Carrier Routing and to by to by	Currency	CHGS Code	WT/VAL PPD COLL	Other PPD COLL	Declared Value for Carriage	Declared Value for Customs
Airport of Destination	Flight/Date For carrier Use Only Flight/Date	Amount of Insurance	INSURANCE - If Carrier offers insurance, and such insurance is requested in accordance with the conditions thereof, indicate amount to be insured in figures in box marked "Amount of Insurance."
Handing Information			
(For USA only) These commodities licensed by U.S. for ultimate destination …… ………………Diversion contrary to U.S. law is prohibited			
No of Pieces RCP	Gross Weight	Kg/ Lb	Rate Class / Commodity Item No.	Chargeable Weight	Rate Charge	Total	Nature and Quantity of Goods (Incl. Dimensions or Volume)
Prepaid	Weight Charge	Other Charges	
	Valuation Charge		
	Tax		
	Total other Charges Due Agent	Shipper certifies that the particulars on the face hereof are correct and that insofar as any part of the consignment contains dangerous goods, such part is properly described by name and is in proper condition for carriage by air according to the applicable Dangerous Goods Regulations.	

Total other Charges Due Carrier		
		.... Signature of Shipper or his Agent
Total Prepaid	Total Collect	
Currency Conversion Rates	CC Charges in Dest. Currency	
For Carrier's Use only at Destination	Charges at Destination	Total Collect Charges	.... Executed on (date)　　at(place)　　Signature of Issuing Carrier or its Agent

（4）填写出口货物报关单的主要栏目。

中华人民共和国海关出口货物报关单

预录入编号：　　　　　　　　　　　　　　海关编号：

出口口岸	备案号	出口日期	申报日期
经营单位	运输方式	运输工具名称	提运单号
收货单位	贸易方式	征免性质	结汇方式
许可证号	运抵国（地区）	指运港	境内货源地
批准文号	成交方式	运费	保费	杂费
合同协议号	件数	包装种类	毛重（千克）	净重（千克）
集装箱号	随附单据		生产厂家	
标记唛码及备注				

项号	商品编号	商品名称、规格型号	数量及单位	最终目的国	单价	总价	币制	征免

续表

税费征收情况			
录入员	录入单位	兹声明以上申报无讹并承担法律责任	海关审单批注及放行日期（盖章） 审单　　　　　审价

项目二　国际航空货运进口业务实训

近几年，航空货运市场迅猛发展，整体保持较快增长趋势。作为国际航空货运代理行业的工作人员，都需要了解空运进口的基本流程，例如：交接单货、理货与仓储、理单与到货通知、制单、报关、送货与转运等业务，以便更好地为客户服务。

任务　进行国际航空货运进口业务实训

【项目背景】

中国外运发展公司是一家大型的国际货运代理公司，于2014年3月接到江苏苏塞斯公司的委托，要求为其代理从日本进口的一批SONY BRAND COLOR TV SET的进港业务。项目的有关资料数据如下：

托运人	SUMITOMO	收货人	江苏苏塞斯公司 JIANGSUSUCCESS COMPANY
提运单号	999-82932511	运输方式	航空
运输工具	CA1508	包装种类	纸箱
合同号	04JSSC1010	成交方式	CIP
件数	70CTNS	起运国	日本
境内目的地	江苏	卸运港	SHANGHAI PVG AIRPORT
装运港	JAPAN NARITA AIRPORT	唛头	Sumit In Triangle
货名	SONY BRANDCOLOR TV SET	进口口岸	上海浦东机场海关
毛重	1050KGS	净重	700KGS

【项目任务】

（1）教师发放工作任务书。任务书主要是明确此实训内容的目标、实施过程和预期结果等内容，如表7-3所列。

（2）任务分配。对任务进行分解，并根据任务目标，进行学生任务分配，具体如表7-4所列。

表 7-3　工作任务书

工作任务				总学时：	
班级		组长		组员	
任务目标					
任务描述					
相关资料及资源					
工作成果					
注意事项					

表 7-4 学生任务分配表

任务分解	学生角色分配
代理预报	作业组共___人，其中： 出口地货代公司___人： 收货人___人： 目的地货代公司___人： 其他：
交接单、货	作业组共___人，其中： 代理人___人： 航空或机场监管仓库___人： 航空公司___人： 海关___人： 其他：
理单与到货通知	作业组共___人，其中： 代理人___人： 航空公司___人： 其他：
理货与仓储	作业组共___人，其中： 代理人___人： 航空公司___人： 其他：

续表

任务分解	学生角色分配
制单、报关	作业组共___人,其中: 代理人___人: 货主___人: 海关___人: 其他:
收费、发货	作业组共___人,其中: 代理人___人: 航空公司___人: 海关___人: 货主___人: 其他:
退单	作业组共___人,其中: 代理人___人: 收货人___人: 其他:

（3）教师解释任务。根据任务分解，具体解释如下：

1）代理预报。

a．出口地货运代理公司将运单、航班、件数、重量、品名、实际收货人及其地址、联系电话等内容通过传真或 E-mail 发给目的地代理公司。

b．代理公司收到预报后，应及时做好接货前的所有准备工作。

2）交接单、货。

a．货物卸下后，存入监管仓库，进行进口货物舱单录入。

b．根据运单上的收货人及地址寄发取单、提货通知。

c．航空公司的地面代理向货运代理公司交接的主要有国际货物交接清单、总运单、随机文件、货物。

3）理单与到货通知。将集中托运进口的每票总运单下的分运单分别理出来，审核与到货情况是否一致，并制成清单输入计算机系统。

4）理货与仓储。

a．理货

- 逐一核对每票件数，再次检查货物的破损情况。
- 按大货、小货、重货、轻货、单票货、混载货、危险品、贵重品、冷藏品分别堆存、进仓。
- 登记每票货存储区号，并输入计算机。

b．仓储。注意防雨、防潮、防重压、防变形、防变质、防曝晒，独立设危险品仓库。

5）制单、报关。

a．了解制单、报关、运输的形式。

b．进口制单，制作"进口货物报关单"。

c．熟悉进口报关的环节。

d．掌握所填制的有关单证情况

6）收费、发货。

a．掌握收费的内容。

b．办完报关、报检等手续后，货主凭单付费提货。

7）业务收尾——退单。

a．货运代理将盖有海关放行章的海关证明联退还给收货人。

b．收货人凭盖有海关放行章的报关单和核销单办理银行付汇手续。

（4）学生执行任务。学生分组轮训，模拟进港货代岗位，练习对货物进港货代处理。

1）在国外发货之前，由出口地货运代理公司将运单、航班、件数、重量、品名、实际收货人及其地址、联系电话等内容通过传真或 E-mail 发给目的地代理公司。代理公司收到预报后，应及时做好接货前的所有准备工作。

> **过程指导**
>
> 日本 SUMITOMO CORPORATION 公司在发货之前，由日本货运代理公司将这批货的总运单、分运单、空运货运舱单、商业发票等内容发送给目的地代理公司——中国外运发展公司。中国外运发展公司收到预报后，应及时做好接货前的所有准备工作。

2）交接单、货。

a．货物卸下后，存入航空或机场的监管仓库，进行进口货物舱单录入，将舱单上的信息传输给海关留存，供报关用。

b．根据运单上的收货人及地址寄发取单、提货通知。

> **过程指导**
>
> 若运单上的收货人或通知人为某航空货运代理公司，则把运输单据及与之相关的货物交给该航空货运代理公司。

> 航空公司的地面代理向货运代理公司交接的主要有国际货物交接清单、总运单、随机文件、货物。双方交接时要做到单、单核对，即交接清单与总运单核对；单、货核对，即交接清单与货物核对。

3）理单与到货通知。

a．将集中托运进口的每票总运单下的分运单分别理出来，审核与到货情况是否一致，并制成清单输入计算机系统，以供按分运单分别报关、报验、提货之用。

b．尽早、尽快地通知收货人到货情况，提请收货人配齐有关单证，尽快报关。

> **过程指导**
> 中国外运发展公司要打印货物到达清单，并制作填写到货通知书通知货主江苏苏塞斯公司到货情况。

4）理货与仓储。

5）制单、报关。

a．了解制单、报关、运输的形式。

> **过程指导**
> 主要有 5 种：
> - 货代公司代办制单、报关、运输。
> - 货主自行办理制单、报关、运输。
> - 货代公司代办理制单、报关，货主自办运输。
> - 货主自行办理制单、报关后，委托货代公司运输。
> - 货代主办制单，委托货运代理公司报关和办理运输。

b．进口制单，填制进口货物报关单（表 4-5）。

> **过程指导**
> 制单指按海关要求，依据运单、商业发票、装箱单及证明货物合法进口的有关批准文件，制作"进口货物报关单"。

c．进口报关。

d．了解所填制的有关单证情况。

> **过程指导**
> 进口报关是进口运输中关键的环节。报关程序大致可分为初审、审单、征税和验放 4 个主要环节。
> 本案例为货运代理中国发展外运公司代办制单、报关。

6）收费、发货。

> **过程指导**
>
> 货代公司仓库在发放货物前，一般先将费用收妥。收费内容有：到付运费及垫付佣金；单证、报关费；仓储费；装卸、铲车费；航空公司到港仓储费；海关预录入、动植检、卫检报检等代收代付费；关税及垫付佣金。
>
> 办完报关、报检等手续后，货主须凭盖有海关放行章、动植物报检章、卫生检疫报检章的进口提货单到所属监管仓库付费提货。

7）退单。货运代理将盖有海关放行章的海关证明联退还给收货人。收货人凭盖有海关放行章的报关单和核销单办理银行付汇手续。

（5）成果展示。

根据进港货代任务，学生展示操作结果，并提交相关单据。

（6）实训评价。

学生通过和老师进行专业交谈并思考，哪些由于操作失误造成的缺陷应重新处理，以后应如何避免这些问题。

老师对任务以及学生的实训结果进行评分。

学生训练

业务背景：北京蕙兰医疗有限公司预计于2017年12月中旬从意大利米兰 Milan Medical Equipment Co.,Ltd 空运进口一批种植机。商品名称为种植机（TOOTH PLANTING MACHINE），编码为90184990。毛重86kg，净重80kg，体积为120cm×80cm×65cm（0.624CBM），总金额为EUR11404.00。具体情况如下所示。

Shipper	MILAN MEDICAL EQUIPMENT CO.,LTD,MILAN,ITALY
Consignee	BEIJING HUILAN MEDICAL CO,.LTD,BEIJING,CHINA
Commodity	TOOTH PLANTING MACHINE CODE: 90184990
Weight	86/80KGS
Measurement	120CM×80CM×65CM（0.624CBM）
Time requirement	T/T 3 days

以下为此票货物的基础单据。

INVOICE

Shipper: MILAN MEDICAL EQUIPMENT CO.,LTD Add:73-471234 MILAN ITALY	INVOICE No. TPM2345
	DATE:2017.12.10
Bill to: BEIJING HUILAN MEDICAL CO,.LTD Add:SHUNYI DISTRICT,BEIJING,CHINA	FROM:ITALY TO:CHINA
	CONTRACT NO. TPM2345
	UNIT:EUR

续表

MODEL NO	DESCRIPTION	QTY	UNIT PRICE	EXTENDED PRICE
MUN.F	BRUSHL.IMPL.MOT	11	818.62	9,000.00
MUN.PZ	PIEZOELECTRIC UNIT	1	2,140.00	2,140.00
FREIGHT			264.00	264.00
TOTAL	CIF			11404.00

PACKING LIST

Shipper: MILAN MEDICAL EQUIPMENT CO.,LTD Add:73-471234 MILAN ITALY	INVOICE No. TPM2345
	DATE:2017.12.10
Bill to: BEIJING HUILAN MEDICAL CO,.LTD Add:SHUNYI DISTRICT,BEIJING,CHINA	FROM:ITALY TO:CHINA
	CONTRACT NO. TPM2345

MODEL NO	DESCRIPTION	PCS	N.W.(KGS)	G.W.(KGS)
MUN.F	BRUSHL.IMPL.MOT	1	80	86
MUN.PZ	PIEZOELECTRIC UNIT			
FREIGHT				

（1）用英文填写航空运单的主要栏目。

Shipper's Name and Address	Shipper's Account Number	
		Copies 1, 2 and 3 of this Air Waybill are originals and have the same validity.
Consignee's Name and Address	Consignee's Account Number	It is agreed that the goods described herein are accepted for carriage in apparent good order And condition (except as noted) and SUBJECT TO THE CONDITIONS OF CONTRACT ON THE REVERSE HEREOF. ALL GOODS MAY BE CARRIED BY AND OTHER MEANS INCLUDING ROAD OR ANY OTHER CARRIER UNLESS SPECIFIC CONTRARY INSTRUCTIONS ARE GIVEN HEREON BY THE SHIPPER. THE SHIPPER'S ATTENTION IS DRAWN TO THE NOTICE CONCERNING CARRIER'S LIMITATION OF LIABILITY. Shipper may increase such limitation of liability by declaring a higher value for carriage and paying a supplemental charge if required.
Issuing Carrier's Agent Name and City		Accounting Information
Agent's IATA Code	Account No.	
Airport of Departure (Addr. of First Carrier) and Requested Routing		

To	By First Carrier Routing and Destination	to	by	to	by	Currency	CHGS Code	WT/VAL PPD COLL	Other PPD COLL	Declared Value for Carriage	Declared Value for Customs

续表

Airport of Destination	Flight/Date For carrier Use Only Flight/Date	Amount of Insurance	INSURANCE - If Carrier offers insurance, and such insurance is requested in accordance with the conditions thereof, indicate amount to be insured in figures in box marked "Amount of Insurance."

Handing Information
(For USA only) These commodities licensed by U.S. for ultimate destination ……………………………Diversion contrary to U.S. law is prohibited

No of Pieces RCP	Gross Weight	Kg/Lb	Rate Class Commodity Item No.	Chargeable Weight	Rate Charge	Total	Nature and Quantity of Goods (Incl. Dimensions or Volume)

Prepaid	Weight Charge	Other Charges
Valuation Charge		
Tax		
Total other Charges Due Agent		Shipper certifies that the particulars on the face hereof are correct and that insofar as any part of the consignment contains dangerous goods, such part is properly described by name and is in proper condition for carriage by air according to the applicable Dangerous Goods Regulations.
Total other Charges Due Carrier		
		……………………………………………………………………………………………………… Signature of Shipper or his Agent
Total Prepaid	Total Collect	
Currency Conversion Rates	CC Charges in Dest. Currency	
		……………………………………………………………………………………………………… Executed on (date)　　　　at(place)　　　　Signature of Issuing Carrier or its Agent
For Carrier's Use only at Destination	Charges at Destination	Total Collect Charges

（2）填写进口货物报关单的主要栏目。

中华人民共和国海关进口货物报关单

预录入编号：　　　　　　　　　　　　　　　海关编号：

进口口岸	备案号	进口日期	申报日期
经营单位	运输方式	运输工具名称	提运单号
收货单位	贸易方式	征免性质	征税比例
许可证号	起运国（地区）	装货港	境内目的地
批准文号	成交方式	运费	保费	杂费

续表

合同协议号	件数	包装种类	毛重（千克）	净重（千克）
集装箱号	随附单据		用途	
标记唛码及备注				

项号	商品编号	商品名称	规格型号	数量及单位	原产国	单价	总价	币制	征免
-------	-------	-------	-------	-------	-------	-------	-------	-------	-------
-------	-------	-------	-------	-------	-------	-------	-------	-------	-------
-------	-------	-------	-------	-------	-------	-------	-------	-------	-------
-------	-------	-------	-------	-------	-------	-------	-------	-------	-------
-------	-------	-------	-------	-------	-------	-------	-------	-------	-------

税费征收情况		
录入员　　　录入单位	兹声明以上申报无讹并承担法律责任 申报单位（盖章） 填制日期	海关审单批注及放行日期（盖章） 审单　　　　审价 征税　　　　统计 查验　　　　放行
报关员		
单位地址		
邮编　　　电话		

项目三　国际航空快递业务实训

航空运输中，航空快递运输量与日俱增，学完本单元后，能够掌握国际航空快递流程，会选择国际航空快递公司，能看懂交付凭证，会填制报关单。

任务　进行国际航空快递业务实训

【任务背景】

2018年3月北京达飞有限公司需要发运一箱手机配件样品到英国伦敦，采用航空快递形式，毛重为10.2kg，尺寸为60cm×50cm×40cm。任务的有关资料数据如下所示。

托运人	BEIJING DAFEI CO.,LTD	收货人	PHILIP ELECTRONICS,LONDON
件数	1	运输方式	航空
货名	Mobile phone accessories	包装种类	纸箱
唛头	N/M	成交方式	CIP
起运地	中国北京	目的地	英国北京
装运港	BEIJING CAPITAL INTERNATIONAL AIRPORT	卸运港	LONDON HEATHROW INTERNATIONAL AIRPORT
出口口岸	北京首都机场海关	进口口岸	伦敦希斯罗机场海关

【任务明细】

（1）教师发放工作任务书。任务书主要是明确此实训内容的目标、实施过程和预期结果等内容，如表7-5所列。

表7-5 工作任务书

工作任务				总学时：	
班级		组长		组员	
任务目标					
任务描述					
相关资料及资源					

续表

工作成果	
注意事项	

（2）任务分配。对任务进行分解，并根据任务目标，进行学生任务分配，具体如表 7-6 所列。

表 7-6　学生任务分配表

任务分解	学生角色分配
了解和选择快递公司	作业组共___人，其中： 出口地快递公司__人： 收货人__人： 目的地快递公司___人： 其他：
上门取货	作业组共___人，其中： 取货人___人： 其他：

续表

任务分解	学生角色分配
订舱	作业组共___人，其中： 代理人___人： 航空公司___人： 其他：
出口报关	作业组共___人，其中： 代理人___人： 航空公司___人： 其他：

（3）教师解释任务。根据任务进行分解，具体解释如下：

1）了解航空快递。

a．小组查阅航空快递的定义、范围、分类，并制作汇总为相应的表格。

b．每组派一个代表给全班演示讲解。

2）选择快递公司。了解主要的国际快递公司及其擅长的运送区域，并选择合适的快递公司。

3）上门取货。

a．了解此票快递的基本信息，如发货人、收货人、运单编号、运费支付情况、成交方式等。

b．填写交付凭证（POD）。

4）订舱。向航空公司预定舱位。

5）出口报关。

a．根据客户提供的资料，填制出口货物报关单。

b．办理出口清关。

（4）学生执行任务。

1）工作人员接到客户的委托后，开始了解快递公司，经过筛选分析，为客户选择合适的快递公司进行运输。

> **过程指导**
>
> 在国际快递中有很多的国际快递公司，不同的国际快递公司具有不同的渠道，在价格上、服务上、时效上都有少许区别。国际快递公司在不同地区拥有不同的优势特点，可针对不同的业务需要对 FEDEX、UPS、DHL、TNT 等主要快递公司进行选择。

2）上门取货。
a．为客户上门取货。
b．填制交付凭证（POD）。

> **过程指导**
>
> 从运输和报关单来看，航空快递业务中有一种其他运输形式所没有的单据，即 POD（Proof of Delivery）。它是航空快递中的重要单据。它由多联组成（各快递公司不尽相同），一般有发货人联、随货同行联、财务结算联、收货人签收联等，其上印有编号及条形码。POD 类似于航空货运中的分运单，但比航空分运单的用户更为广泛。它具有：
> - 商务合同作用。
> - 分运单作用。
> - 服务时效、服务水平记录作用。
> - 配合系统检测、分类、分拨作用。
> - 结算作用。

3）订舱和出口清关。
a．工作人员向航空公司订舱。
b．为货物办理出口清关。

> **过程指导**
>
> 航空快递操作流程：
> - 快递公司由各分点收取航空快件，在规定时间内运转到快递公司总运转中心。
> - 总运转中心对应分拣货物，确定对应机场发货总量同外包装件数。
> - 快递公司向航空代理预定舱位，并将货物交给航空代理。
> - 航空代理接到快递公司订舱资料，根据快递公司要求时效，对应向航空公司预定舱位。
> - 航空公司批舱位后，航空代理在对应的航班起飞前 3 小时交机场主单，起飞前两小时过完安检。
> - 航空代理将对应机场资料交给快递公司。
> - 快递公司在飞机落地后 2～3 小时内提取货物，分拣后运到各派送点安排派送。

（5）成果展示。根据航空快递实训任务，学生展示操作结果并提交相关单据。
（6）实训评价。学生通过和老师进行专业交谈并思考，那些由于操作失误造成的缺陷应重新处理，以后如何避免这些问题。

老师对任务以及学生的实训结果进行评分。

学生训练

业务背景：北京科学仪器进出口有限公司预计于 2018 年 3 月从美国 Oriental Technology Co.,Ltd 进口 3 套双通道频率综合模块（Dual Frequency Synthesizer Module），商品编码为 90319000，采用航空快递形式。商品用木箱装，毛重 1.5kg，净重 1kg，体积 1.2CBM，总金额为 CIP Beijing Main Airport：USD1500。具体情况如下所示。

Shipper	Oriental Technology Co.,Ltd,U.S.L.A.,CA,U.S.
Consignee	Beijing Science Instrument Import and Export Co.,Ltd
Commodity	Dual Frequency Synthesizer Module CODE: 90319000
Weight	1.5KGS/净重 1KGS
Amount	1500USD
Time requirement	T/T 3 days

以下为此票货物的基础单据。

CONTRACT

NO.2017DEC056
DATE:Dec 10.2017

Buyer: Beijing Science Instrument Import and Export Co.,Ltd
　　　 Beijing,China
Seller: Oriental Technology Co.,Ltd,U.S.
　　　 L.A.,CA,U.S.

This contract is made between the Buyer and the Seller whereby the Buyer agrees to buy and the Seller agrees to sell the under mentioned commodity according to the terms and conditions stipulated below:

1.

Item No.	Commodity	Unit	Qty	Unit Price	Total Amount
1	Dual Frequency Synthesizer Module	set	3	USD500	USD1500
	Total FOB USA MAIN AIRPORT:			Total:	USD1500
Total value: CIP BEIJING MAIN AIRPORT: USD1500					

2.COUNTRY OF ORIGIN:U.S.
3.PACKING: to be packed in new strong wooden cases
4.TIME OF SHIPMENT:within 8 weeks after signing the contract, partial shipment not allowed
5.PORT OF SHIPMENT:USA MAIN AIRPORT
6.PORT OF DESTINATION:BEIJING AIRPORT
7.INSURANCE:to be covered by the buyer after shipment
8.PAYMENT:100% invoice value shall be paid after shipment

INVOICE
ORIENTAL TECHNOLOGY CO.,LTD

SOLD TO	发票	INVOICE No.	INV230586
		LOT No.	
Beijing Science Instrument Import and Export Co.,Ltd	INVOICE	PAYMENT	BY T/T
		PRICE TERM	CIP BEIJING MAIN AIRPORT
DATE	Oct.3，2018	SHIPPING MARKS	
SHIP TO	BEIJING		
SHIP VIA	BY AIR		
no	COMMODITY	QUANTITY	Unit Price	Amount
1	Dual Frequency Synthesizer Module	3	USD500	USD1500
		TOTAL AMOUNT		USD1500
TOTAL AMOUNT IN WORDS	SAY US DOLLARS ONE THOUSAND AND FIVE HUNDRED ONLY

PACKING LIST
ORIENTAL TECHNOLOGY CO.,LTD

NO.	COMMODITY	QUANTITY	G.W.	N.W.
1	Dual Frequency Synthesizer Module	3	1.5KGS	1.0KGS
NO. OF PACKAGES	1			
NET WEIGHT	1.0KGS			
GROSS WEIGHT	1.5KGS			

（1）为客户选择合适的快递公司，并分析原因。
（2）为这批快递核算运费。
（3）填制POD交付凭证。
（4）填写进口货物报关单的主要栏目。

中华人民共和国海关进口货物报关单

预录入编号： 　　　　　　　　　　　　　　海关编号：

进口口岸	备案号	进口日期	申报日期
经营单位	运输方式	运输工具名称	提运单号
收货单位	贸易方式	征免性质	征税比例

续表

许可证号	起运国（地区）	装货港	境内目的地	
批准文号	成交方式	运费	保费	杂费
合同协议号	件数	包装种类	毛重（千克）	净重（千克）
集装箱号	随附单据		用途	
标记唛码及备注				
项号　商品编号　商品名称　规格型号　数量及单位　原产国　单价　总价　币制　征免				

税费征收情况				
录入员　　录入单位	兹声明以上申报无讹并承担法律责任		海关审单批注及放行日期（盖章）	
			审单　　　审价	
报关员	申报单位（盖章）		征税　　　统计	
单位地址				
邮编　　电话	填制日期		查验　　　放行	

参考文献

[1] 弓永钦,王文娟. 国际航空货运代理实训教程[M]. 北京:机械工业出版社,2016.
[2] 李旭东. 国际航空货运实务[M]. 北京:清华大学出版社,北京交通大学出版社,2014.
[3] 马洁. 国际货运代理实务[M]. 北京:中国物资出版社,2010.
[4] 中国国际货运代理协会,国际海上货运代理理论与实务[M]. 北京:中国商务出版社,2010.
[5] 李作聚,等. 国际物流与货运代理[M]. 北京:清华大学出版社,2011.
[6] 金戈. 运输管理[M]. 南京,东南大学出版社,2006.
[7] 王爽,王艳. 国际货物运输与代理实务[M]. 北京:中国水电水利出版社,2011.
[8] 金戈. 国际货运代理实务[M]. 北京:中国劳动与社会保障出版社,2011.
[9] 刘树密. 国际货代实务[M]. 南京:东南大学出版社,2006.
[10] 陈金山. 国际货运代理[M]. 北京:科学出版社,2009.
[11] 杨鹏强. 航空货运代理实务[M]. 北京:中国海关出版社,2010.
[12] 王艳. 物流报关报检[M]. 北京:清华大学出版社,2010.
[13] 王斌义. 报检报关操作实务[M]. 北京:首都经济贸易大学出版社,2006.
[14] 谢春讯,李智忠. 航空货运代理实务[M]. 北京:清华大学出版社,2008.
[15] 杨占林. 国际货运代理实务精讲[M]. 北京:中国海关出版社,2009.
[16] 陈彦华. 民航国际货运销售实务[M]. 北京:中国民航出版社,2010.

附录　教学方法总结

教学方法	实施	能力
关键词陈述法	适用：课上学习 1. 学生在 5~10 分钟内独立阅读 500 字左右专业文章 2. 学生独立从文章中提取 5 个左右关键词，制成关键词卡片 3. 学生使用简短精练的语言口头陈述关键词的含义	1. 阅读书写能力和沟通演示能力 2. 能够独立阅读一篇 500 字左右的专业文章，提取关键词并进行口头解释
四角方式法	适用：课前导入，课尾总结 教室四角分别摆放白板，贴上不同颜色的纸条：白色、绿色、黄色和蓝色 不同颜色的含义：白色代表否定；黄色倾向于否定；蓝色倾向于肯定；绿色表示非常肯定	1. 沟通演示能力和职业态度 2. 能够清晰表达并阐述对某一事物或学习过程的态度和认识
扩展小组法	适用：课上学习 阶段一：独立工作，独立思考并写出答案 阶段二：2~3 人合作，和学伴讨论，对讨论结果进行筛选 阶段三：4~6 人小组合作，和学伴讨论，对讨论结果进行筛选，找到共同答案 阶段四：8~10 人小组合作，和学伴讨论，对讨论结果进行筛选，写出共同答案	1. 阅读书写能力、沟通演示能力和解决问题能力 2. 能够独立阅读理解某一专业文章要点并与同伴进行沟通交流；能够在交流沟通中吸纳他人观点并与他人达成一致
旋转木马法	适用：课上学习 阶段一：半数学员在内圈，半数学员在外圈，一对一面对面，内圈学员向外圈学员说明学习文本的体会。限时完成 阶段二：内圈学员逆时针移动 5 个位次，外圈学员向内圈学员说明学习的心得体会。限时完成 阶段三：外圈学员顺时针旋转 3 个位次，内外圈学员自由谈论学习心得体会。限时完成 教师点评：双方要进行眼神交流，不要仅仅是埋头讲，注意观察听者的反应，必要时可以做记录和总结	1. 阅读书写能力和沟通演示能力 2. 能够独立阅读专业文章，通读理解，找出关键词句，将内容复述给别人；在沟通交流中能够在倾听中理解他人陈述的内容并通过询问把握内容要点；能够在转述过程中把握要点并清楚表达
关键词卡片复习法	适用：课前回顾 1. 请学员（学员由老师决定）解释（复述而非照读，可以查阅资料）随机抽中的卡片上的关键词，每组抽取一张 2. 所有人对其评价并补充答案。学员对其他学员的总结进行补充，当其他学员补充不全面的时候，教师可对解释中的问题进行进一步说明 3. 教师在选取抽取卡片的学员时是带有倾向性的，教师会根据需要"刻意安排"某些学员抽取卡片 4. 教师对学员的行为做"激励式点评"。表扬学员有益的行为。使用"卡片"的作用在于让进行解释的学员有心理上的依赖感，能够有明确的目标和主题 5. 第一次使用这种方法的时候，教师要做出示范并给学员一定的准备时间	1. 沟通演示能力和解决问题能力 2. 能够对专业术语或概念进行理解和记忆；能够清楚简洁地表述对某一特定概念的理解

续表

教学方法	实施	能力
伙伴拼图法	适用：课上学习 第一步：阅读某段专业文章 第二步：领取关键词，再次阅读，使用关键词向其他人进行解释说明 第三步：同伴之间使用关键词进行讨论，分析关键词与文章内容之间的关系 第四步：合作学习－搭档拼图 （1）要求学伴之间进行文章解释（A、B两组学员结对子，交换信息） （2）学员站起来寻找非临近学伴 （3）A把自己的关键词卡片依次交给B，向B解释文章内容；B依次返还关键词卡片，向A解释对A文章理解，A在此过程中进行修正补充 （4）B把自己的关键词卡片依次交给A，向A解释文章内容；A依次返还关键词卡片，向B解释对B文章的理解，B在此过程中进行修正补充	1. 阅读书写能力、沟通演示能力和解决问题能力 2. 能够独立阅读一篇500字左右的专业文章，提取关键词并进行口头解释；能够独立阅读专业文章，将内容复述给别人；在沟通交流中能够在倾听中理解他人陈述的内容并通过询问把握内容要点；能够在转述过程中把握要点并清楚表达
关键词海报法	适用：课上学习 1. 阅读并找出关键词，复读并找出关键词相关内容（教师分发小卡片） 2. 小组讨论，画出逻辑关系图，展示成可视化结果（有创造力，图画美观、简洁，图画中出现关键词）	1. 阅读书写能力、沟通演示能力和解决问题能力 2. 能够独立阅读一篇500字左右的专业文章，提取关键词；能够对学习内容进行可视化呈现；能够富于创造力地展现对某一知识点或某一知识结构的理解；能够与同伴协作共同实现对某一知识结构的条理化和逻辑呈现
小组拼图法	适用：课上学习 第一步：6人一组，每位组员从1~6编号，形成原始组 第二步：所有小组中的1号组成1组，2号组成2组，……6号组成6组——专家组 第三步：专家组小组讨论完成任务：讲义任务描述20分钟。六步法中的每一步都是十分重要的，请结合实例说明所在组指代的"某一步"的重要性，并根据由易到难排列"某一步"工作的难度等级。同时思考学生在完成"这一步"工作时教师和学生之间的关系，以及他们各自起到的作用。此外还要思考"每一步"完成过程中学习者非专业能力有哪些 第四步：学员回到原始组，在小组中报告自己在专家组的讨论结果。一人发言讲述最重要的内容，其他学员倾听，记录其他组员陈述的信息，如果没有理解一定要相互提问 实施要点：每个组员都要积极参与，发挥自己的责任感，充分发挥自己的思维特质，专家组中的组员们要互相协助，帮助每一个组员最后回到自己的原始组可以进行交流 教师要清楚解释学习过程的流程，防止学生忘记，可以发放号码卡片防止学生忘记自己的号码。这种方式不建议在学习初期阶段使用，它需要学生具有较好的学习能力基础	1. 阅读书写能力、沟通演示能力，解决问题能力、职业态度和工作方式友善（客户服务意识） 2. 能够独立阅读一篇1000字左右的专业文章；能够将内容复述给别人；在沟通交流中能够在倾听中理解他人陈述的内容并通过询问把握内容要点；能够在团队中准确把握自身责任，完成本职工作；能够通过集体协作完成对某一专业知识结构的全面理解，形成统一认识

续表

教学方法	实施	能力
团队海报法	适用：课上学习 团队建设内容：是什么将我们共同结合在一起？合作中我们关注什么？我们有哪些共同的愿景？需要每个人贡献什么 尽可能有创意，用彩色，图片，文字要少	1. 阅读书写能力、沟通演示能力和解决问题能力 2. 能够独立阅读一篇关于工作过程或方法步骤的 500 字左右的专业文章，提取关键词；能够对学习内容进行流程化、可视化呈现 3. 能够富于创造力地展现对某一知识点或某一知识结构的理解。能够与同伴协作共同实现对某一知识结构的条理化和逻辑呈现
博物馆法	适用：课上评价 将个人或本组的可视化成果进行展示，巡回观看其他人或其他组的学习成果，评价并提问，对本组的成果进行解读并回答提问	1. 沟通演示能力 2. 能够分析评价其他学伴的学习成果，并提出专业性问题；能够精练概要性地口头陈述本组可视化成果的含义和要点，对他人提出的问题进行有针对性的回答解释
学习二重奏法（伙伴学习法）	适用：课上学习 1. 独立完成某一专业内容的学习 2. 完成者到"停车站"等候其他学伴 3. 完成个人学习的同学结成新的学伴小组，进行交流沟通，对某一专业知识进行深入研讨形成共识 4. 2人小组再依次拓展为4人小组、8人小组，直至全体达成认知共识	1. 沟通演示能力 2. 能够独立阅读一篇500字左右的专业文章，在沟通交流中能够在倾听中理解他人陈述的内容并通过询问把握内容要点
卡片学习总结法	适用：课尾总结 按不同颜色（红、黄、蓝）重新组合小组，每一个小组拿到"某一工作"流程中的某一环节，学员排序后找到自己的位置，排成一排。其中一组作为样板，其他小组进行比照核对	1. 阅读书写能力 2. 能够理解工作流程并清楚认识每一步骤的工作内容和流程关系；能够与团队进行有效协作完成工作任务
三人小组法	适用：课上学习 三人一组进行不同主题的相互介绍，通过阅读、讲述、倾听、转述、纠正达到同时理解三段不同专业文章内容的目的 初级阶段：大家看着图片表格进行讲述和倾听，图片表格事先分工好给每一个人 高级阶段：大家不看图片表格进行倾听，只有陈述者看着图片表格，图片表格的讲述也是随机抽取的 教学目的：训练学习者的倾听、讲述、理解能力和专注度 要求：实施期间学习者不要使用手机 技巧：图片表格中设置一些学习者不熟悉的内容，激活他们的思维和关注度	1. 阅读书写能力、沟通演示能力、职业态度和工作方式 2. 能够独立阅读专业文章，通读理解，找出关键词句，将内容复述给别人；在沟通交流中能够在倾听中理解他人陈述的内容并通过询问把握内容要点；能够在转述过程中把握要点并清楚表达

续表

教学方法	实施	能力
角色扮演法	适用：课上学习，实践训练 学生在实践过程中扮演企业特定工作岗位员工角色，根据工作情境完成模拟岗位工作	1. 沟通演示能力、解决问题能力、职业态度和工作方式友善（客户服务意识） 2. 能够以企业员工的身份与客户进行沟通；能够理解客户要求，有效规划工作任务，完成计划；能够具备时间计划能力，在现实时间内完成工作任务；能够根据工作情境安全、高效、合理、经济地完成工作任务
关键词问答卡片法	适用：课前导入，课尾总结 1. 学生在5～10分钟内独立阅读500字左右的专业文章 2. 学生独立从文章中提取5个左右关键词，制成关键词卡片 3. 在关键词卡片背面写清楚对关键词的解释 4. 向其他同学展示关键词卡片，提问关键词含义 5. 回答其他同学提出的问题 6. 出题人对回答结果进行评价并进一步进行解释	1. 阅读书写能力和沟通演示能力 2. 能够独立阅读一篇500字左右的专业文章，提取关键词；能够对专业术语或概念进行理解和记忆；能够清楚简洁地表述对某一特定概念的理解
你来出题我来猜（谁会成为百万富翁？）	适用：课后总结 各个小组分别就某一阶段学习内容出测试题，小组间轮换测试题完成测试，根据完成情况评价	1. 沟通演示能力和解决问题能力 2. 能够提炼某一阶段学习内容的要点并分析权重；能够完成某一阶段学习相关的专业知识测试
倒立法	适用：课上学习 "倒立法"遵循认知规律，先看到不良现象，再针对不良现象提出预防和避免的手段措施和制度。尤其适用于思维能力偏弱的学生，可以比较直观地帮助学习者学习	1. 沟通演示能力、解决问题能力、职业态度和工作方式 2. 能够尽可能多地列举造成问题或事故的可能性；能够形成安全生产的意识和观念；能够建立批判性思维
停车站法	适用：课上学习 1. 独立完成某一专业内容的学习 2. 完成者到"停车站"等候其他学伴 3. 完成个人学习的同学结成新的学伴小组，进行交流沟通，对某一专业知识进行深入研讨，形成共识	1. 阅读书写能力和沟通演示能力 2. 能够独立阅读一篇500字左右的专业文章；在沟通交流中能够在倾听中理解他人陈述的内容并通过询问把握内容要点
关键词卡片抢答拍卖法	适用：课前导入，课尾总结 1. 学生在5～10分钟内独立阅读500字左右的专业文章 2. 教师从文章中提取关键词，制成关键词卡片，在关键词卡片背面写清对关键词的解释 3. 教师向其他同学展示关键词卡片，提问关键词含义 4. 学生进行抢答，答对者得到卡片，以得到卡片数目多少判定胜负	1. 阅读书写能力和解决问题能力 2. 能够独立阅读一篇500字左右的专业文章，提取关键词；能够对专业术语或概念进行理解和记忆；能够清楚简洁地表述对某一特定概念的理解

续表

教学方法	实施	能力
开心辞典法	适用：课前回顾，课尾总结 1. 教师从专业知识中提取出一些专业知识测试题 2. 学生回答问题，可以寻求帮助	沟通演示能力和解决问题能力
小声交谈法	适用：课上学习 在学习中进行小声交流沟通，保证音量只在沟通人之间能够听见的范围	1. 沟通演示能力 2. 能够在沟通交流中不打扰他人
彩带反思法	适用：课尾总结 使用红、黄、蓝、绿色的彩带表示学习后的情绪感受并说明学习体会	1. 沟通演示能力和解决问题能力 2. 能够对学习过程进行有效总结
情绪图片反思法	适用：课尾总结 学习后选择能够表达自身状态情绪的图片，并进行说明	1. 职业态度和解决问题能力 2. 能够对学习过程进行有效总结
扫码反馈法	适用：课尾总结 扫描二维码，回答对于课程评价的问题	1. 职业态度 2. 能够对学习过程进行简单评价
五指反馈法	适用：课尾总结 总结学习后5方面的感受：①我感觉今天很好的内容是什么？②我感觉今天应该引起注意的是什么？③我感觉今天不好的是什么？④我感觉今天有价值的是什么？⑤我感觉今天想要了解更多的是什么	1. 沟通演示能力和解决问题能力 2. 能够对学习过程进行有效总结
标靶反馈法	适用：课尾总结 总结学习后4方面的感受：学习内容、学习成效、学习积极性和小组学习氛围	1. 沟通演示能力和解决问题能力 2. 能够对学习过程进行有效总结
无领导小组讨论	适用：课上学习，无领导小组讨论 针对某一复杂问题进行讨论，形成对问题的共识，制定出富有创造性的解决方案	1. 沟通演示能力、解决问题能力、职业态度和工作方式 2. 能够小组协作创造性地解决复杂问题，能够在无领导的工作小组中发挥自己可能的作用
学习站法	适用：课上学习，实践训练 1. 主要应用场景：自主学习阶段、巩固加深阶段、练习阶段和复习阶段 2. 实施步骤：①将所有学习材料放在不同的桌子（学习站）上；②每个学习站上学习内容的先后顺序是无所谓的；③每个学习站上有不同的学习主题；④一个主题的多个工作页提供不同的学习难度；⑤每个学习者将拿到一份"任务传阅单"（标注了有多少个学习站，每个学习站上的任务的要求、难度）；⑥学习者必须完成标注的必学任务；⑦每个"学习站"上自认为做得较好的学习者可以自定义为本"学习站"的"专家"，把自己的名字写在另一张"专家表"上；⑧"专家"可以为其他学习过程有问题的学习者提供帮助；⑨教师在教学过程中仅仅提供解答建议；⑩在学生完成学习任务的过程中教师仅作为帮助者存在；⑪教师最终可能会提供一份建议性答案，在学生任务完成后给学生对比阅；⑫教师可以根据学习内容设计不同学习站使用不同的学习方式（个人完成、2人完成、小组完成）	1. 阅读书写能力、解决问题能力、职业态度和工作方式 2. 能够完成针对某一专业项目的基本实践操作；能够根据自己学习能力和水平接受富有挑战性的任务并努力完成；能够帮助学习困难者完成工作，发挥带动作用

续表

教学方法	实施	能力
	注意：①实际实施的时候，学生拿取工作任务，每次只拿同一组的任务（例如 A 组、B 组、C 组、D 组）；②教师随时检查学生的传阅单，控制学生的学习进度；③本次下发的 A、B、C、D 四组题目，实际实施的时候需要多个工作日的课时，至少 4 到 6 节课；④这一方法需要在较高年级进行实施，对学生的自主学习能力要求很高，不建议在低年级采用；⑤教师可以根据需要，安排每组工作任务的工作形式（个人完成或小组完成）	
三人小组会谈法	适用：课上学习 实施策略：（1）三人小组中每位参与者找出自己最擅长、最愿意讲出来的关键词 （2）第一步是一人讲述、第二人记录关键词、第三人倾听；第二步是第二人复述关键词相关概念内容，第三人给予检查提示。依次轮换 （3）学习初期或针对学习能力较弱的学生或针对比较重要的基础概念，可以在同一个小组中将同一个关键词给三个学员，让学习能力较弱的学生多听几遍，让他能够在小组中陈述表达，继而让这个学生到全班面前进行陈述，锻炼学生的能力	1. 阅读书写能力、沟通演示能力、解决问题能力、职业态度和工作方式 2. 能够独立阅读专业文章，通读理解，找出关键词句，将内容复述给别人；在沟通交流中能够在倾听中理解他人陈述的内容并通过询问把握内容要点；能够在转述过程中把握要点并清楚表达
小组展示汇报	适用：课上学习，课尾总结 小组对本组制作的海报、流程图、问题解决方案进行集体汇报并回答教师和其他学习者提出的问题 展示规则：①音量：根据空间大小展示人需要调节自己的音量，使所有人听清楚；②语速：适中，不宜过快或过慢；③停顿：适当停顿，给予听众思考消化信息的机会；④发音吐字：清晰易懂；⑤语调：突出重点内容适当变换语调使其具有吸引力；⑥表情姿态：亲切友好、面部表情明朗、不手插口袋、手指要点、关注观众，永远不要背对观众 评价表：①演示内容：信息完整、有解释说明、图文并茂、表达清晰；②演示语言：强调重点、措辞简洁、没有过多口头语；③行为举止：关注观众，有眼神交流；④演示媒体：PPT、实物投影、黑板板书等，图文并茂、直观易懂——每次演示可以根据主题不同,进行不同的权重设置	1. 阅读书写能力、沟通演示能力、解决问题能力、职业态度和工作方式 2. 能够独立阅读专业文章，通读理解；能够团队协作清晰简练地口头陈述自己的解决方案或认知成果；能够在汇报展示中达到规则要求
先行组织者图示法	适用：课上学习 1. 组织先行图（在德语心理学中称为"先导式组织辅助系统"）是一种在原本教学内容讲授之前所做的学习帮助系统，从根本上讲就是一种"Organizer in advance（预先的组织者）" 2. 它体现了内容在其专业逻辑上的关系，而并不深入细节 3. 形象地说，它就像一个人从很高的高度拍摄一张风景照（鸟瞰，航拍）	1. 阅读书写能力、沟通演示能力和解决问题能力 2. 能够独立阅读一篇 500 字左右的专业文章，提取关键词；能够对专业术语或概念进行理解和提炼；能够清楚简洁地表述对某一特定概念的理解；能够与同伴协作共同实现对某一知识结构的条理化和逻辑呈现

续表

教学方法	实施	能力
先行组织者图示法	4. 先行组织者通过提供一个概括性的思维结构（组织者）让新知识易于与已有的（基础）知识的联系或结合起来 5. 让已有专业知识与新的知识产生结合或联系的学习辅助 6. 这是一种指出（学习）路径的学习地图，通过关键词、符号等有目的地吸引学习者注意力，帮助学习者筛选重要的相关信息	
关键词分类讨论法	适用：课上学习 1. 阅读专业文章，找出关键词 2. 学习者个人将关键词分成两摞"我会"和"我不会"——学生剪下关键词卡片，个人自己分类 3. 三人小组法讨论彼此会和不会的关键词，并讨论关键词卡片。请利用机会解答不明白的问题。 学生还可以自己制作超出教师所给的关键词以外的关键词卡片，然后进行交流讨论	1. 阅读书写能力和沟通演示能力 2. 能够独立阅读一篇 500 字左右的专业文章，提取关键词；能够对专业术语或概念进行理解和记忆；能够清楚简洁地表述对某一特定概念的理解
关键词连线复习法（Bingo）	适用：课前导入，课后总结 教师给出关于某一专业知识内容的数十个关键词，学员每人选其中的 16 个，画在一个 4×4 表格内。教师随机说出某一关键词的解释，学生在自己的表格中找出对应的关键词并画"√"，四个"√"首先连成一条直线的学生胜出	1. 阅读书写能力和沟通演示能力 2. 能够独立阅读一篇 500 字左右的专业文章，提取关键词；能够对专业术语或概念进行理解和记忆；能够清楚简洁地表述对某一特定概念的理解
图像化学习笔记法	适用：课上学习，课后学习 三个主要部分：图形、简明扼要的关键词、阐述性文字总结及资料来源（文献来源）	1. 阅读书写能力、沟通演示能力、解决问题能力、职业态度和工作方式 2. 能够独立阅读一篇 500 字左右的专业文章，提取关键词；能够对专业术语或概念进行理解和提炼；能够清楚简洁地表述对某一特定概念的理解；能够与学伴协作共同实现对某一知识结构的条理化和逻辑呈现
扑克牌法	适用：课前复习，课后总结 使用两张 A4 纸，分别裁成两半，得到 4 张卡片。将对教学内容的提问写在正面，把答案写在反面。还可以再多做一张卡片，获得更高奖励。请从非邻座的伙伴中找一位学伴，两位之间互相提问对方一个问题，回答正确得到卡片，回答不正确得不到卡片，同伴需要对错误的答案进行纠正和讲解。赢家是获得卡片最多的学习者。手上没有卡片了就被淘汰	1. 阅读书写能力和沟通演示能力 2. 能够独立阅读一篇 500 字左右的专业文章，提取关键词；能够对专业术语或概念进行理解和记忆；能够清楚简洁地表述对某一特定概念的理解